高麗　建國期　社會動向　研究

이재범

러시아 국립 극동대학교 교환교수 역임
한국학중앙연구원 교류교수 역임
경기도사 편찬위원
경기도 문화재위원
현재 경기대학교 사학과 교수

논저

『왜구토벌사』(1993, 국방군사연구소)
『슬픈 궁예』(2000, 푸른역사)
『한반도의 외국군 주둔사』(2001, 중심)
『후삼국시대 궁예정권 연구』(2007, 혜안) 외 다수

高麗 建國期 社會動向 研究　　　값 22,000원

2011년 9월 27일 재판 인쇄
2011년 10월 5일 재판 발행

저　　자 : 이 재 범
발 행 인 : 한 정 희
발 행 처 : 경인문화사
편　　집 : 신학태 김지선 문영주 안상준 정연규
　　　　　서울특별시 마포구 마포동 324 - 3
　　　　　전화 : 718 - 4831~2, 팩스 : 703 - 9711
　　　　　이메일 : kyunginp@chol.com
　　　　　홈페이지 : 한국학서적.kr / www.kyunginp.co.kr
등록번호 : 제10 - 18호(1973. 11. 8)

ISBN : 978-89-499-0745-1　94910
ⓒ 2011, Kyung-in Publishing Co, Printed in Korea
* 파본 및 훼손된 책은 교환해 드립니다.

高麗 建國期 社會動向 研究

이 재 범

景仁文化社

두 번째 책을 펴내면서

두 번째 책을 출간하려고 하니 처음보다 더 두려움이 앞선다. 이번 책의 제목은『고려 건국기 사회동향 연구』로 하였다. 첫 번째 책인『후삼국시대 궁예정권 연구』를 출간하고 만 4년 만의 일이다.

책의 제목을 두고 주변에서 많은 조언을 받았다. 처음 나는 책의 제목을『고려 재건기 사회동향 연구』라고 하기를 희망했다. 그러나 주변에서는 여전히 통설적인 고려 건국이라는 용어가 적합하다고 하였다. 그러고 보니 나도 '고려 재건'이라는 의미에 선뜻 다가서지 못하고 있었던 것 같다. 그러나 내 나름대로 고려 재건을 고집하는 이유와 함께 후삼국시대에 대한 나의 소견을 여기서 짧게나마 밝혀두고 싶다.

내가 굳이 '궁예 정권'이라는 말 앞에 '후삼국시대'라는 명사를 붙이는 것은 '궁예 정권'으로 인하여 '후삼국시대'는 끝이 난다고 보기 때문이다. '후삼국시대'란 문자 그대로 세 나라가 鼎立하여 쟁패를 하는 시기를 말한다. 이 세 나라는 궁예의 태봉과 후백제, 그리고 신라다. 이 세 나라는 신라 말에 나타나기 시작한 호족들을 어떤 형태로든 결합하여 국가 단위화하였던 것이다.

그러나 이 '후삼국시대'는 왕건이 궁예를 무너뜨리고 고려를 주창하면서 소멸한다. 왕건은 후삼국의 하나였던 태봉이라는 국가를 전복시키지만, 태봉의 주인이 되지 못하고 자신의 본거지인 송악으로 돌아가버린다. 결국 후삼국의 하나인 태봉은 주인이 없는 국가가 되어 사라지고, 태봉을 구성하였던 많은 세력들은 태봉 관료로서의 지위가 소멸되어 자신들의 근거지에서 세력을 형성하게 된다. 후삼국 성립 이전으로 돌아가버리게 되는 것이다.

그러므로 엄밀히 말하자면, 궁예가 죽은 뒤 그 뒤를 계승한 왕이 없는 태봉은 호족 세력가들로 분리되므로 결국 호족의 시대로 다시 돌아가게 되는 것이다. 그리고 궁예를 축출한 왕건은 궁예를 이어 왕이 되지 못하고 '고려 재건'을 꿈꾸는 송악의 호족으로 돌아간다. 그래서 나는 이 시기를 고려 재건기라고 부르고자 하는 것이다.

만약 왕건이 궁예를 무너뜨린 뒤 태봉의 왕이 되어 고려라고 국호만 바꾸었다면, 구태여 고려 재건기라는 이름을 붙이지 않아도 될 것이다. 왜냐하면 궁예에 의하여 주창되었던 국호가 몇 차례 바뀌었을 뿐 체제는 그대로이기 때문이다. 궁예가 추구했던 국가체계도 사라졌다. 그렇지만 왕건은 태봉의 왕이 되지 못하고 송악의 호족이 되었다. 그리고 국호를 고려라고 하였다. 이때의 고려는 오직 고려의 國系意識만을 강조하는 고려이므로 국호만의 변경이 아니라 체제와 목적에서 차이가 있는 것이다. 따라서 이 시기부터의 역사는 그 속성이 다르다고 여기기 때문이다. 궁예가 처음 내세웠던 고려는 통합을 위하여 고구려의 國系意識을 이용한 것이었다면, 왕건의 고려는 통합이 이루어진 태봉 내부에서 고구려의 정체성을 회복하고자 하는 고구려 國系意識 확인이라는 점에서 달랐던 것이다.

내 스스로도 다소 자신이 없는 용어임에도 불구하고 고려 재건기를 고집한 이유를 충분하지는 않으나 변명 정도로 소개했다. 어떻든 왕건은 이러한 호족들을 다시 결속하여 지금 우리가 알고 있는 고려라는 역사시대를 이끌어 갔다. 강력한 고대 왕권보다 호족들의 실체를 인정하게 한 왕건의 고려 재건은 역사의 당연한 귀결인지도 모른다.

본서는 그동안 발표하였던 글들을 모아 개편 보완한 것이다. 처음 의도는 환골탈태를 하여 새로운 연구성과의 반영과 함께 개정하는 것이었으나, 지금 보니 바뀐 것이 거의 없다. 필자의 게으름과 무능을 탓할 것 외에 달리 방법이 없다. 그나마 한권의 책으로 묶을 수 있었다는 것만으로 자위를 삼고자 한다.

멋모르고 명륜동 언덕길을 오르내리던 시절이 엊그제 같은 데, 아니 벌써 60세가 되었다. 이제야 철이 나는지 먼저 가신 부모님, 그리고 형(이재회)의 생각에 가끔씩 울적해 질 때가 있다. 그 분들의 명복을 빌면서 이 책을 함께 하고 싶다.

그다지 볼 것 없는 본서를 위해 수고해준 김병희·이광섭·김선희·정덕미, 경인문화사 편집진에게 고마움을 전한다. '본 연구는 2007학년도 경기대학교 학술연구비(학술도서연구과제) 지원에 의하여 수행되었음'을 밝혀 둔다.

2010년 7월 20일
이 재 범

<목 차>

제2부 고려 건국 후 지역세력에 대한 대응과 그 성격

맺음말

x

\<보 론\> 고려 건국기 지방세력의 변화

1. 고려 건국 전후 원주세력의 변화

2. 고려 건국 전후 하남 지역의 호족

머리말

한국사의 시대구분상 큰 획을 그을 수 있는 사건을 지적한다면, 고려의 후삼국통일이라는데 주저하는 연구자는 그리 많지 않을 것이다. 고려의 후삼국통일이 한국사에서 갖는 의미는 다양하게 접근할 수 있으나, 민족사적 측면에서 민족의 통일이라는 점이 크게 부각된다고 할 수 있다.[1]

이러한 고려의 후삼국통일이 지니는 중요성으로 말미암아 그에 대한 역사적 의미 부여도 다양하게 나타났다. 무엇보다도 고려의 건국[2]에 대하여 다른 어떤 사건보다도 당위성을 크게 부여하였다. 고려의 쿠데타는 마치 당연히 있어야 할 의로운 혁명으로 인식되어 왔던 것이다. 이에 비하여 고려의 앞 시기인 궁예 정권은 고려의 건국을 명분화시키는 도구적 존재에서 크게 벗어나지 못한 것으로 인식되었다. 그렇기 때문에 궁예 정권의 역사적 성격은 '폭정의 대명사'가 되었고, 궁예의 시대는 악이 정점에 달한 시기인 것으로 간주되었다. 그리고 이 타락한 궁예 정권을 타도한 왕건[3]의 역성혁명은 의로운 역사적 사건이라는 도덕적 명분을 제공하는 근거가 될 수 있었다. 아울러 '착한' 나라의 건설이라는 신선

---

1) 민족의 통일에 대하여 '신라의 삼국통일'과 '고려의 민족통일'이 거론되고 있다.
2) 고려의 건국은 마땅히 고려의 재건으로 불러야 할 것이다. 고구려의 후계자라는 의미를 가지는 고려라는 국호는 개성으로 도읍할 당시 궁예가 사용하였으나, 이후 마진·태봉으로 변경하였기 때문이다. 그러므로 왕건의 고려 건국은 당연히 왕건의 고려 재건으로 칭하여야 고구려 계승자들에 의한 정권이양이라는 측면에서 당시의 사회를 이해하는데, 더 큰 도움이 될 것이다.
3) 왕건이 사망하여 태조라는 묘호를 받게 되는 태조 26년 이전까지는 왕건이라는 호칭을 사용하였다.

한 인상을 심어주기 위해서 고려는 전 단계와는 단절된 새로운 단계라는 당위성이 필요했다. 이러한 점에서 왕건의 고려 건국은 새로운 나라라는 의미에서 궁예의 고려와는 전혀 다르다는 해석이 요구되었을 것이다.

따라서 궁예 정권과 고려는 연속선상에서 파악되지 못하고, 철저한 단절의 역사로 남게 되었다. 다시 말하면 궁예 정권과 고려는 단순한 물리적·시간적으로는 연결이 되는 시기이지만, 국가나 사회의 속성은 전혀 다른 것으로 이해되어 왔던 것이다. 그리고 그 가치판단에 있어서 궁예 정권은 악의 구렁텅이, 왕건의 고려는 이상세계와 같은 종교적 비유로 대신하게 되었다. 이는 마치 한국사에서 종교적인 복음주의적 역사를 선포하는 것처럼 되고 말았다. 이러한 선악적 구분은 고려 후기사에 적용되어, 고려에서 조선으로의 역성혁명 이행과정을 선악 개념으로 서술한 데서도 찾아 볼 수 있게 된다. 이 시기 또한 고려 말의 '亂政'으로 말미암아 이성계 일파의 역성혁명이 당연하였다는 논리를 제공하기도 한다.

그러나 역사는 여러 가지로 의미부여를 하지만, 인간의 삶의 계승과 연속성이 무시되고서 이해할 수는 없다. 때로 예기치 못했던 천재지변이나 전쟁과 같은 소멸적인 상황이 전개되었더라도, 역사 속의 인간은 그 토대 위에서 새로운 역사를 전개해 나갔던 것이다. 그러므로 어떠한 시대에서도 인간 역사의 연속성은 대상으로 하는 시기와 그 전 시대와의 비교 연구를 통하여 이해되어야만 하는 것이다.

그런데 고려 재건기의 이해는 이와는 다른 양상으로 서술되어 왔다. 고려 재건기는 고려의 후삼국통일이라는 위대한 시기를 마련한 걸출한 영웅인 왕건을 추앙하기 위한 서술로 일관하고 있었다. 왕건을 추앙하는 일관된 서술은 『삼국사기』나 『고려사』 등의 편찬 당시에는 당연한 현상으로 받아들여야 했다. 『삼국사기』나 『고려사』 등 정사는 당시의 군왕들을 중심으로 하여 서술되어야 했고, 또 그 시대인들의 처지와 가치평가에 의하여 판단되었다. 그럼에도 불구하고 이렇게 쓰인 역사서술은 마치 사료는 불변하는 것처럼 간주해 온 일부의 역사인식으로 말미암아 지금까지 답습하는 경우가 적지 않았던 것 같다.

특히 고려의 건국에서 후삼국통일까지의 과정에 관한 서술은 위대한 통일과업의 완성이라는 결과를 합리화하고자 하는 경향도 적지 않았던 것 같다. 그 결과 고려의 후삼국통일은 왕건의 민심회유책이 주요한 전략으로 성공했기 때문이라는 데 합의를 하고 있는 듯하다. 이에 비하면 고려의 앞 시기인 궁예 정권이나 후백제는 무력과 전제를 기반으로 하였기에 실패하였다는 사실을 강조하는 것이기도 하다. 무엇보다도 후삼국통일의 기초는 고려 왕건의 '重幣卑辭'와 '取民有度'로 상징되는 덕치에 힘입은 바 컸던 것으로 이해되고 있다.

그러나 이렇게 결과론적으로 포장된 역사해석은 당시의 실상을 크게 왜곡시킬 우려가 없지 않으며, 현재의 우리들이 역사를 보는 시각도 자유롭지 못하게 한다. 예컨대 '목적이 모든 수단을 합리화한다'는 식의 사고를 이론적으로 뒷받침할 수도 있기 때문이다.

역사의 연속성은 주장하면서도 실제로 역사를 단절적으로 이해하는 경향이 팽배해 있다. 내재적·구조적 원리를 밝히는 것이 역사학의 의무라고 하면서 실제로는 현상적·세속적 권력에 종속하는 경우를 많이 보게 된다. 하지만 본서에서 필자가 의도하는 바는 이런 역사적 연속성에 의한 사고를 하자는 것이다.

본서에는 그동안 필자가 생각하여 왔던 몇 가지를 대상으로 고려 재건기의 사회동향을 자세하게 그려보고자 한 노력을 수록하였다. 이것은 고려 재건기를 고려의 후삼국통일에 맞춤으로써 서술하려고 하는 경향에서 탈피하여, 그 시기를 다시 한번 냉정하게 검토해 보고자 하는 필자의 욕심이다.

역사의 어느 시기마다 이행기가 있었지만, 특히 고려 재건기는 대내외적으로 가장 심각한 정황에 처했던 시기였다. 따라서 이 시기가 한국사에서 어떤 역사적 의미를 갖는 시기인가를 재조명해보고자 한다.

이러한 시기에 대한 재조명의 과정에서 필자는 감히 무모한 사고의 전환에 도전해 보고자 한다. 사실 면밀히 검토를 하다보면 무모하지도 않고 새롭지도 않으며 전환적이지도 않은 것은 당연하다고 할 것이지만, 상당히 오랜 기간을 일방적인 사고의 패턴만을 계속하다 보니 뒤늦게 발견되어 새롭다고 생각하게 되는 내용이다. 이것은 이른바 왕건의 고려에 대한 정체성의 문제이다.

왕건의 고려 국호 채택은 지금까지 의심할 여지없는 당위로 인식되어 왔다. 왕건 당시의 모든 사람들의 인식이나 지향이 고려로 상징되는 고구려주의였다는 의미로 해석되기도 하는 부분이다. 심지어 궁예 정권의 몰락은 궁예가 고구려주의를 포기하고 마진으로 이행하였기 때문이었던 것으로 이해하는 연구자들이 적지 않다.[4] 그리하여 왕건이 궁예를 몰락시키고 고려라는 국호를 회복한 것은 지극히 당연한 당시의 시대적 과제를 해결한 것처럼 이해되고 있다. 이에 비하여 마진·태봉을 국호로 채택하였던 궁예에 대해서는 시대적 정서와 역사의 진행 방향을 무시하고 역행하였던 인물로 묘사되어 왔던 것이다.

실제로 왕건의 쿠데타 당시의 정권 이양과정은 극히 불분명하다. 쿠데타 당일 반궁예세력이 성 앞에 순식간에 1만여 명이 모여들고, 극구 사양하는 왕건을 이른바 4공신과 유씨 부인이 강요하여 쿠데타의 전면에 내세운다. 왕건의 명분은 의리다.[5] 그러나 그 명분은 후대에 합리화된 것이며, 당시에는 쌍방 간의 실질적인 현실에 있어서의 차별화에서 비롯된 다툼에 의한 것이었음은 분명하다. 그러므로 궁예와 왕건의 대립 원인은 후대에 이긴 자와 진 자에 대한 평가를 선과 악으로 바꾸어 놓았

---

4) '적지 않다'라는 표현보다 대부분이 그렇다고 할 수 있다. 문경현, 1987, 『고려태조의 후삼국통일연구』, 형설출판사가 그 대표라고 할 수 있다.
5) 『고려사』에 '왕공이 의기를 들었다'라고 표현되어 있다.

을 뿐 현실적인 원인에 대해서는 정확히 알지 못한다.

　원인에 있어서는 그렇다하더라도 전투의 과정에서도 불분명하기는 마찬가지다. 갑자기 급조된 '착한' 군대가 순식간에 '나쁜' 군대를 몰아내고 '궁'[6]을 장악하고 있다. 그리고 악의 괴수인 궁예는 일반인의 복장으로 산곡으로 도망갔다가 3일 만에 민가에 내려와 농민들의 생명과 같은 보리이삭을 훔쳐 먹다가 성난 농민들에게 맞아 죽은 것으로 서술되어 있다. 궁예는 자신만 살기 위하여 도망간 군주이며, 그를 따르는 사람도 없는 악덕한 군주였던 것이다. 게다가 궁예는 농민들의 처지는 생각지도 않고 자신만의 굶주림을 면하기 위하여 보리이삭을 훔쳐 먹다가 죽은 불쌍한 영혼으로 기록되어 있다. 결국 기존의 역사서에 소개되어 있는 궁예의 몰락과정은 과정은 궁예의 죽음까지를 불과 3일 만에 모두 끝내버리고 만다. 이렇게 해서 궁예가 도읍으로 삼고 있었던 철원은 왕건이 완전히 장악한 해피엔딩의 결말로 되어 있다. 그러나 궁예의 몰락과정은 여전히 미궁인 채로 남아 있는 것이다.

　이처럼 선과 악으로 포장된 역사의 이행과정은 보다 구체적인 사실을 그대로 은폐할 수밖에 없다. 그리고 이러한 은폐는 종교적이거나 특정 당파의 의도적인 주장 또는 강령으로 통용될 수 있다. 『삼국사기』나 『고려사』와 같은 왕조의 정당성과 정통성을 지키기 위한 사서는 당연히 그러한 표현 및 서술방식이 통용되고 있다. 그렇지만 다양한 여러 계층의 처지를 객관적으로 고려해야 하는 근현대 역사학에서는 극단적인 선악의 대립에 대하여 반드시 재고해야 할 필요가 있었다. 아무리 문자를 고증하는 실증사학이라고 해도 그럴 필요는 더욱 절실해야 했다. 그러나 지금까지 우리는 지나칠 만큼 관찬기록을 맹신했다. 기록이 알려주는 사실만을 받아들이는 것이 아니라 그들의 정서까지도 답습했다는 의미이

---

6) 당시에 '궁'에는 왕건을 맞이하기 위한 사람들 1만 명이 청소를 하고 있었다고 한다(『고려사』 권1, 태조 1년 6월 을묘조).

다. 그러므로 말로는 객관과 과학, 민중과 민주를 외치지만 결국은 왕조의 절대적인 신하의 입장에 있었다고 할 것이다.

그렇다면 이제는 우리가 현재의 처지에서 납득할 만한 이유를 찾으려고 노력해야 할 것이다. 예컨대 정치 혹은 경제적 상황 등, 현재의 우리가 납득할 만한 원인이나 과정 등을 알기 위한 노력을 기울여야 할 것이다. 그러기 위해서는 왕조에서 발간된 자료만이 아니라 지방이나 하층민의 구전이라도 관계있는 내용이라면 재해석을 하여 왕조에서 간행된 사료와의 관련성을 밝혀 총체적인 당시 역사의 재구성을 시도해 보아야 할 것이다.

이러한 문제의식에서 궁예 관련 사료에 대한 재해석은 전혀 없다고 할 수만은 없는 상황이다. 이에 대해서는 역사학보다 국문학이나 민속학에서 먼저 상당한 관심을 기울였다. 그리하여 철원 지역의 설화를 통하여 궁예 몰락 당시의 상황을 재구성한 시도가 있었다.[7] 역사학에서는 궁예가 자신의 부인과 두 아들을 죽인 것이 궁예의 성격적 원인이라기보다는 당시의 정치적 상황에서 비롯되었다는 주장도 제기되었다.[8] 더 나아가 궁예의 몰락이 '나쁜' 왕과 '착한' 왕의 대립이 아니라 궁예를 중심으로 한 통합파와 왕건을 중심으로 한 지역파 간의 정치적 갈등에서 비롯되었다고 하는 견해도 나온 적이 있다.[9]

새로운 견해들이 통설로 되기에는 많은 검증을 필요로 하지만, 현재에도 그러한 주장을 전제로 하여 당시의 상황을 재검토하면 어느 정도 설득력을 갖는 것은 사실이다. 이른바 반궁예파의 성립은 궁예가 탈고려를 부르짖으며 마진을 지향하겠다는 의도를 표명했을 때부터 나타난다. 바로 왕건을 중심으로 한 고려 재건파의 성립이다. 반면에 왕건이 고려

---

7) 유인순, 2008, 「전설에 나타난 궁예왕」, 『궁예의 나라 태봉』, 일조각.
8) 조인성, 2008, 「태봉의 궁예정권」, 푸른역사.
9) 이재범, 2007, 『후삼국시대 궁예정권 연구』, 혜안.

를 재건하게 되자 이번에는 전국 각지에서 반왕건파가 봉기하여 대립하는 현상이 빈번하게 나타났다. 이러한 현상은 궁예가 지향했던 체제나 국가의 목표에 동조했던 집단으로 간주해도 될 것이다.

궁예가 지향했던 국가의 체제나 목표는 무엇이었기에 왕건은 그에 대한 반역을 꾀할 수밖에 없었을까? 필자는 이에 대하여 소박한 견해를 피력한 적이 있는데, 궁예의 정치적 지향은 중앙집권적 행정기구를 통한 전제왕권이었다는 것이다. 즉 궁예는 세력이 비슷한 여러 호족들을 국왕 중심의 행정조직 안에서 재편함으로써 관료화를 통한 통일국가를 이룩하고자 했던 것으로 보고자 하는 것이다.[10] 그리고 이러한 시도는 상당한 성공을 거두어 마진 단계로 나아갈 수 있었다고 하였다. 그러므로 이미 이 시기에는 국가라는 통치권력이 존재했고, 한편으로는 국가 내부에서 헤게모니 장악을 위한 서로 다른 성격의 여러 집단들이 존재했음을 인정해야 할 것이다. 다시 말하면 후삼국시대는 호족들이 자신들의 존재를 독립적으로 나타내려고 했던 시기가 아니라, 이미 역사적 실체로 나타난 호족들이 거대 권력인 신라와 성격이 다른 국가체를 완성하였고, 이제 그 내부에서의 헤게모니를 쟁탈하려는 시기였다고 할 수 있는 것이다. 따라서 후삼국시대를 '나말려초'라고 하여 호족들의 쟁탈전으로 이해하기 보다는 호족들이 '후삼국' 가운데 어떤 국가이든 그 구성원의 하나가 되어 국가의 헤게모니를 추구하여 가던 시절이라고 이해하는 것이 보다 당시의 역사상을 구체적으로 표현하는 것으로 볼 수 있다는 견해이다. 그러므로 왕건의 쿠데타는 이러한 중앙집권적 전제주의에 도전하는 행위였다고 보는 것이 필자의 견해인 것이다.

따라서 왕건의 쿠데타는 이제 새로운 사회의 이상을 표현하는 역사적 사건이라기보다는 태봉(마진)이라는 강력한 국가권력이 구축된 상황에서 그 내부에서의 세력다툼 결과로 보아야 마땅할 것이다. 일단 궁예가

---

10) 이재범, 『후삼국시대 궁예정권 연구』, 혜안.

이룩하려고 했던 신라를 넘어서는 새로운 국가의 완성단계에서 왕건은 고려 중심의 국가를 포기할 수 없었던 한 집단의 자기 표현이라고 할 수 있게 되는 것이다. 물론 태봉이라는 국가에는 왕건 이외에도 김순식과 같은 명주 중심의 세계를 바라던 집단도 있었을 것이고, 이흔암과 같은 공주 중심의 국가가 되기를 바랐던 집단 등 여러 유형의 집단들이 태봉이라는 국가를 구성하고 있었을 것이다. 그런데 이들은 궁예의 통치체제에 대하여 크게 반발하지 않았다. 그런데 이들과는 달리 왕건집단은 반역을 꾀하였다. 어떤 이유에서인지는 모르겠지만 왕건집단이 다른 집단보다 더한 불평등 내지 불만이 쌓였던 것만은 분명하다. 그렇다고 왕건의 불만이 다른 호족들의 입장을 대변할 만한 대표성을 갖는 것도 아니었던 것 같다.

그러한 추정은 일단 궁예가 일단 몰락하자 바로 나타났다. 궁예를 중심으로 얽혀져 있던 세력들의 유대가 왕건의 고려 재건 실현으로 바로 각개화되어 가는 과정을 밟게 되었던 것이다. 그러므로 왕건의 고려 재건은 이미 통일이 되었던 태봉을 다시 분열시켜 호족들이 자신들의 이상으로 여겼던 정치적 지향을 재생시키는 계기를 마련하게 되는 결과를 가져오게 되었다. 결국 왕건의 고려 재건은 자신들로서는 통일된 국가 태봉에서의 '고위 행정직의 포기'이자 '패서 호족으로의 환원'이라는 의미를 갖는 행동이었던 것으로 이해할 수 있을 것이다. 마침내 왕건이 자신의 출신지역인 송악으로 돌아가게 됨으로써 궁예가 희망했던 철원을 중심으로 한 중앙집권적 전제주의 국가체는 소멸되었다. 그리고 다른 호족들에게 있어서는 자의였건 타의였건 간에 이미 중앙이라는 의미가 상실된 철원으로부터 철수하여 자신들의 본거지로 돌아갈 수밖에 없는 처지가 되었고, 다시 후삼국은 호족들간의 쟁패가 계속되는 시기가 되었다.

이제 호족들의 지향은 종전과는 달라졌다. 종전에는 자신들의 신분상승이 목적이었다면, 이제부터는 국가의 통수권자가 되는 것이었다. 그러므로 궁예를 통하여 이룩되었던 강력한 통수권의 재생이 어렵게 된 시점에서 새로운 절대 강자가 사라진 상황은 호족들로 하여금 서로의 연합을 통하여 하나의 국가체를 형성해 가도록 했던 것이다. 그리하여 이러한 태봉의 균열로 인해 새로운 정치판도가 구축되었으니, 그 가운데 최대의 수혜자는 후백제였다. 실제로 후백제는 궁예의 생존시에는 그에 필적하지 못했으나, 태봉이 균열되어 각개 호족들과 대립하게 되자 상대적 우위에 서게 되었던 것이다. 이러한 상황을 기존 사서에서는 왕건이 후백제를 격파하였기 때문에 가능하였다고 기록하여 왕건의 공을 극대화하고 있다. 왕건의 공이 아무리 지대하였다고 하더라도 궁예가 정권을 장악하고 있을 때 후백제는 서남해안까지도 장악하지 못할 정도로 세력이 위축되어 있었다. 그런데 하루 아침에 사정이 달라져 궁예를 받쳐주던 호족들이 각각 독립화되자 후백제는 이제 각자의 호족들보다는 우위에 서는 세력가가 될 수 있었고, 왕건 또한 궁예의 군사를 거느리고 다니던 때와는 달리 후백제와의 전투에서 고전을 면치 못하였던 것이다.

이러한 상황에서 왕건은 고려의 재건을 위하여 고려 중심의 중앙집권적 전제왕권을 구축할 수는 없었으며, 여타 호족들과 타협을 하여 후백제를 견제할 수밖에 없었다. 이에 따라 왕건에 의하여 구축된 정권의 성격은 호족들의 연합정권이었고, 절대권력으로 이를 극복하지 못한 고려는 마침내 문벌귀족의 연합적 성격을 갖는 국가가 될 수밖에 없었던 것이다.

결국 일반적으로 일컬어지는 왕건의 후삼국통일은 엄밀한 의미에서 당시의 시대상을 정확하게 표현하는 것이라고 할 수 없다. 후삼국통일이라고 한다면, 왕건의 고려가 궁예의 정통성을 이어 태봉이라는 국가의 정당한 후계자라야 한다. 그리고 그 국가체가 존재해야 한다. 그러나 왕건의 쿠데타로 왕건조차도 철원경을 포기한 상태에서 이제 더 이상 후삼국시대는 존재하지 않는 것이다. 즉 이 시기는 여러 호족들의 각축전이 전개되는 시기였던 것이다. 따라서 왕건이 고려를 재건하고자 하여 궁예를 축출한 이후의 시기는 엄밀히 말하자면 호족들의 '전국시대'라고 부르는 것이 보다 적합할 것이라고 여겨진다.

그러므로 이제 호족의 하나가 된 왕건은 북방의 발해 유민을 압도할 수 없었다. 따라서 왕건은 발해 유민을 대등한 관계에서 연립적으로 흡수할 수밖에 없었고, 그 후 고려의 왕권 또한 여러 문벌귀족들과 혼인으로 연결되어 그 외척들과의 연대를 통하여 국정을 유지하는 실정이 되고 말았던 것이다. 말하자면 고려의 국체는 한강을 중심으로 한 호족들의 연합적 성격이 강한 집단이 되었다고 할 수 있는 것이다. 즉 고려는 한반도 중부지역 호족들의 연합세력이 다른 지역의 연합집단들보다 우세한 정치권력의 국가였다는 의미이다.

고려라는 국가가 지역적 정서가 서로 다른 여러 연합세력들의 조합에 의하여 이루어졌다는 징후는 그 뒤의 역사적 전개에서도 확인이 된다. 이를테면, 묘청의 난도 개경과 서경이라는 지역적 정서의 대립으로 보는 견해가 있다.[11] 또한 무신정권이 수립되자 조위총 등의 서경 세력이 반란을 일으킨 것도 또다른 예이다. 고려 후기에 이르러서도 백제와 신라의 부흥운동이 사라지지 않고 그 기미를 보인 것은 이러한 고려 국초부터의 성격 때문이라고 해도 크게 틀리지는 않을 것이다.

따라서 고려는 경기라는 지역성, 경기 지역의 호족이라는 친족성, 중앙집권적 행정력보다 문벌귀족의 자치력이 앞서는 국가라고 할 수 있을 것이다.[12] 이처럼 고려라는 국호를 사용한다는 것은 국가의 한계를 내포하고 있는 것으로 보아야 한다. 고려라는 국호는 고구려의 계승

---

11) 신채호, 「조선역사상일천년래제일대사건」.

12) 그러나 고려가 중앙집권적 관료체제의 성격을 보이는 경우가 있다. 그 때의 상황은 외침 등으로 인한 것이다. 보통 이민족과의 전쟁에서 지배층이 선택을 해야 할 상황인 경우 항복보다는 국가적 결속에 의지하는 편이 이익이라고 생각하기 때문이다.

이며, 고구려 회복이라는 일국주의의 편향된 면이 있었다는 점이다. 따라서 왕건이 고려의 건국이 아닌 고려의 재건을 시도하자 사회적으로는 당연히 분열이라는 현상이 나타나게 되었던 것이고, 전 단계인 마진과 태봉 때에는 삼국을 융합할 수 있는 어떤 요소가 이제는 고구려로 단일화되면서 명분과 이해관계가 달라지게 되었던 것이다. 그것이 바로 고려 재건기의 분열현상으로 나타났다.

왕건의 고려 재건 이후에 호족들은 분열되었지만, 한편으로는 궁예를 추종하던 세력들인 마진(태봉)파의 역쿠데타도 있었을 것임은 당연하다. 이흔암 등으로 대표되는 이 세력들은 기존 사서에는 반란의 성격으로 처리하여 제대로 된 이해를 할 수 없게 하고 있지만, 마진파의 반발을 예상하지 않을 수 없고, 그 규모나 정도도 굉장했을 것이다.

왕건의 역사적 평가는 바로 여기에서 찾을 수 있다. 사서에는 왕건이 포악한 궁예를 몰아내고 선정을 베풀었다고 하면서 긍정적인 역사적 평가를 내리고 있지만, 실제로 왕건은 어려운 결단을 내려 고려를 재건했고 고려라는 기치로 후삼국을 통합했다는 사실이 그를 영웅으로 만들었던 것이다. 고려라는 기치는 궁예의 추종세력은 물론이고 당연히 신라, 백제계 및 무소속 지역의 반발을 가져왔다. 이들의 저항을 완화시켰던 왕건의 책략이 바로 고려 재건이 성공할 수 있었던 비결이었다. 그러므로 왕건의 통일은 우리가 일반적으로 생각하는 바와 같은 하나의 정부에 의한 통일이 아니라 연합적 성격의 통일이었고, 또한 그 통일도 다원적인 연합을 이루고 있었던 것이다.

그렇기 때문에 왕건 사후 왕위쟁탈전은 왕위계승의 목적보다 호족들 간의 헤게모니 장악 투쟁이라는 성격이 짙다. 그리고 이러한 성격의 쟁탈전은 광종 집권 이후가 되어서야 비로소 달라지는 것으로 볼 수 있을 것이다. 그 이전까지는 고려 재건파 내에서의 충돌과정으로 보아야 할 것으로 여겨진다. 이때 만약 내적 충돌로 인하여 왕씨의 고려가 패퇴하였다고 가정한다면, 이 사실은 '왕건의 고려 재건운동 실패' 정도로 기록되어져야 할 것이다.

그러나 역사의 중심은 왕건이 차지하게 되었다. 고려는 계속되어 그의 추종 세력과 후손들에 의해 이어졌다. 그리하여 고려 재건파에 의해 마진·태봉파의 세력이 소멸하였고, 고려 재건파는 자신들의 세력근거인 송악으로 거점을 이동하고 이후 자신들의 세력을 규합하는데 성공하였다. 이후 계속된 전투와 회유 등을 통하여 분열되었던 호족들을 연합하였다. 고려는 비록 느슨하기는 하지만 고려의 기치 아래 통일국가를 출발시켰다.

고려의 통일은 연방적 형태의 통일로써 중앙집권적인 국가의 출현을 기대할 수 없었다. 신라 세력의 보존, 발해 유민의 보존, 후백제 일부 세력들의 흡수 등 각 지방 세력들을 인정하고 이들과 타협하는 속에서 고려는 경기 지역을 중심으로 한 지역적 독립성이 강한 봉건적 국가였기 때문이다.

이와 같이 후삼국시대가 사라지고 호족들의 헤게모니 쟁탈전이 벌어지게 되는 일련의 정치적 상황을 단순화하여 왕건과 고려라는 일원화된 국가의 궤적만을 따라 이 시대를 이해하려고 하는 것은 당시의 정치적 실상과는 상당한 거리가 있어 보인다. 이 시기에 대하여 단계별[13]로 보다 면밀한 검토가 이루어져야 할 것이다.

---

13) 정치적 상황의 변화에 따라 시도해 보면 다음과 같다.
 - 신라 하대의 혼란
 - 호족들의 자립
 - 후삼국의 정립
 - 마진·태봉의 패권
 - 마진·태봉의 몰락과 고려 재건파의 등장
 - 호족들의 재편성
 - 고려 중심의 연합정권 성립

제1부
왕건의 무장봉기시 사회동향

제1장 궁예의 마진 국호선포와 왕건 추종세력

1. 송악 도읍기 궁예의 통치

송악에서 궁예의 통치가 어떠한 형태로 이루어졌는지에 대한 자료나 연구는 있는 것 같지 않다. 그리고 이 시기의 통치형태도 잘 알 수가 없다. 단지 지방관으로서 왕건을 태수로 봉했다는 기록이 있는 것으로 보아 지방제도를 포함한 일련의 행정조치가 있었던 것은 분명하다고 할 수 있다. 물론 당시 호족들이 구사할 수 있었을 정도의 단순한 행정조치였을 것이다.

이러한 추정은 궁예가 송악을 도읍으로 삼았을 당시의 상황을 보아서도 잘 알 수 있다.

A. 都邑松嶽郡[1]

위 내용으로 보면 군 단위에 도읍을 했다는 의미인데, 당시의 행정조직체계로 볼 때, 군은 州보다 하위의 위치로서 京과는 비교할 수 없었을 것이다. 이를 통해 당시 궁예 정권의 규모를 파악할 수 있을 것으로 여겨진다.

이 시기에 있어서 궁예와 왕건과의 관계에 관해서도 잘 알 수가 없다. 궁예가 서진을 하자 왕건의 아버지 王隆이 자신의 기반을 궁예에게 헌

---

1) 『삼국사기』 권31, 연표 하, 광화 원년 무오조.

납하고 자진 귀부하였다는 추정을 할 수 있다. 하지만 양자의 관계가 아무런 무력 투쟁이 없는 상태에서 이루어졌다는 것에 대해 약간의 의문은 있다. 어쨌든 앞서 말한 바와 같이 궁예는 왕이고, 왕건은 태수로 있었다는 것 이상의 관계는 현재 알 수가 없다.

이러한 상황에서 주목되는 점은 궁예가 국호를 내세웠다는 점이다. 궁예는 송악이라는 군 단위의 기반시설을 갖춘 지역을 도읍으로 삼고, 개국을 선포하였다고 『삼국유사』는 전한다.[2] 그리고 이때 궁예가 내세운 국호가 고려였다. 여기서의 고려는 고구려[3]를 의미한다.

궁예가 고려라는 국호를 내세워 고구려를 회복하겠다는 의지를 표명한 배경이 당시 한반도 중부지역의 지역정서에 부합하기 위해서였다는 추정에 대해서는 대체로 동의하고 있다. 실제로 그 대표적 예라고 할 수 있는 것이 평산 박씨의 동향이다.

> B-1. 선조는 北京都尉 朴赤烏인데 신라때 竹州에 들어와 察山侯가 되었고, 또한 平州에 들어가 十谷城 등 13성을 설치하고 궁예에게 귀부하였다. 그 뒤 자손이 번창하여 우리 왕건이 통합한 때부터 지금에 이르기까지 후손이 끊어지지 않고 있다.[4]

> B-2. 선조는 鷄林 사람으로 대개 신라 시조 赫居世의 후예이다. 신라말에 그 후손인 察山侯 積古의 아들 直胤 大毛達이 平州로 이주하여 관내 八心戶의 읍장이 되었다. 그로부터 直胤 이하의 후손은 平州 사람이 되었다.[5]

---

2) 『삼국유사』 권1, 왕력 천복 원년 신유조.
3) 고구려의 국명은 구루에서 연유하였다는 것은 잘 알려진 사실이다(『삼국지』 위지동이전 고구려).
4) 김용선 편, 2001, 「朴景仁 墓誌銘」 『역주고려묘지명집성(상)』, 한림대학교 출판부, 70~71쪽.
5) 김용선편, 2001, 「朴景山 墓誌銘」 『역주고려묘지명집성(상)』, 한림대학교 출판부, 253쪽.

위의 인용문에서 대모달(B-2)은 장군을 칭하는 고구려어이며, 적오 (B-1)는 삼족오의 또 다른 이름6)이라고 한다. 죽산 박씨가 자신들 족단 의 우두머리를 고구려어인 대모달이라고 칭했다는 것은 스스로의 정체 성을 고구려에서 찾고 있는 것이라고 해석할 수 있다. 아울러 자신들의 선조를 고구려의 상징적인 실체라고 할 수 있는 적오, 즉 삼족오와 동일 시했다는 사실은 이들이 고구려 國系意識을 지니고 있었다7)는 것을 알 려준다. 게다가 이 사실은 실제로 이 일대에 이미 탈신라화가 상당한 정 도로 진행되어 있었다는 의미로 받아들일 수 있는 근거가 된다고 할 수 있겠다. 지나친 해석일지는 모르지만, 신라 하대의 한반도 중부는 탈신 라 해방구로 인식하여도 크게 무리가 없다고 여겨진다.8)

그런데 고구려 國系意識을 가지고 있던 죽산 박씨 박적오는 궁예에게 귀 부하였다(B-1). 박적오는 왕건과 함께 궁예의 밑에 있다가 고려에서 명문가 가 되었다. 이러한 죽산 박씨 이후 박적오의 가문을 보면, 고구려 國系意識 에 따라 정치적 행보가 있었다는 것을 알 수 있다. 처음에는 궁예가 국호를 고려로 하자 궁예에게 귀부하였으나, 그 뒤 궁예와 정치적 입장을 달리하게 되자 고려를 재건하고자 하는 왕건에게 귀부하였음을 알 수 있다는 것이다.

박적오 가문의 예에서 알 수 있는 것처럼 궁예의 고려 국호 사용은 이러한 이 시기의 지역적 정서를 이용한 것이었다고 할 수 있다.9) 그리 고 궁예의 이러한 조처는 이 일대 고구려계 호족들의 호응을 불러 일으 켰을 것이고, 그 귀결은 고려였다고 추정할 수 있는 것이다. 그러므로 이러한 결합은 고려라고 하는 지향이 붕괴될 경우, 그 해체도 상당히 빠

---

6) 김주미, 2010, 「일상문을 통해 본 고려시대의 역사 계승의식」 『백산학보』 86, 216쪽.
7) 김주미, 위의 논문, 217쪽.
8) 이러한 배경에서 김헌창의 신국가건설 시도 같은 것이 가능했을 것이다.
9) 이 지역이 고구려 성향을 띠게 된 것은 진흥왕 이전에는 고구려 영토였다는 사 실이 가장 강하게 작용하였을 것으로 여겨진다.

른 속도로 진행될 것은 당연한 이치라고 할 수 있다.

2. 궁예의 마진 선포와 '고려 재건파'의 동향

고구려를 매개로 하여 성립되었던 궁예의 국가 고려는 그가 새로운 노선을 내세움으로써 상당한 반대에 부딪치게 된다. 궁예는 904년에 국호를 마진으로 바꿀 것을 선포하고, 905년에 도읍을 철원으로 옮길 것을 천명한다. 이 조치는 궁예가 자신의 정권에 대하여 자신감을 나타낸 조처로 볼 수 있다.[10]

이 마진 국호선포와 철원 천도의 의미는 궁예의 탈고려화라는 측면에서 살펴 볼 필요가 있다. 마진은 이미 통설화된 바와 같이 '대동방국'의 의미로 '일국지향'으로부터의 탈피를 의미하기 때문이다. 한편 국호의 변경과 천도는 한 국가에 있어서 가장 큰 의미가 있는 중대사이므로, 궁예 정권에 있어서도 획기적인 개혁 시도라고 할 수 있다. 이에 대해 궁예가 국호를 마진으로 바꾼 해부터 무태라는 연호를 사용하였으므로 '武泰改革'으로 부르고자 한다.

무태 개혁은 궁예 정권사에서 몇 가지 커다란 전환을 가져온 사건이다. 무태 개혁을 통하여 궁예는 고려에서 마진으로 국호를 고쳐 '탈고구려'를 시도하였다. 그리고 무태라는 연호를 사용하는 한편 도읍을 황제의 처소를 의미하는 '京'으로 승격시켜 자신의 역법을 사용하는 황제 체제하의 국가로의 전환을 시도하였다. 이와 함께 행정제도 전반을 개편 및 보완하는 대대적인 개혁을 단행하였다. 그 결과 국가로서의 위상에 있어서는 '탈신라를 통한 황제국'으로, 지역적 정서에 있어서는 '탈고구

---

10) 한편으로는 개경의 고구려계 호족들에게 밀려서 천도했다는 가능성도 전혀 배제할 수는 없다.

려'를 꾀하면서 대동방국으로의 대개혁을 단행하게 된 것이다. 그리고
이에 따른 후속조치로써 청주인호를 '경'으로 사민하여 명실상부한 '탈
일국주의'를 이루어보고자 했던 것이다. 상주의 공취와 공주장군 홍기의
귀부 등은 궁예의 탈일국주의에 호응하는 일련의 호족들의 동향이라고
할 수 있을 것이다.

무태 개혁은 궁예로서는 자신감의 표현이며 새로운 이상사회로의 염
원이 내포된 개혁이었지만, 그 반대세력인 고구려주의자들에게 있어서
는 굉장한 배신적 행위로 받아들여졌을 것이다. 궁예와 처음 행보를 함
께 했던 고구려계 호족들은 무태 개혁으로 인하여 받은 충격이 심리적으
로 뿐만 아니라 물리적으로도 많은 손실을 겪어야 했을 것이다. 더욱이
청주인들의 진출은 고구려계 인물들의 입지를 좁혔을 것이며, 그에 따른
반작용으로 반역조차 도모하고 있었음을 알 수 있다.

> C. 9층 금탑에 올랐다. 처음 왕건의 나이 30세 때 꿈을 꾸었는데, 9층 금탑이
>   바다 가운데서 나오니 그 위에 올라가 보았다.[11]

왕건의 꿈 내용(C)은 반역에 대한 비유라고 할 수 있다. 금은 황제의
색깔이며, 9층은 천하통일의 의미를 담고 있다. 이 내용이 실제로 왕건
이 경험한 것인지, 아니면 왕건과 그의 추종자들에 의하여 만들어진 것
인지는 불분명하지만, 그 내용을 볼 때 왕건을 중심으로 한 고구려계 호
족들이 자신들의 국가와 왕을 옹립하고자 한다는 의미로 해석된다. 이
시기 왕건은 궁예의 휘하에 있었으므로 분명한 반역이라고 하여야 할 것
이다.

그렇다면 왕건 일파가 이러한 반역을 꾀할 정도의 사건은 무엇이었을
까?[12] 위의 꿈 내용이 알려지게 된 시기를 『고려사』에서 역추적해 보면,

---

11) 『고려사』 권1 태조세가, 건화 4년.
12) 왕건 일파의 자생적인 반역의 기도라고 할 수도 있으나, 반역의 이면에는 현 체

904년이 된다. 그러므로 왕건 일파가 반역 시도를 꾀했던 시기는 마진을 통해 궁예가 '탈일국화'를 이루려고 했던 시점과 같은 해이다. 따라서 왕건의 반역 음모는 궁예의 무태개혁에 대한 반발로 이해해 볼 수 있으며, 그 명분은 '탈일국주의'에 대한 반발로 추정할 수 있게 된다.

그러면 왕건과 그의 추종세력이 추구하고자 했던 국가의 목표는 무엇이었을까? 왕건이 무태 개혁의 반대세력이라는 점을 감안하면 그들의 목표는 바로 고구려로의 회귀였을 것이다. 왕건은 맨 처음 궁예가 송악을 점령하고 고려를 국호로 표방하였을 때 평화적으로 귀부한 세력이었다. 그러던 그가 반역 세력으로 돌변하게 된 까닭은 궁예의 탈고구려에 대한 반발이라고 할 수밖에 없을 것이다. 따라서 처음에 궁예의 고려 건국에 동참했던 이들이 다시 고려를 건국하겠다는 의미에서 일으킨 반역이므로, 왕건과 그 추종세력을 '高麗再建派'라고 부르고자 한다. 그러므로 왕건의 고려 건국은 다시 말하면 고려 재건이 되는 셈이다.

'왕건의 고려 재건'이라는 시각은 후삼국시대를 이해하는 정당한 시도라고 할 수 있다. 종전까지의 결과론적이고 선악적인 역사평가는 왕건을 미화하고 왕건의 고려 건국에 정통성을 부여하기 위한 것이었다. 그러나 실제 역사적 사실은 고려라는 국호를 쓰는 나라의 최초 건국자가 궁예이다. 그리고 왕건은 궁예와 동반자 관계에서 입장의 변화로 인해 대립관계로 들어갔고, 그 결과 고려 재건을 주장하게 되었던 것이다.

당시의 상황을 보면 왕건의 고려 재건은 한치 앞을 내다보기 어려운 험난한 과정을 겪었던 것을 알 수 있다. 현재 후삼국시대를 알고 있는 우리들은 왕건의 고려가 후삼국을 통일하고, 그 추종자들에 의하여 5세기 가까이 왕조가 존속하여 왕건으로 받들어지고 있음을 알고 있다. 이에 따라 왕건의 쿠데타 당시의 상황이 통일을 위한 고난으로 이야기될

제에 대한 불만이 잠재해 있다가 순간적으로 폭발한 경우도 많다. 이 경우도 어떤 자극적인 사건과 연관이 있을 것이나 사료상으로 밝히기는 어렵다.

수 있지만, 당시의 왕건에게 현실은 매우 냉혹하고 불확실했다.

　현재 고려 재건기 왕건의 절박한 역사적 상황을 이해하기 위한 당시의 사료가 많이 남아 있는 것은 아니고, 또한 그 가운데 대부분이 후대에 편찬된 것들이긴 하지만, 이들을 재해석하여서라도 궁예 정권에서 왕건 정권으로의 이행과정이 보다 구체적으로 이해되어야 할 것이다.

제2장 왕건의 무장봉기시 한반도 정세

1. 서론

고려 재건기의 사회동향을 알아보기 위해서는 그 당시의 정세를 살펴보아야 할 것이다. 당시 궁예는 휘하 장수들의 역할과 자신의 정책으로 후삼국의 3분의 2를 획득하는 성공을 거두게 된다. 물론 이러한 모든 공은 후대의 기록들에 의하여 왕건에게 돌아가지만, 일단은 궁예가 세운 국가인 태봉의 영역 속에 포함되는 것이었다.

과거를 재구성하는데 지리적 공간의 설정은 역사적 성격을 구명하는 결정적 요인들 중 하나이다. 특히 고대사에서의 위치비정은 지리적 공간이 역사 전개에 있어서 얼마나 절대적인가 하는 것을 알려주는 사실이다.[1] 실제로 고대사에서 위치비정의 차이는 古代史像을 바꾸는 데까지 영향을 줄 수 있는 중요한 문제이다.[2]

그러므로 당시 궁예 정권의 세력이 미치는 범위는 어디까지였으며,

---

1) 여기서 지리적 공간이라는 의미는 위치를 의미한다. 다시 말하면 장소가 어디인가에 따라 고대사의 전체적인 윤곽이 바뀐다는 의미이다.

2) 예컨대 한사군의 문제가 여기에 해당된다고 할 수 있다. 위만 조선 최후의 근거지를 어디로 보느냐에 따라서 한사군의 위치가 달라진다. 위만 조선 최후의 근거지를 대동강변으로 보는 경우에는 한사군의 존재를 한반도내로 비정할 수 있다. 한편 위만 조선의 근거지를 중국 북경 북쪽에 비정하는 경우는 한반도에서 한의 식민지 흔적을 찾을 수 없게 된다.

태봉에서 고려 재건으로 교차되는 과정에서 어떠한 영토상의 변화가 일어나는가 하는 것은 당시의 실상을 이해하는 데 중요한 문제가 아닐 수 없다. 그리고 이러한 일련의 연구는 여러 연구성과에서 다루어진 적이 있다.[3]

그런데 궁예의 몰락과 관련하여 중요한 사료의 하나인 고경문의 내용 가운데 있는 '鴨綠'이라는 지명은 당시 궁예 정권의 영역을 이해하는 데 상당한 도움을 주게 된다고 생각한다. 따라서 이 시기의 역사상을 재구성하게 하는 한 요소로서 「王昌瑾 古鏡文」에 나오는 지명 '압록'의 위치에 대하여 보다 구체적으로 알아보고자 한다.

지금까지 '압록'은 대부분의 연구자들에 의하여 압록강을 지칭하는 것으로 인정되어 왔다. 그리고 이에 대한 별다른 의문이 제기되지 않았다. 사실상 통설로 인정하고 있었던 것으로 보아도 무리가 없다. 그러나 실제로는 나말려초에 '압록'이라는 용어의 사용례가 없다. 거의 유일한 용례라고 할 만한 것이 「왕창근 고경문」에 나오는 '先操鷄後搏鴨'이다. 여기서의 '압'이 압록강을 지칭한다는 것이 통설로 되어 있는데, 그 지역이 어디인가를 밝히는 것은 어려움이 많아 일정한 고증 없이 가장 일반적으로 알고 있는 압록강을 상정한 것은 지극히 당연하게 받아들여졌다고 여겨진다.

그리고 이 '압록=압록강'이라는 견해는 자연스럽게 고려 태조 왕건의 북진 정책과 관련이 있다고 인식되어 왔다. 그런데 여기서의 압록의 위치가 지금의 압록강을 지칭하는 것이 아니라면, 왕건의 북진 정책에 대해서도 재고의 여지가 있게 된다. 실제로 이 시기에 고려의 영향력이 압록강에까지 실질적으로 미칠 수 있었던가에 대해서는 그다지 의문이 제기되어 본 적이 없는 것 같다. 이보다 훨씬 남쪽인 서경 이북으로까지

---

3) 조인성, 2007, 『태봉의 궁예정권』, 푸른역사 ; 김용선 엮음, 2008, 『궁예의 나라 태봉』, 일조각 등에서 언급되고 있다.

는 미치지 못했을 것이라는 견해가 있다. 따라서 「왕창근 고경문」에 나오는 압록이 지금의 압록강이라면 당시의 시대상으로 보아 부적절한 표현이거나 무리한 해석일 수 있다는 문제도 제기된 적이 있다.[4]

이처럼 사료의 신빙성에서부터 해석에 이르기까지 다양한 견해가 있는 압록의 위치비정은 후삼국의 판도, 더 나아가 동아시아에서의 한반도 정세를 가늠해 볼 수 있는 중요한 사료가 된다. 압록이 지금의 압록강이라면 왕건은 후삼국의 패권을 장악하는 것보다 북방 진출에 더 관심을 쏟았다는 의미가 된다. 그러나 당시 왕건은 후백제와의 전투 중에서 특히 초반에는 상당한 고전을 면하지 못하고 있었다. 따라서 주력을 후백제 지역에 투입하여야 했을 것이다. 그러한 상황에서도 압록강 진출을 꾀하려고 했다면, 왕건의 북진 정책은 처음부터 인정된다고 할 것이다. 그러나 압록=압록강이 아니라 다른 지역이라고 한다면 왕건의 집권 초기 북진 정책에 대해서는 그 실체를 재고해 보아야 할 것이다.

이에 따라 우선 '압록'이라는 용어의 사용례를 살펴보고자 한다. 압록이 압록강만을 의미하는 고유명사인지, 아니면 또 다른 용례는 없는 것인지 확인해 보고 '압록'이라는 단어가 지역명으로 사용된 지역을 구체적으로 확인해 보자는 말이다.

다음으로 나말려초 「왕창근 고경문」에 나오는 '압록'의 위치를 비정해 보고자 한다. 지금까지 압록강으로 통칭되어 왔던 '압록'이 지금의 압록강인지, 만약 또 다른 지역이라면 어디를 의미하는지를 확인해 보고자 한다는 말이다.

나아가 「왕창근 고경문」의 '선조계후박압'에서 압록이라는 지명이 상징하는 나라가 어디였는지를 찾아보고자 한다. '선조계후박압'은 '먼저

---

4) 김두진 교수는 제2회 태봉학술제에서 개인적 견해로 곡성의 압록일 수 있다는 토론 답변을 시사한 바 있다. 그리고 「왕창근 고경문」 자체를 후대에 조작된 것으로 보는 연구자도 있으나 여기서는 그 진위를 가릴 필요는 없다고 본다. 필자는 조작이 되었다고 하더라도 왕건의 쿠데타 이전이었을 것이라는 점만 밝혀 둔다.

닭(계)을 잡고 뒤에 오리(압)을 압박한다'라는 내용이다. '닭(계)'은 일반적으로 계림을 의미하며 신라를 상징한다는 데 동의하고 있다. 그런데 오리(압)는 국호의 상징으로 사용되었던 적이 없다. 그런데 위의 내용으로 보면, '오리'는 닭의 상대어로 사용되고 있다. 즉 '압'은 '계(계림은 곧 신라)'의 상대어인 국호로 사용되고 있는 것이다. 따라서 계림의 상대어인 압록을 상징하는 국가가 어디인지를 살펴보아야 할 것이다. 그리고 왜 압록이 그 국가의 상징이 될 수 있었는지 그 배경과 의미를 찾아보고자 한다.

나말려초의 지명 '압록'의 위치비정은 후삼국시대의 판도를 확인하는 데 큰 도움을 줄 것으로 사료된다. 그리고 그동안 추상적으로 이해되어 오던 후삼국 간의 세력관계와 영역을 보다 구체적으로 확인할 수 있게 하는 중요한 동기를 제공할 것으로 기대한다. 한편으로 한반도 정세를 더욱 구체적으로 파악할 수 있게 되어 후삼국시대가 동아시아에서 지니는 위치를 보다 확실히 부각시킬 수 있는 계기가 되기를 바란다.

2. '압록'의 용례

지명이 이동한다는 사실, 또 다른 지역에서 동일한 지명이 독립적으로 나타날 수 있다는 사실은 압록에 대해서도 예외는 아니다. 먼저 『삼국사기』에 나타나는 압록의 용례를 살펴보도록 하자.

> A-1. 사찬 薛烏儒가 고구려 太□□□延武와 더불어 각각 정병 1만 명을 이끌고 鴨淥江을 건너 옥골 □□□에 이르니, 말갈 군사가 먼저 개돈양에 와서 기다리고 있었다.[5]

---

5) 『삼국사기』 권6, 신라본기 문무왕 10년 3월조.

-2. 주몽은 이에 烏伊·摩離·陜父 등 3명과 벗삼아 (도망하여) 淹淲水[일명 蓋斯水니 지금의 鴨綠 동북에 있다.]6)

-3. 이 앞서 帶素가 피해되므로 그(아우)는 나라가 장차 망할 것을 알고 종 자 100여 명과 함께 鴨淥谷에 이르렀는데, (마침) 海頭國王이 나와 사 냥하는 것을 보고 드디어 그를 죽이고 그 백성을 취하여 이곳에 와서 도읍을 정하니 이가 曷思王이다.7)

-4. (동천왕) 이에 철기병 5,000명을 거느리고 나아가 공격을 하니, (관구)검 이 방진을 벌이며 결사적으로 싸우므로 우리 군사가 크게 패하여 죽은 자가 18,000여 명에 이르고 왕은 (겨우) 1,000여 명의 기병과 함께 鴨淥 原으로 달아났다.8)

-5. 을불은 괴로움을 이기지 못하여 1년 만에 그 집을 버리고 나와 동촌 사람 재모와 함께 소금장사를 하였다. 하루는 배를 타고 鴨淥에 이르러 소금을 가지고 뭍에 내려 강동의 사수촌사람 집에 기류하였다.9)

-6. (수의 나머지) 將士가 도망하여 하룻낮 하룻밤에 鴨淥水에 이르니 450 리를 간 것이다.10)

-7. … 鴨淥水를 넘어 평양을 直取 함은 이 거사에 있습니다.11)

-8. … 쟁기를 놓고 보루에 들어가기를 수년간 하여 천리가 황폐하게 되면 인심이 저절로 떠나서 鴨淥江 북쪽은 싸우지 않고도 취할 수 있으리 라.12)

-9. 태종이 장군 薛萬徹 등을 보내어 쳐들어왔는데, 바다를 건너 鴨淥江으

---

6) 『삼국사기』 권13, 고구려본기 시조 동명성왕.
7) 『삼국사기』 권14, 고구려본기 대무신왕 5년 4월조.
8) 『삼국사기』 권17, 고구려본기 동천왕 20년 8월조.
9) 『삼국사기』 권17, 고구려본기 미천왕 즉위년조.
10) 『삼국사기』 권20, 고구려본기 영양왕 23년조.
11) 『삼국사기』 권21, 고구려본기 보장왕 4년조.
12) 『삼국사기』 권22, 고구려본기 보장왕 6년 2월조.

로 들어와 泊灼城 남쪽 40리에서 머물러 영을 만드니 …13)

-10. 개소문이 그 아들 남생을 보내어 정병 수만명으로 鴨淥江을 지키어 제
군이 건너지 못하더니, 契苾何力이 이르자 마침 얼음이 크게 얼었으므
로 …14)

-11. 이적이 대행성을 이기니 타도로 온 제군이 모두 이적과 합세하여 나아
가 鴨淥柵에 이르렀다.15)

-12. 鴨淥水以北未降十一城 … 鴨淥水以北己降城十一 … 鴨淥以北逃城七
… 鴨淥以北打得城三16)

-13. … 우익위대장군 우중문은 낙랑도로 나와서 9군과 함께 鴨淥水에 이르
렀다.17)

-14. … 왕이 나라를 회복하고 공을 논하였는데 밀우·유유를 제일로 삼아
밀우에게 거곡·청목곡을 사하고, 옥구에게는 鴨淥江의 豆訥河原을 사
하여 식읍으로 하였다.18)

-15. 먼저 닭을 잡고 후에 오리를 친다는 것은 파진찬 시중이 먼저 鷄林을
얻고 후에 鴨綠을 거둔다는 뜻이라.19)

『삼국사기』에 나오는 압록의 용례들을 찾아보았다. 위의 예를 통하여
鴨綠은 鴨淥으로도 표기되었음을 알 수 있는데, 이들은 몇 개의 유형으
로 나누어 볼 수 있다. 첫째, 압록강(압록수) 자체를 의미하는 용례이다.
압록강으로 사용된 예가 가장 많다. 다음으로는 압록곡, 압록원, 압록책

---

13) 『삼국사기』 권22, 고구려본기 보장왕 7년 9월조.
14) 『삼국사기』 권22, 고구려본기 보장왕 20년 9월조.
15) 『삼국사기』 권22, 고구려본기 보장왕 27년조.
16) 『삼국사기』 잡지 지리지 고구려조.
17) 『삼국사기』 권44, 열전4 을지문덕전.
18) 『삼국사기』 권45, 열전5 밀우·유유전.
19) 『삼국사기』 권50, 열전10 궁예전.

과 같이 압록이 붙여졌지만 압록강이 아니라 지역명으로 사용된 예가 있다. 그리고 추상적인 의미의 압록이다(A-15). 물론 압록이 구체적인 지명에서 비롯된 것은 분명하지만, 여기서는 계림에 대응하는 추상적인 지명 내지는 상징으로 사용되고 있다. 이와 같이『삼국사기』에서의 사용례를 보면 압록은 거의 압록강을 지칭하는 것으로 보아도 무방할 것이다.

그런데 여기서 주목할 내용은 고구려가 멸망한 이후에는 압록이라는 지명이『삼국사기』에는 더 이상 나타나지 않는다는 점이다. 그만큼 압록은 고구려와 밀접한 용어였음이 분명하다고 할 수 있다. 한편으로는 신라의 통치지역이 압록강에까지 미치지 못하였으므로 당연한 현상이라 할 것이다. 그러므로 압록은 곧 압록강, 그리고 고구려라는 의식으로까지 확대된 듯 하다. 이처럼 고려 멸망 이후에 나오지 않던 압록이 갑자기『삼국사기』궁예전에 나타나고 있다. 고구려의 압록과는 다소 생소한 느낌을 준다. 그 구체적인 시말은 다음 장에서 살펴보기로 하고, 다음은 고려 묘지명에 나오는 용례를 살펴보도록 한다.

> B-1. 김공이 왕의 글을 받들고 □□을 축하하러 원에 들어가게 되었는데, 鴨 淥江을 건너자 병이 들어 신안여관에서 별세하였다.[20]

> -2. 곡령을 돌아드니 압록[鴨水]의 물은 넓고 넓은데 …[21]

> -3. 영릉(충혜왕)이 황제에게 불려가는 길에 공을 불러 함께 가자고 하니, 공이 나이 60세가 지났지만, 명을 듣고 달려가서 며칠만에 鴨綠江에서 만났다.[22]

> -4. 6월에 고려로 돌아오다가 병을 얻어 수레에 실려 鴨綠水를 건너 왔는데, 29일 신해일에 도중에서 죽었다.[23]

---

20) 김용선, 2005,「김승용 묘지명」『역주고려묘지명집성(하)』, 한림대학교 출판부.
21) 김용선,「김승용 묘지명」, 위의 책.
22) 김용선,「김륜 묘지명」, 위의 책.

-5. 원으로 돌아가자는 논의도 있었으나, 좌우에서 시종하는 사람들이 고향
   을 생각하는 마음이 없을 수 없어서 혹자는 鴨江(압록강)을 건널 것을
   권하기도 하였다.[24]

-6. 皇慶 2년(충선 5, 1313)에 임금(충선왕)과 지금의 임금(충숙왕)이 본국으
   로 돌아오게 되자 공은 鴨江(압록강)까지 올라가 맞이하였다.[25]

위의 묘지명에 나오는 압록은 압록강, 압강, 압수 등으로 나온다. 여
기에 나오는 것들은 모두 지금의 중국의 경계를 가르는 압록강이다. 시
기적으로는 고려 후기에 나타나는 사실들이다. 특징적인 것은 한 글자를
쓰건 두 글자를 쓰건, 강 또는 수를 붙여 반드시 하천임을 명백히 하고
있다. 이와 관련하여 고려 문인들에 의하여 사용된 용례를 보면 시기적
으로는 후기, 지리적으로는 지금의 압록강을 의미한다는 것을 알 수 있
다.[26]

그런데 『동국여지승람』에서부터는 압록에 대하여 압록강과 다른 지
금의 전라남도 곡성군의 지역명이 나오고 있다. 이에 관한 용례를 살펴
보도록 하자.

C-1. 鴨綠江行城 : 군의 북쪽 일리에 있는데, 석축이 주위가 일천오백십칠척
    이고 높이는 오척이다.[27]

 -2. 鴨綠江 : 주의 서북쪽에 있는데, 馬訾 또는 清河, 龍灣이라고도 한다.[28]

23) 김용선, 「이달존 묘지명」, 『역주고려묘지명집성(하)』, 한림대학교 출판부.
24) 김용선, 「정인경 묘지명」, 위의 책.
25) 김용선, 「원충 묘지명」, 위의 책.
26) 『고려 명현집』에 나타나는 압록의 용례는 현재의 압록강을 지칭하며 다른 지역
   과는 무관하다.
27) 『신증동국여지승람』 권49, 삼수군 성곽조 ; 권53, 의주목 개설조 ; 권53, 의주목
   형승조.
28) 『신증동국여지승람』 권53, 의주목 산천조.

-3. 鴨綠江祠 : 구룡연 위에 있다. 사전에 장단의 덕진과 평양강과 더불어 서쪽 지방의 큰 강이 되어 중사에 실렸고, 봄가을로 향축을 내려서 제사 지낸다.[29]

-4. 鴨綠江津 : 고려 현종 13년 비로소 설치하였고, 鴨綠江 勾當을 설치하였으며, 본조에서는 고쳐 도승으로 하였다가 뒤에 폐지하였으며, 옛날부터 연경에 들어가는 대로로 삼았다.[30]

-5. 鴨綠院 : 압록진의 언덕에 있다.[31]

-6. 鴨綠津 : 동남쪽으로 30리에 있으며 구례와의 경계인 큰 길에 있다.[32]

-7. 鴨綠津 : 현의 서쪽 29리 곡성현 경계에 있다.[33]

-8. 鴨綠津 : 현의 서쪽 29리 곡성군과 통한다.[34]

위의 용례를 보면 압록은 압록강과 압록으로 구분되어 사용된다. 그 구체적인 실례는 진의 명칭이 북방의 것은 압록강진(C-4)인데 비하여, 곡성 지역의 것은 압록진(C-6, 7)이라고 표현하고 있다. 이는 단순한 착오, 내지는 편의상의 표현이라고 할 수 만은 없다. 이미 『신증동국여지승람』 편찬 당시에 압록강과 압록은 확연히 구분되어 사용되고 있었음을 알 수 있다. 압록강은 지금의 한국과 중국의 경계가 되는 지역을 지칭하였고, 이와 대조적으로 압록은 지금의 곡성과 구례 사이의 지역을 지칭하였던 것이다.

『신증동국여지승람』에도 압록과 압록강이 확연히 구분되어 사용되고

---

29) 『신증동국여지승람』 권53, 의주목 사묘조.
30) 『신증동국여지승람』 권53, 의주목 진도조.
31) 『신증동국여지승람』 권39, 곡성현 역원조.
32) 『신증동국여지승람』 권39, 곡성현 진도조.
33) 『신증동국여지승람』 권40, 구례현 산천조.
34) 『신증동국여지승람』 권40, 구례현 진도조.

있다는 것은 압록과 압록강이 혼용될 수 없다는 의미이기도 하다. 이러한 구분은 언제부터 확립되어 있었던 것일까? 그 이전으로 소급될 수 있는지를 확인해 보자.

『신증동국여지승람』 곡성현조에 압록진과 압록원이 보이는 것은 1530년(중종 25) 이전에 이미 곡성에 압록이 있었다는 증거이다. 그런데 곡성을 대표하는 강으로서의 명칭으로는 압록강이 보이지 않는다. 이 일대의 강이름으로는 鶉子江이 대표적인 강으로 나타난다. 그리고 한때는 이 일대의 대표적인 명칭으로도 사용되었던 듯하다.

이처럼 곡성의 압록은 강이 아니라 지역의 명칭이다. 진이 있고 원이 있었다. 의주목에 있는 압록은 강을 의미하기도 하고, 지역을 의미하기도 하였지만, 곡성에서는 강이름으로 사용된 적은 없고 지역의 이름만으로 사용되었던 것 같다. 따라서 '압록=압록강'이라는 도식적인 해석은 재고할 필요가 있다. 압록은 반드시 압록강만을 지칭하는 것은 아니라는 뜻이다.

그렇다면 과연 고려 초에 고려와 압록강은 어느 정도 관련성을 갖고 있었는지에 관해 살펴보도록 하자. 먼저 최승로의 시무 28조 중 1조의 내용을 살펴보자.

> D. 우리 국가가 삼국을 통일한지 47년이 되었는데 사졸이 편안히 잠자지 못하고 군량이 많이 허비됨을 면치 못한 것은 서북지방이 오랑캐에게 인접되어 방수하는 곳이 많은 때문입니다. 원컨대, 성상께서는 이것을 염두에 두소서. 馬歇灘으로써 경계를 삼은 것은 왕건의 뜻이옵고, 압록강가의 석성으로써 경계를 삼은 것은 大朝(성종)의 정한 바입니다. 바라옵건대, 요해지를 가려 국경을 정하고 토인의 활쏘기와 말타기 잘하는 사람을 뽑아서 그 방수에 충당하고, 또 그 가운데 2~3명의 편장을 뽑아서 그 방수에 이를 통솔하게 한다면 경군은 번갈아 수자리하는 노고를 면하게 되고 마초와 군량은 운반하는 비용을 덜게 될 것입니다.[35]

---

35) 『고려사절요』 권2, 성종 원년 6월조.

위의 내용으로 보면 왕건 때의 북쪽 국경은 마헐탄에서 그치고 있다. 마헐탄에 대해서는 청천강이라는 설이 지배적이다.[36) 고려가 압록강가의 석성[37)으로써 북방과의 경계를 삼은 시기는 대조, 즉 성종 때이다.[38) 최승로의 지적대로라고 하면 통설상 고려 왕건때부터 압록강을 장악하려고 했다는 생각은 역사적 사실과 크게 어긋나게 된다. 왕건 대의 축성 관계 기록을 보더라도 압록강까지에는 이르지 않고 있다.

그런데 같은 최승로의 상서문 중 五朝治績評 가운데 일부는 왕건 대에 압록강가에 이르렀을 것이라는 추정을 할 수 있게 하는 내용이 있다.

> E. 엎드려 살피건대 우리 태조 신성대왕이 즉위하시매, 때는 난세에 당하고 운은 천년 만에 돌아오는 시기에 해당했습니다. 처음 난을 평정하고 흉적을 물리침에 있어서는 하늘이 전주를 낳아 (그) 손을 빌리었고, 뒤에 도록을 받고 천명을 받음에 있어서는 사람들이 성덕을 알고 (왕건에게) 마음을 돌렸습니다. 이에 신라가 스스로 멸망할 때를 만났고, 고구려가 다시 일어날 운을 타서, 향리를 떠나지 않고 곧 고구려를 일으켜 요수와 패수의 놀란 물결을 진정시켰으며, 진한의 옛 땅을 얻어, (즉위한지) 19년에 천하를 통일하였으니, 가히 공은 이보다 더 높음이 없으며 덕은 이보다 더 큼이 없다고 하겠습니다.[39)

위의 내용에서 왕건은 요수와 패수의 놀란 물결을 안정시켰다고 하였다. 여기서 요수는 요하를 말하는 것이며, 패수는 대동강 또는 예성강을 의미하는 것 같다. 그런데 왕건이 요하와 패수를 평정하였다고 하면 압록강 이북까지 진출하였다고 확대 해석할 수도 있다. 그러나 왕건 대의 북방 영역의 한계는 마헐탄, 즉 청천강에 이르고 있다(D). 그렇다면 왕건 대에 요수와 패수의 놀란 물결을 진정시켰다는 의미는 어떻게 보

---

36) 이기백 외, 1993, 『최승로 상서문연구』, 일조각, 79쪽.
37) 의주 방면으로 추정하고 있다(이기백 외, 위의 책, 79쪽).
38) 대조를 경종 또는 중국으로 보기도 한다(이기백 외, 위의 책, 79~80쪽).
39) 이기백 외, 위의 책, 7쪽.

아야 할까? 그런데 여기서 '定'이라는 의미는 복속관계라기보다는 외교관계를 통하여 안정시켰다고 보는 것이 무리가 없을 것 같다. 실제로 왕건은 처음 天授라는 자주적인 연호를 사용하였으나, 그 뒤 후당의 연호를 사용하면서 중국과의 마찰을 없앴다. 그리고 거란과도 처음에는 그다지 반목하는 사이가 아니었다. 여기서의 요수는 중국, 패수는 한반도를 상징하는 용어로 보는 것이 타당할 것이며, 구체적인 지명으로 보기는 어려울 것 같다.[40] 따라서 왕건의 관심이나 고려 국초의 국력의 영향력이 압록강 안까지 염두에 둘 정도는 아니었던 것으로 보아야 할 것이다.

3. 「왕창근 고경문」의 해석

앞에서 일반적인 압록의 용례와 그 지역에 관해 살펴보았다. 이번에는 「왕창근 고경문」[41]에 나오는 압록에 대하여 살펴보도록 하자. 그 부분을 전제하면 다음과 같다.

　　F. 先操雞後搏鴨者 王侍中御國之後 先得雞林後收鴨綠之意也[42]

위의 사료[43]에 관한 기존의 해석은 다음과 같다.

　　G. 먼저 닭을 잡고 뒤에 오리를 칠 것이라는 것은 왕시중이 임금이 된 후에
　　　먼저 계림을 점령하고 다음에 압록을 거둔다는 뜻이다.[44]

---

40) 이기백 외, 1993, 『최승로 상서문연구』, 일조각, 79쪽.
41) 「왕창근 고경문」은 후대의 조작설 등 당대의 문건으로 선뜻 인정하기에 무리가 없는 것은 아니다.
42) 『고려사』 권1, 태조세가 태조 1년.
43) 『삼국사기』 권50, 열전10 궁예전에도 비슷한 내용의 기록이 있다.
44) 이병도 역주, 『삼국사기』(하), 491쪽.

대체로 여기서의 계림은 신라이며, 압록은 압록강을 의미한다고 한다. 어떤 곳에서는 아예 압록을 압록강 안이라고 해석한 곳도 있으나 강이라는 자연지형이 대상이 된다는 점에서는 크게 다르지 않다.

그러나 위의 내용에서 계림을 신라, 압록을 압록강으로 비정하면 문장의 비유가 부적절해 보인다. 먼저 계림은 신라라고 했을 때, 계림은 지역이며 국가의 비유이다. 그런데 압록을 압록강으로 해석하면 지역에 대한 비유도 아니고 국가의 상징도 아니다. 일정한 경계선을 의미한다. 그러므로 계림의 對句로서 압록을 압록강으로 상정하는 것은 무리가 따르는 해석이라고 여겨진다.[45] 더구나 이를 근거로 왕건의 고구려주의 선포와 북진 정책에까지 연결짓는 것은 엄청난 비약이라는 생각이 든다.

실제로 이 시기에 왕건의 관심은 압록강에까지 미치지 않았던 것 같다. 그리고 압록강을 고구려의 상징으로 여겼던 것도 아니다. 왕건은 자신들을 고구려의 후예라고 생각했는데, 압록강 즉 고구려를 거둔다는 것은 이율배반적인 수사법이다. 그리고 이 시기의 고구려를 상징하는 지역이라면 오히려 평양이 아니었을까? 궁예는 고구려의 원수를 갚는다고 하면서 평양을 말하였다.[46] 그리고 견훤도 왕건에게 보내는 편지에서 대동강 운운하면서 고구려의 비유를 대동강으로 하고 있다.[47] 그런데 갑자기 여기서의 압록을 압록강으로 비정하고 고구려의 비유로 해석하는 것은 큰 무리가 따른다.

「왕창근 고경문」에서의 압록의 위치를 압록강으로 비정하는 것은 위의 문장구성상으로도 그렇고, 당시의 정세를 참작하더라도 상당한 무리가 따른다. 앞에서도 지적했듯이 문장구성상으로 보면 여기서의 압록은

---

45) 『조선지지자료』 곡성군편에는 압록이 모두 3회 나타난다. 이때 사용례는 압록원, 압록점, 압록진이다(『朝鮮地誌資料』, 全羅南道 三-一, 谷城郡 五枝面. 國立圖書館 古01680). 일반용어적 표현이며, 강의 이름으로 사용된 예는 없다.
46) 『삼국사기』 권50, 열전10 궁예전.
47) 『삼국사기』 권50, 열전10 견훤전.

계림=신라와 같이 어떤 일정한 국가나 세력에 대한 비유여야 할 것이다. 이 무렵에 신라에 견줄 수 있는 집단은 후백제밖에 없다. 발해 유민이 고려에 직접적으로 영향력을 행사하게 되는 시기는 대량의 발해유민이 발생하면서부터인 930년대 이후부터이다.[48) 그렇다면 이 시기에 있어서 왕건에게 신라와 비슷한 비중으로 여겨질 집단은 후백제 외에는 달리 찾을 방법이 없다. 압록은 후백제를 상징하는 표현으로 보아야 문장구성상으로 대구가 되는 것이다. 이와 연관하여 이제현의 지적이 참고가 될 것 같다.

> H-1. 우리 태조(왕건)가 왕자리에 오른 후 金傅가 아직 항복하지 않고, 甄萱이 사로잡히지 않았는데, 여러 번 西都(西京)를 행차하고 직접 북방 변두리를 순찰하였으니, 그 뜻은 역시 東明(고구려)의 옛 강토를 우리나라의 귀중한 유산으로 확신하고 반드시 이것을 모두 차지하려는 것이었다.

> -2. 그러니 어찌 그의 뜻이 '닭'을 잡고 '오리'를 치는데 그쳤다고 하겠는가. 그런 것이 아니었다. 참으로 우리 왕건의 도량과 계략은 크고 원대한 것이었다.[49)

위의 내용은 이제현이 왕건의 고구려 계승의식에 대하여 평한 내용이다. H-1은 왕건이 후삼국 통일 이전부터 고구려 고토 회복을 위하여 서경 행차를 자주 하였다는 내용이다. H-2는 왕건의 도량과 계략은 '닭'과 '오리'를 잡는데 그치는 것이 아니라 더 원대한 고구려의 강토를 차지하려고 하는데 있다는 것이다. 문맥상 여기서의 '닭'과 '오리'는 H-1에서의 김부와 견훤의 비유이며, 신라와 후백제를 가리키는 것으로 보아도 틀리지 않을 것이다. 이제현은 고구려는 동명, 신라는 닭, 후백제는 오리로 비유하고 있는 것이다.

---

48) 이재범, 2003, 「고려태조대의 대외정책」, 『백산학보』 67.
49) 『고려사』 권2, 태조 26년 이제현찬.

이와 같이 「왕창근 고경문」의 압록은 문장구성상으로 볼 때 후백제에 대한 비유로 보아야 크게 무리가 따르지 않는다고 할 것이다. 그리고 당시 후삼국의 정세상으로 볼 때도 압록을 압록강으로 비정하는 것은 크게 비약한 해석이라고 할 수 있다. 「왕창근 고경문」이 나타날 때가 왕건이 쿠데타를 일으킬 무렵으로 본다면 이때 태봉의 적대관계는 신라와 후백제였다. 특히 후백제는 왕건이 한반도의 서남해안에서 지휘했던 해상전투를 통하여 태봉에 대해 적개심이 커져 있던 상황이었다. 그런데 이러한 상대를 의식하지 않았을 리가 없다. 따라서 「왕창근 고경문」에서도 이러한 일련의 상황이 반영되어 있어야 했을 것이다. 왕건에게 있어서 북진 정책도 중요했겠지만, 그보다는 현실적으로 처한 난관 돌파가 우선이었을 것이라고 생각한다면, 압록의 위치는 현실적인 문제와 연결시켜서 이해해야 할 것이다. 당시 왕건에게 있어서 최대의 난제는 후백제 문제였던 것이다.

한편 앞서 언급한 점들은 당시 왕건의 통일전략과도 연결지어 생각해봐야 할 것이다. 왕건의 통일전략은 기본적으로 삼한통일이었다. 왕건은 그 자신은 물론 그의 아버지 왕륭에 있어서도 북진과는 상당한 거리가 있었던 것으로 보인다. 이점에 있어서 궁예와 왕건은 상당한 차이를 갖는다. 궁예와 왕건의 북방에 대한 인식과 그에 따른 통일전략을 알아보도록 하자.

　I-1. 세조가 달래기를 "대왕(궁예)께서 朝鮮, 肅愼, 弁韓의 땅에 왕이 되시고자 하면 먼저 송악에 성을 쌓고 나의 장자를 성주로 삼는 것이 가장 좋을 것입니다"라고 하니 궁예가 그 말을 따라 왕건으로 하여금 勃禦斬城을 쌓게 하고 인하여 성주를 삼으니 이때 왕건의 나이 20세였다.[50]

　　-2-1. 康忠 ··· 신라의 監干 八元이 ··· 강충에게 말하기를 '만약에 군을 산의 남쪽으로 옮기고 소나무를 심어 암석이 드러나지 않으면 三韓을 통합하는 자가 태어나리라'고 하였다.

　　　-2. 寶育(損乎述) ··· 일찍이 鵠嶺에 올라가 남쪽을 향하여 소변을 보았더

---

50) 『고려사』 권1 태조세가 건녕 3년 병진.

니 三韓 산천에 오줌이 넘쳐 흘러 문득 …

-3. 世祖 … 기국과 도량이 넓고 커서 삼한을 병탄하려는 뜻을 가지고 있
  었다. 일찍이 꿈에 한 미인을 보고 배필이 되기를 약속하였는데, 뒤에
  송악에서 永安城으로 가다가 길에서 한 여인을 만나니 용모가 같은지
  라, 드디어 혼인을 하였으나 온 곳을 알지 못하므로 세상에서는 이름
  을 夢夫人이라 하였으며 혹은 이르기를 '그 여인이 三韓의 모가 되었
  으므로 드디어 성을 한씨라 하였다'고 하니 이가 威肅王后이다.

-4. 道詵 … 드디어 (세조와) 함께 곡령에 올라가 … 實封을 만들어 그 겉
  에 제하기를 '삼가 글월을 받들어 백배하고 미래에 三韓을 통합할 임
  금이신 大原君子의 足下에 올리나이다'라고 하였다.[51)]

I-1에서 궁예는 조선, 숙신, 변한의 왕이 된다고 하였다. I-2에서 왕건
과 왕건의 가계는 모두 삼한과 연관이 있다. 궁예와 왕건의 지역성을 비
교하자면, 궁예가 왕건보다 더 북진적 성격이 강하다. 물론 I-1의 내용이
896년경의 사실이므로 후대에 궁예의 생각이 바뀌었을 수도 있다. 그러
나 궁예가 처음 의도했던 바는 조선과 숙신지역을 포함하는 통일이었다.
이에 비하면 왕건가의 생각은 일찍부터 삼한통합에 있었다. 따라서 북진
을 당시의 최우선 과제로 여겼던 것은 아니었기 때문에, 북방에 대한 진
출을 적극적으로 고려하고 있지 않았다.[52)] 즉 삼한통합에 어느 정도 만
족하였던 것 같다. 왕건의 기본적인 정책의 기조는 '先三韓統合後北進'
으로 요약해 볼 수 있을 것이다.

아마도 이러한 분위기는 그 이후에도 계속되었던 것 같다. 거란의 1차
침입 때 거란의 요구에 대해 성종을 비롯한 고려 조정에서 수용한 것과
이후 徐熙가 강경론을 주장하기 이전에 자비령 이북을 떼어주자는 割地

---

51) 『고려사』 고려세계.
52) 왕건의 북진 정책과 관련하여 서경을 중시하였다는 사실이 지적된다. 그러나 서경
  은 북진 정책의 일환이라기보다는 국내 정치의 안정이라는 측면이 강하다고 생각
  된다. 서경은 후백제와의 쟁패과정에서 안정을 유지해야만 하는 배후지역이었다.

論이 대두되어 국론으로 되었던 것을 보면 그러하다. 고구려 고토 회복 차원의 북진보다는 안정을 추구하려는 면이 더욱 강했던 것으로 여겨지기까지 한다.

이와 같이 왕건의 관심이라는 측면에서 보아도 압록강을 우선적인 진출 지역으로 여겼던 것 같지는 않다. 여기서의 압록은 압록강이 아닌 다른 지역에서 찾아야 할 것이며, 그 지역은 곡성군의 압록으로 비정하는 것이 크게 무리가 따르지 않을 것 같다.

4. 압록의 지리적 조건과 후백제

그렇다면 왜 압록이 후백제의 비유로 일컬어졌는가 하는 의문이 제기된다. 계림을 신라의 비유로 인정하는 데는 그다지 이의가 없는 것 같다. 그러나 압록이 어떤 이유로 후백제를 상징하는 지역이 될 수 있는가 하는 데에 대해서는 의문이 있을 것이다.

먼저 압록의 지리적 조건을 살펴보도록 하자. 압록은 현재 전라남도 곡성군의 한 조그만 강촌이지만, 섬진강과 보성강이 갈라지는 곳에 위치한 교통요지이다. 부근에는 泰(大)安寺가 있고 수운이 활발하였던 곳이다.

이 무렵 후백제의 해상으로의 출구는 섬진강구 이외에 이렇다 할 곳이 없었던 것 같다. 서해안으로 들어가는 하천들이 있지만, 태봉 후기가 되면 거의 왕건이 이끄는 수군들에 의하여 활동이 제약되었던 것 같다.[53] 당시에 견훤의 사위인 池萱도 덕진포 전투 이후 지금의 광주 일대에서 궁예의 군사와 대치하고 있었다. 吳越에 가는 후백제의 사신이 왕건에게 나포된 이유도 후백제가 서해안의 제해력을 거의 상실했던 것으로 보는 것에서 찾아야 할 것이

---

53) 신성재, 2006, 『궁예정권의 군사정책과 후삼국전쟁의 전개』, 연세대학교 박사학위 논문.

다. 또한 강진 無爲寺의 逈微가 궁예에게 죽임을 당하는데, 이때의 정황으로 보아 이미 이 일대까지 궁예 정권의 지배력이 확실하게 미쳤던 것은 틀림없다. 궁예 정권이 강진 일대에서 확실한 영향력을 행사할 수 있게 되었다는 것은 후백제가 중국과의 중요한 교통로인 탐진강을 이용할 수 없게 되었다는 의미이기도 하다. 탐진강은 崔致遠 등 당 유학생들이나 이 무렵의 많은 승려들이 渡唐해상로로 이용하기 위한 출발점의 하나였다. 따라서 강진 일대의 점령은 후백제의 대외교섭 창구를 봉쇄하는 사건이었다.

특히 덕진포 전투 이후 후백제의 서남해안은 더욱 태봉에 의해 장악되었던 것 같다. 따라서 금강, 동진강 등을 통하여 해상활동을 하기가 어려웠을 것으로 여겨진다. 공주장군 홍기가 태봉에 귀부한 이후부터는 금강을 이용하기가 어려웠을 것이다. 더욱이 후백제가 밀접하게 외교관계를 가졌던 중국의 세력이 오월이었다면 항해를 하기 위한 수로가 절대 필요했을 것이다. 그런데 이미 고이도, 영광 등을 태봉에서 장악하였다면 후백제의 서남해안 해상활동은 크게 위축되었을 것이다. 이로 인해 앞서 언급했듯이 오월로 보내는 후백제의 사신이 왕건에게 나포된 적도 있었다.

대체로 태봉이 나주 일대를 장악하고 덕진포 해전에서 후백제가 패전한 이후부터는 서해안의 해상력이 궁예 정권에 귀속되는 것으로 볼 수 있다. 따라서 후백제의 해로는 섬진강으로의 진출만을 남겨 두고 있을 뿐이었다. 실제로 후백제에 있어 필요할 때 이용할 수 있는 하천은 섬진강 밖에 없었던 것 같다. 이러한 상황은 후백제로 하여금 섬진강으로의 진출을 모색하게 하였고, 그 결과가 후백제의 잦은 강주(진주) 진출로 나타나고 있는 것으로 보인다. 그리고 그 대표적인 수운상의 요지가 섬진강과 보성강의 합류지역인 압록이었던 것으로 추정된다. 아마도 이 시기에 상당한 후백제의 수군활동이 압록을 거점으로 전개되었던 것으로 추정해 볼 수 있다. 이후 일정한 시기 동안 이 압록은 후백제를 의미하는 지역으로 비유되어 불릴 정도까지 후백제의 중요한 전략기지로 성장하였던 것으로 여겨지는 것이다.

물론 이 시기에 압록의 지리적 중요성에 대한 인식은 신라에서도 인정하고 있었던 것으로 여겨진다. 압록에서 가까운 거리에 태안사가 있는데, 압록은 태안사로 가는 수로상의 관문 역할을 했을 것으로 여겨진다.[54] 당시 태안사는 후삼국 쟁패기간에 상당히 중요한 역할을 했을 것으로 여겨진다. 태안사의 위치는 신라와 태봉, 후백제의 세력이 중첩되는 지역이었던 것 같다. 따라서 이 태안사의 확보는 각 나라로서도 매우 중요한 일이었던 것 같다. 다음의 내용을 참고해보자.

> J. 효공대왕이 멀리 곡성(곡풍)을 향하여 편지를 띄워 지혜의 눈을 열어 국가의 사직을 도와주기를 원하였다. 이때는 신라의 운세가 기울어 병화가 자주 일어났다. 궁예가 기강을 어지럽히며 견훤이 이름을 도적질하였다. 천명이 돌아가는 곳이 있어 나라의 기반을 새로이 이루어야 했으나, 봉홧불이 흔들리어 오고 가는 것이 寺門에게는 혹독한 괴로움이어서 끝내 왕에게 도움이 되지는 못하였다.[55]

효공왕의 재위는 897~912년이므로 이 시기의 후반에는 태봉의 세력이 호남의 남해지역에까지 이르는 시기이다. 이 무렵에 태안사가 있는 곡성은 전반적으로 잘 알려진 지역이었다. 이곳은 지리적으로는 후백제 영역에 속하지만, 실질적인 영향력은 태봉의 관할이었다. 그리고 신라로서도 이 지역을 정치·군사적으로 중요시하였던 곳이다. 위의 내용은 효공왕이 태안사의 廣慈大師에게 신라를 도와 줄 것을 요청하였으나 거절당하였다는 것이다. 거절의 내용은 봉홧불이 흔들리어 오고 가는 것이 힘들다는 것이었다. 다시 말하면 戰火라는 것이 사문에게는 괴로움이라고 하였는데, 이는 자신들이 중립을 지킨다는 의미일 수도 있지만, 한편으로는 어디에든 종속되어 연명할 수밖에 없다는 절박한 의지도 담고 있다.

---

54) 태안사 주변 지역의 호족 가운데 하나가 신숭겸이다. 신숭겸은 궁예의 기장이 되었다가 왕건을 도와 고려 재건에 큰 공을 세우는데, 이 일대의 지리적 중요성과 무관하지 않다고 여겨진다.

55) 「대안사 광자대사비」(1996, 『역주 나말려초금석문』(하), 혜안, 256쪽).

어쨌든 위의 내용으로 보아 광자대사의 명성은 이미 신라의 왕실에도 널리 알려져 있었다는 사실과 태안사의 사세가 컸다는 것을 알 수 있다. 태안사의 존재가 신라 왕실에 알려졌다고 하면, 곡성 일대의 사정이 신라나 인근지역에도 널리 알려져 있었음을 의미한다. 당연히 압록에 대해서도 알려져 있었을 것이다.

이때 광자대사는 신라에 협조하지 않았다. 그렇다고 하여 태봉을 따랐던 것 같지도 않다. 태봉의 영향력이 이 지역까지 미쳤던 것은 분명하지만, 광자대사와 태안사는 반독립적이었거나 후백제를 추종하였던 것으로 여겨진다. 그리고 그 뒤 언제부터인가 왕건을 추종하게 된다. 아마도 왕건을 추종하기 이전까지는 후백제의 영향권에 있었던 것으로 여겨진다. 그렇다면 왕건을 추종하기 시작했던 시기는 언제부터였을까?

> K-1. (왕건이) 즉위하기 전부터 대사의 명성을 익히 들었으므로 郎官을 보내 왕의 편지를 가지고 산에 들어가 청하였다. "덕을 우러러 사모한 지 오래 되었습니다. 스님의 위의를 뵙기 원합니다. 대사께서는 연세가 많이 드셔서 아마 걷기 어려우실 듯하니, 말을 타시는 것이 무슨 상관이 있겠습니까. 한번 궁궐로 와 주십시오." "노승은 전부터 일찍이 말을 탄 적이 없이 이 나이에 이르렀습니다. 산승 역시 왕의 백성이니 어찌 감히 명을 거역하겠습니까." 지팡이를 짚고 미투리를 신고 걸어서 궁궐에 이르렀다. 임금께서 크게 기뻐하고 儀賓寺에 머물러 쉬게 하였다.
>
> -2. 짐은 하늘의 도움을 받아 어지러움을 구하고 폭군을 베었습니다. 어떻게 하면 백성들을 편안하게 다스릴 수 있겠습니까?
>
> -3. 대사가 삼례를 행하고 물러나니 명하여 興王寺에 안치하였다. 黃州院 王旭郎君이 맑은 기풍을 멀리서 우러러 짤막한 편지를 전하여 제자가 되기를 원하였고 스승을 따르기를 바랐다. 떠나온 지 수년이 되니 산간이 다시 어떠하겠는가?
>
> -4. 대사는 開運 2년(945, 혜종 2) 11월 22일에 대중을 불러 놓고 말하였다. … 분향하며 염불하게 하고, 합장한 채 문득 돌아가니 속세의 나이는 82

세요, 승랍은 66세였다.[56]

위의 자료에서 광자대사에게 왕건이 먼저 협조를 요청하였음을 알 수 있다. 그런데 이번에는 효공왕 때와는 달리 스스로 왕의 백성을 칭하며 응하고 있다. 이 시기가 언제쯤인가는 정확히 밝히고 있지 않다.

위의 내용에서 추종시기를 알 수 있는 비교적 구체성을 가지는 근거들은 낭관, 의빈시 등의 관직 및 관부명과 홍왕사이다. 낭관은 일반 용어로 시기를 확인할 수 있는 근거로 삼기에는 무리가 있다. 의빈시는 『고려사』나 『고려사절요』에 나타나지 않는다. 이를 예빈시로 추정하기도 한다.[57] 그러나 시기를 확정하는 지표로 삼기는 어렵다. 대사를 안치하였던 홍왕사는 널리 알려져 있는 문종 때의 興王寺가 아니다. 그 이전 어느 시기에 축조되었던 것으로 보인다. 따라서 대사의 추종시기를 확인하기는 어렵다.

대사의 왕건 추종시기는 위의 자료들을 유추하여 추정할 수밖에 없다. 먼저 대사의 추종시기는 K-2의 내용대로라면 크게 두 경우를 상정할 수 있다. 궁예를 쿠데타로 전복한 시기이거나 후삼국을 통일한 시기 가운데 하나일 것이다.

그런데 여기서 '폭군'이라 함은 누구인지가 불분명하다. 대체로 폭군은 궁예를 지칭하는 경우가 많은 것 같다. 그러나 K-2의 문맥대로라면 神劍 혹은 후백제를 지칭한다고 할 수도 있다. 여기서 말하는 내용은 마치 후삼국통일을 이룬 다음의 일처럼 여겨진다. '어지러움을 구하고 폭군을 베었다'는 의미는 세상의 질서를 회복하였다는 의미로 여겨진다. 그렇게 된다면 대사의 추종시기는 후삼국통일 이후인 936년 이후의 일로 여겨진다.

---

56) 「대안사 광자대사비」(1996, 『역주 나말려초금석문』(하), 혜안, 256~257쪽).
57) 위의 책, 257쪽.

대사의 추종시기를 936년 이후로 볼 수 있는 근거는 대사가 개경으로 갔던 시기에 대사의 나이가 매우 많았다는 점으로도 보완될 수 있다. K-1에 의하면 대사는 지팡이를 짚고 개경에 갔던 것으로 볼 수 있다. 여기서 지팡이는 대사의 나이가 많다는 상징적인 표현으로 보아도 무방할 것이다.

대사의 나이를 보면 945년에 82세로 사망하였다. 쿠데타가 일어났던 해로 추산하면 57세가 된다. 후삼국통일 이후로 하면 73세가 된다. 그리고 대사는 흥왕사에서 자신의 태안사로 돌아가기를 청하는 내용 가운데 수년간 머물러 있다가 돌아갔다는 내용이 있다. 이러한 내용으로 미루어 보면 대사는 고령으로 고려에 왔고, 십년이 못되는 기간을 머물다 돌아가서 입적한 것으로 여겨진다. 따라서 대사의 왕건 추종시기는 후삼국통일 이후로 보는 것이 사실에 가까울 것으로 추정한다.

그렇다면 그 이전까지 광자대사와 태안사는 한동안 반독립적이었거나 지역적으로 가까운 후백제와 밀접한 관련을 가졌을 것으로 여겨진다. 이와 함께 이 일대 수운의 중심지였던 압록 일대는 한동안 후백제의 중요 근거지로 이용되었을 것으로 여겨지며, 이러한 연유에서 압록이 후백제를 비유하는 지역으로 인식되었던 시기도 있었을 것이다.

5. 결론

지금까지 왕건이 고려를 재건할 당시의 궁예 정권의 세력범위를 살펴보았다. 특히 「왕창근 고경문」에 등장하는 지명 '압록'과 관련하여 재조명해 보았는데, '압록'은 북방의 '압록강'과 전라남도 곡성군의 '압록'이 대표적인 경우로 알려졌다. 굳이 용례상의 차이를 든다면 북방의 압록은 압록강을 의미하는데 비하여, 곡성의 압록은 강을 의미하는 것이라기보다는 지역을 가리키는 것이었다. 그리고 후삼국이 쟁패하는 시기에 있어서 관심의 대상은 북방의 압록강보다 곡성의 압록이 더 컸다. 후삼국 쟁패시기에는 북방의 압록강에까지 영역을 확장할 여유가 없었다. 후삼국 간의 경쟁에서 패자권을 차지하는 것이 우선 과제였던 것이다.

곡성의 압록이 후삼국시대에 중요한 근거지가 될 수 있었던 조건은 섬진강과 보성강의 합류점이라는 수운상의 요충이라는 점에서 찾을 수 있다. 더욱이 주변에는 선종구산문 가운데 하나인 대가람 태안사가 위치하고 있는데, 당시의 대사찰은 하나의 도시를 형성하였다고 하여도 과언이 아닐 정도로 번성하였다. 태안사가 압록에 가까운 곳에 위치하였다는 사실도 이 시기에 압록의 지리적 중요성을 입증하는 근거가 된다고 할 것이다. 곡성의 압록은 이 시기에 이러한 섬진강의 수운을 이용하는 중요한 자리에 위치하였기 때문에 후삼국 쟁패지역의 하나가 되었다.

특히 903년 이후에는 궁예의 수군이 전라남도의 서남해안 일대를 장악하게 되자 후백제의 해외 연결 장소로서 섬진강의 중요도는 증대되었다. 그리하여 압록은 「왕창근 고경문」에 보이는 바와 같이 후백제를 지칭하는 용어로 사용하기도 하였던 것이다. 후백제는 이 일대를 장악하고 섬진강의 수운을 이용하여 오월과의 관계 유지에 힘썼던 것 같다. 그리고 고려는 이를 저지하려고 하였던 것이다. 따라서 나말려초 때 쟁패지역으로서의 '압록'은 통설과 같이 북방의 압록강이 아니라 지금의 전라남도 곡성군 압록이었음을 밝혀 보았다. 특히 이제현은 압록을 후백제의 대칭어로 분명히 사용하고 있는 것으로 보아 「왕창근 고경문」에 나타나는 압록은 문장구성상의 비유로 보거나 당시의 상황을 미루어 볼 때 압록강이 아니라 전라남도 곡성군의 압록이며, 이때의 의미는 후백제에 대한 비유였다.

그리고 섬진강에 있는 압록을 후백제의 비유로 사용하였다는 것은 당시 후백제의 서해안 해로가 거의 봉쇄되었다는 의미이기도 하다. 당시 한반도 정세는 궁예의 세력이 실질적으로 서해안 일대까지 점령하였음을 의미하는 것이라고 하겠다. 이와 함께 「왕창근 고경문」의 압록이 곡성의 압록이라는 사실은 왕건의 통일 정책과 북진 정책의 추진과정과도 무관하지는 않았던 것 같다. 그리하여 쿠데타 실행 당시 왕건 진영의 정책기조는 '先三韓統一後北進'이었을 것으로 추정한다.

제3장 왕건 즉위와 후백제 지역 호족의 동향

태봉의 궁예 정권 몰락과 왕건의 고려 재건은 한국사의 한 획을 가르는 중대한 사건이었다. 왕건의 고려 재건 의미가 중요한 만큼 여러 연구자들이 많은 관심을 보여왔다. 왕건의 婚姻政策을 비롯하여 후삼국을 통일하기 위한 여러 정책들이 검토되었고, 통일의 의의에 대해서도 여러 측면에서 다각도로 연구가 진행되었다.

이 시기에 관한 종래의 연구경향은 신라 말기의 혼란을 통일로 연결시킨 왕건과 실질적인 사회 주도 세력으로 간주된 호족을 중심으로 이루어졌다. 그러나 고려 건국을 전후한 정치적 상황과 이에 따른 사회동향이 구체적으로 파악되었다고 보기는 어렵다. 그리하여 왕건의 고려 건국이 갖는 역사적 의의도 궁예의 폭정에 대한 의로운 혁명이라는 『고려사』, 『고려사절요』 등의 서술태도에서 크게 벗어나지 못하였다. 또한 왕건의 즉위 전후의 정치도 민족통일을 목적으로 한 왕건의 탁월한 영도력이 강조되고 있는 경향이어서 기본적으로 『고려사』와 『고려사절요』 찬자들의 인식에서 크게 달라진 것은 없다고 보여진다.

이러한 연구경향은 결과적으로 역사란 승자의 역사일 수밖에 없다는 점에서 어쩔 수 없는 한계가 있지만, 한편으로는 왕건이 궁예의 휘하 장수로서 자신이 섬기던 군주를 배반하지 않으면 안되었던 필연성에 대한 규명에도 관심을 가져야 할 것이라고 여겨진다. 즉 지나치게 유가적 관점을 적용한 역사해석에서 탈피한 이해가 필요하리라고 본다.

이번 장은 이러한 관점에서 출발하였다. 그러므로 지금까지 잠재해 온 '왕건은 좋고, 궁예는 나쁘다'라는 도식적인 생각에서 탈피하여 고려 건국 당시 왕건에 대한 사회동향이 어떠했는가를 살펴보고, 그 원인이 무엇인가를 추구해 보려고 한다. 즉 왕건 즉위에 따른 후삼국의 정치·사회적 동향을 살펴보고, 이 시기에 변화된 양상을 통하여 왕건이 쿠데타를 선택할 수밖에 없었던 원인을 찾아보려는 것이다.

1. 왕건 즉위에 대한 지역세력의 반응과 그 성격

왕건은 궁예의 휘하 장수로 있다가 918년 무력에 의한 정권전복을 꾀하여 성공하였다. 그러나 여느 쿠데타가 그렇듯이 그에 대한 반응은 각 지역 또는 계층 간에 따라 많은 차이를 보였다. 지역세력의 동향은 신왕조를 창출한 왕건에게는 심상치 않은 문제였다. 특히 당시의 상황에서 반독립적 세력인 호족들이 지방을 장악하고 있었던 만큼 각 지방세력들의 동향은 무엇보다도 큰 관심사에 속하는 것이었다.

왕건 즉위에 대하여 당시의 지방세력들은 어떤 반응을 보였을까. 이를 구체적으로 살펴보면 다음의 <표 1>과 같다.

〈표 1〉 왕건 즉위에 대한 각 지역세력의 동향

년	+월	지역	신분(관직)	이름	내용	비고
太祖元年 (918)	夏 6	公州	馬軍將軍	桓宣吉	謀逆伏誅	x
			僧	宗侃	誅	x
			隱士	朴儒	來見	o
		靑州	馬軍大將軍	伊昕巖	謀叛棄市	x
	7	靑州	靑州領軍將軍	堅金	來見	o
	8	朔方鶻巖城	帥	尹瑄	來歸	o
		後百濟	王	甄萱	賀卽位	?

년	+월	지역	신분(관직)	이름	내용	비고
		熊·運州等 十餘州			叛附百濟	x
9	9	靑州		林春吉	謀反伏誅	x
		尙州	賊帥	阿字盖	遣使來附	o
		平壤	太祖堂弟 廣評侍郎	王式廉 列評	守之	o
	10	靑州	帥 波珍粲	陳瑄 宣長	謀反伏誅	x

위 <표 1>은 왕건 즉위년의 각 지역에 대한 동향을 왕건에 대한 대응태도를 기준으로 작성한 것이다. 위 <표 1>에 의하면 왕건 즉위에 대하여 보인 각 지역의 반응은 두 가지로 대별됨을 알 수 있다.

왕건 즉위에 대하여 후백제가 적대관계에 있으면서도 축하를 해온 지극히 의례적인 행위를 제외하면, 왕건 즉위를 적극적으로 찬동하여 내부한 은사 박유, 청주의 견금, 삭방 골암성의 윤선, 상주적수 아자개와 같은 호응세력과 왕건 즉위에 반대한 청주와 웅주·운주 등의 반란세력으로 구분된다. 이렇게 양상이 구분되어 나타난 원인을 살펴보기 위하여 각 지역의 내력을 살펴보도록 하자.

> A-1. 王儒의 본 성명은 朴儒이며 자는 문행이니 光海州 사람이다. 성격이 곧으며 경서와 사기에 통달하였다. 처음에는 궁예에게서 벼슬하여 員外가 되었고 東官 記室까지 올라갔다. 궁예의 정치가 혼란해지자 이에 가정을 떠나 산골짜기에 은거하였다가 왕건이 즉위하였다는 소식을 듣고 찾아 와서 헌신하니 …1)
>
> -2. 尹瑄은 鹽州사람이니 위인이 침착, 용감하고 兵法에 정통하였다. 당초에 궁예가 사람들을 서슴없이 죽이는 것을 보고 화가 자기에게 미칠 것을 염려하여 드디어 자기 동류를 거느리고 북방 국경으로 도망해가서 부하

---

1) 『고려사』 권92, 열전5 왕유전.

를 모집하였더니 2천여 명에 달하였다. 鶻巖城을 근거지로 삼고 黑水族을 불러 들여 오랫동안 변경에 해를 끼쳤는데 왕건이 즉위하자 부하들을 거느리고 귀순하여 왔으므로 북방 변경이 편안하게 되었다.[2]

-3. 態州와 運州 등 十餘州가 反亂을 일으켜 百濟로 귀부하였다.[3]

-4. 伊昕巖은 활쏘고 말 타는 것 외에 다른 재주도 없고 식견도 없었다. 이익을 탐하고 벼슬에 욕심이 많은 자로서 궁예를 섬겨 교활한 방법으로 등용되었다. 그리고 궁예 말년에는 군사를 거느리고 웅주를 습격, 점령하고 있었는데, 왕건이 즉위하였다는 소식을 듣고 마음 속에 야심을 품고 부르지도 않았는데 자진하여 왔는바 그 휘하의 병사들은 대부분이 도망쳤으며 웅주는 다시 백제의 영토로 되었다.[4]

위의 자료들을 통해 볼 때 호응세력과 반란세력은 지역에 따라 일정하게 구분되어 나타나고 있다. 왕건 호응세력들은 光海州 출신의 은사 박유[5], 염주인[6] 골암성주 윤선과 같은 고구려의 고토 지역과 연관이 있는 인물들[7]이며, 왕건 즉위에 반대하여 일어난 세력들은 청주인[8]인 임

---

2) 『고려사』 권127, 열전40 반역1 환선길전.
3) 『고려사』 권1, 세가1 태조 원년 8월 계해조.
4) 『고려사』 권127, 열전40 반역1 이흔암전.
5) 은사 박유는 뒷날 왕건을 도운 공으로 왕씨성을 하사받는 등 왕건으로부터 두터운 신임을 받게 된다(『고려사』 권92, 열전5 왕유전).
6) 『고려사』 권92, 열전5 윤선전.
7) 여기서 궁예와 왕건 정권 교체에 큰 영향을 받지 않는 신라 변경 지역의 상황에 대해서는 언급하지 않으려고 한다. 따라서 상주수 아자개의 경우는 여기서 제외하였다. 또한 청주수 견금의 경우는 당시의 청주 사정이 상당히 복합적으로 엉켜 있는 상태이기 때문에 장을 달리하여 후술하려고 하므로 여기서는 제외하였다.
8) 林春吉의 난과 관련하여 昧谷人 瑗宗이 馬軍 箕達에게 "누이의 어린 아들이 경성(철원)에 있어 그 이산됨을 생각하면 마음 상함을 이기지 못하겠는데 하물며 時事가 어지러움을 보니 만날 날을 기약할 수 없다. 마땅히 틈을 엿보아 도망하자."(『고려사』 권127, 열전40 반역1 환선길 부 임춘길전)라고 한 내용은 시사하는 바가 크다. 여기서 경종은 시사가 어지러워 달아날 것을 결심했는데, 이 때의 시사란 왕건의 즉위를 말하는 것이며, 경종은 이를 피하려고 했던 것이다. 경종의 출신지인 매곡은 지금의 報恩郡 懷仁 지역으로 백제와 연고가 있는 지역이다.

춘길, 진선, 선장 등9)과 주모자는 밝혀져 있지 않지만 태조 원년 8월 백
제에 귀부한 웅주 등 10여 주로 이들 지역은 백제와 연고가 있는 지역들
이다. 특히 웅주 등 10여 주의 반란은 왕건 즉위에 대하여 가장 큰 반발
을 보인 세력이었다.10)

　이와 같이 왕건 즉위에 대하여 각 지역세력들이 보인 반응은 일정하
게 공통성을 지니고 나타난다. 즉 고구려 고토에서는 왕건에게 귀부해
오는 경향을 보이는 반면 백제 고토에서는 왕건과 고려라는 체제로부터
이탈하려고 하는 경향이 그것이다. 이러한 현상은 바로 궁예에서 왕건으
로로 변화하는 당시의 정치·사회적 성격의 변화와 무관하지 않다.

　또한 위의 자료들을 통하여 궁예 정권 아래서의 고구려계 지역(A-1,
2)과 백제계 지역(A-3, 4)의 상황도 뚜렷이 비교할 수 있다. 왕건에게 호
응해 온 박유와 윤선은 모두 궁예 정권에서 벼슬을 하였다가 이탈하였다
는 공통점이 발견된다. 이들이 궁예와 결별한 원인 또한 궁예의 폭정이
라 하여 동일하다. 윤선의 경우는 자기 휘하에 있었던 무리들까지도 반
궁예적 태도를 보여 궁예 체제에서 이탈하고 있다. 이 사실은 고구려 지
역에서의 반궁예적 태도가 단순한 지배집단의 정치적 이익에 관계된 갈
등에서 야기된 것이 아니라 그 지역의 일반적인 성향, 즉 민심의 소재가
어디인가를 알려주는 사례라고 여겨진다.

　이에 비하여 백제계 지역의 사정은 달랐다. 사료 A-3은 왕건이 즉위
하자 웅주와 운주 일대의 10여 주가 반란을 일으키고 후백제에 귀부하
였다는 내용을 전하고 있다. 이 지역은 궁예 정권 아래서는 궁예의 통치

---

9)『고려사』권127, 열전40 반역1 환선길전.

10) 이 무렵, 나주 일대에서도 왕건의 즉위에 대하여 거부하는 일련의 움직임이 있었
　　던 것 같다. 즉 "왕이 여러 장수에게 말하기를 '나주 40여 군이 우리의 울타리가
　　되어 오랫동안 風化에 복종하고 있었는데 근년에 백제에게 겁략당하여 6년간이
　　나 海路가 통하지 못하였다."(『고려사절요』권1, 태조 18년 하4월조)라는 기사
　　로 미루어 볼 때 그러하다.

권내에 있었는데, 왕건이 즉위하자 반란을 일으키고 새로운 체제에서 이탈하였다는 내용이다. 사료 A-4는 이 무렵 웅주의 사정을 보다 구체적으로 알려 주고 있다. 궁예 정권 아래서 웅주의 통치자는 이흔암이었는데, 왕건이 즉위하자 이흔암은 조정의 명령도 없었는데 귀경하였고, 병사들도 도망쳐 버렸다는 사실을 기록하고 있다. 그런데 이흔암이 군사를 거느리고 습격, 점령하여 웅주를 통치했다는 사실로 미루어 보아 이흔암이 웅주의 호족이 아님은 분명하다. 이흔암의 웅주 점령은 웅주민들이 원해서 이루어진 것이 아니었다 할지라도 궁예 정권기에 웅주민들은 이를 긍정하고 있었다고 보아도 좋을 것이다. 그런데 이러한 상황은 왕건의 즉위로 말미암아 크게 달라지게 되었던 것이다.

사료 A-4를 검토해보면 이흔암의 귀경 과정은 사료와 같이 자발적으로 이루어진 것이 아니라 타의에 의해 강요된 것으로 여겨진다. 사료에는 이흔암이 야심을 품고 귀경한 것으로 되어 있으나, 그의 병사들은 대부분 도망쳤다고 하였다. 이 경우는 크게 두 가지로 생각해 볼 수 있다. 하나는 이흔암이 귀경해 버리자 지휘체계가 마비되어 자진하여 병사들이 해산한 경우, 다른 하나는 중앙 정치세력의 변화에 따른 토착민의 반항을 이흔암이 효과적으로 무마하지 못하여 탈출한 경우이다. 이 두 가지 경우는 모두 병사들의 성격이 문제가 된다. 이흔암이 지휘하던 병사가 그의 사병일 경우와 웅주의 토착민들일 경우이다. 그런데 어느 경우라 할지라도 이들이 웅진 지역을 통제할 수 없었다는 점에서는 변함이 없다. 다시 말하면 이흔암과 그의 병사들은 왕건 즉위와 함께 달라진 웅주 지역의 민심을 진압할 수 없었으므로, 병사들마저도 해체되어 버렸던 것이다. 사료 A-4는 왕건의 즉위시 웅주 지역 민심의 반응과 그 정도를 실감케 하는 내용을 전하는 사료로 볼 수 있다.

이와 같이 왕건의 즉위를 즈음한 당시 각 지역의 동향은 삼국시대의 지역적 연고에 따라 전국이 확연하게 구분되어 나타난다. 즉 고구려 지역은 왕건에 대하여 호응을 해오고 있는 반면, 백제 지역은 반왕건적 성향을 나타내면서 이탈하고 있었던 것이다.

2. 왕건의 각 지역세력에 대한 인식

왕건의 즉위에 대하여 호응의 정도와 양상이 지역에 따라 다르게 나타나는 상황을 앞장에서 살펴보았다. 이와 함께 새로운 통치자가 된 왕건의 각 지역에 대한 인식은 어떠하였는가 하는 점은 왕건의 통치정책과도 밀접한 관련이 있는 요소로써 이 시기의 전체적인 정세에도 많은 영향을 미치는 사실이므로 반드시 검토하고 넘어가야 할 문제이다.

먼저 왕건의 고구려계 지역에 대한 인식이다. 이는 왕건이 즉위와 동시에 국호를 태봉에서 고려로 바꾼 사실에서도 알 수 있다. 왕건의 고구려 지역의 영토와 주민들에 대한 신뢰는 절대적이었다고 볼 수밖에 없다. 이미 앞장에서 살펴본 바와 같이 박유와 윤선의 경우로 알 수 있다.

다음 백제계 지역에 대한 인식이다. 백제계 지역에 대하여 왕건이 어떤 특정 인식을 하고 있었는지에 대하여 구체적인 사례는 발견되지 않고 있다. 그런데 흥미 있는 점은 왕건의 즉위기에 그의 관심은 청주라는 특정지역에 집중되어 있다는 점이다. 하필 왕건과 청주와의 관계만이 사료에 나타나는 것일까. 이와 관련되는 자료를 보도록 하자.

> B-1. 왕이 韓粲 摠逸에게 이르기를 "前主가 참소를 믿고 사람 죽이기를 좋아하였다. 경의 고향 청주는 토지가 비옥하고 사람들 중 호걸이 많아서 변란을 일으킬까 두려워하여 죽이려고 하였다. …11)
>
> -2. 堅金은 청주인이다. … 왕건이 즉위하였는데 청주인들이 變詐가 많아 대비함이 빠르지 않으면 반드시 후회가 있을 것이었다. …12)

11) 『고려사』 권1, 세가1 태조 원년 6월 무오조.

-3. … 청주가 反側을 할까 두려워 … 왕건이 그렇게 여기고 마군장군 洪儒
와 庾黔弼에게 兵 千五百인을 거느리게 하여 鎭州에 진치게 하여 대비
하였다. … 이로 인하여 반란하지 못하였다.13)

-4. 태조 2년 秋八月 癸卯에 靑州가 順逆을 분명히 하지 못하고 訛言이 자
주 일어나므로 친히 행차하여 위무하고 드디어 명하여 이곳에 성을 쌓게
하였다.14)

위의 사료들은 왕건 즉위년의 기록들로써 왕건 즉위에 대한 청주의
반응과 아울러 왕건의 청주에 대한 인식을 알려 주고 있다.

위 내용들로 미루어 보면 왕건의 청주에 대한 인식은 매우 부정적이
다. 그리고 그러한 부정적인 인식을 하게 되었던 근본적인 이유는 "변란
을 일으킬까 두려워"(B-1), "청주인은 變詐가 많아서"(B-2), "청주가 反
側을 할까 두려워"(B-3), "청주가 順逆을 분명히 하지 못하고 그릇된 말
이 자주 일어나므로"(B-4)로 표현되는 바와 같이 이 지역이 자신의 통치
권으로부터 이탈할 가능성 때문이었다. 비록 사료 B-1에서는 "청주는 토
지가 비옥하고 호걸들이 많아서"라고 우회적인 표현을 하고 있긴 하지
만, 청주 지역에 대한 왕건의 인식은 어느 때든지 이 지역인들이 자신에
게 반기를 들지도 모른다는 것이었다.

그리하여 왕건은 사료 B-3에서와 같이 청주인들의 반란에 대비하여
군사를 동원하거나, 사료 B-4에서처럼 친히 이 지역에 가서 위무하기도
하였다. 즉 왕건은 청주인들의 '반측'을 염려하여 자신의 심복인 홍유와
유금필에게 군사 1,500인을 주어 鎭州(진천)를 거점으로 청주인의 '反
側'에 대비하여 성공을 거둘 수 있었다. 왕건은 청주의 민심을 수습하기
위해 무력까지 동원하였던 것이다.

---

12) 『고려사』 권92, 열전5 왕순식 부 견금전.
13) 『고려사』 권92, 열전5 왕순식 부 견금전.
14) 『고려사』 권1, 태조세가.

그렇다면 과연 왕건은 청주 지역의 어떤 성향을 두려워했던 것일까. 이와 관련하여 다음의 사료를 검토해보도록 하자.

C. 얼마 후 道安郡에서 奏하기를 "청주가 몰래 백제와 통호하여 장차 반하려 한다"고 하였다. 왕건이 또 馬軍將軍 能式을 보내어 병사를 거느리고 진 무케 하였다. 이로 인하여 반하지 못하였다.[15]

위의 사료를 참고로 하면 왕건이 청주인들을 경계한 이유는 여러 가지가 있겠으나, 그 가운데서도 가장 근본적이고 직접적인 것은 청주와 후백제가 결탁할 가능성 때문이었다. 즉 청주의 상황이 웅주·운주와 같이 '叛附百濟'의 상황으로 전개될 것을 우려하고 있었던 것이다. 그리하여 왕건은 앞서 유금필을 보냈던 것처럼 다시 무력을 동원하여 대비하고 있었다. 왕건은 청주에 대하여 상당히 부정적 반응을 가지고 있었는데, 그 까닭은 청주와의 직접적인 관련보다는 청주의 친백제적 성향에서 비롯된 것이었다.

그렇다면 청주의 친백제적 성향은 어떤 연유에서 비롯된 것이었을까. 그리고 도안군은 왜 청주를 밀고할 정도의 적대적 관계를 갖고 있었으며, 청주 진압을 목적으로 군대를 주둔시킨 지역은 왜 하필 진주였을까? 다음의 사료가 참고된다.

D-1. 청주목은 원래 백제의 上黨縣인데 신라 神文王 5년(685)에 처음으로 西原小京을 설치하였고 景德王은 西原京으로 승격시켰다.[16]

-2. 道安縣은 본래 고구려의 道西縣인데, 신라 景德王이 都西로 고쳐서 黑讓郡 관할 하의 현으로 만들었다.[17]

---

15) 『고려사』 권92, 열전5 왕순식 부 견금전.
16) 『고려사』 권56, 지10 지리1 청주목조.
17) 『고려사』 권56, 지10 지리1 도안현조.

-3. 鎭州는 원래 고구려의 水勿奴郡(萬弩郡이라고도 하며 首知 또는 新知
라고도 한다)인데 신라 경덕왕은 黑壤郡(黑은 黃으로도 쓴다)으로 고쳤
다.18)

위의 사료로 미루어 보면 청주는 백제(D-1), 그리고 진주와 도안은 고
구려(D-2, 3)의 고토라 하여 지역의 전통성에 차이가 있음을 알 수 있다.
즉 청주는 진주·도안과 지리적으로 인접하고 있었지만,19) 그 연고는 서
로 달랐던 것이다.20) 청주는 원래 백제 상당현이며, 도안과 진주는 고구
려의 군현에 포함되어 있던 지역들이었다. 이 지역들은 청주와 인접해
있다고는 하여도 그 전통적 성향이 다른 지역이었으며, 더 나아가 도안
인들이 청주의 반란을 밀고하였다는 사실도 기본적으로 이 지역들과 청
주의 지역적인 연고의 차이에서 비롯된 것이었음을 알 수 있게 된다.

따라서 왕건은 청주를 무마시키기 위하여 무력을 동원하되 이러한 지
역적인 요소를 고려하여 배치시킬 수밖에 없었던 것이다. 왕건이 군사를
주둔시킨 지역은 진주(B-3)이며, 왕건에게 청주가 모반할지도 모른다는
정보를 제공한 지역은 도안(C)이라는 사실은 우연적인 결과라기보다는
이러한 지역성의 차이에서 비롯되었던 것으로 보아야 할 것이다. 그리고
이러한 사실은 왕건이 자신의 즉위년에 단행한 관료임명에서도 진주인
을 특히 우대하고 있는 것에서도 하나의 근거를 찾을 수 있다.21)

---

18) 『고려사』 권56, 지10 지리1 진주조.
19) 안영근은 청주와 진주를 포함한 일대의 여러 지역을 아울러 '凡淸州系'라는 광
범위한 지역집단개념을 도입하고 있다(안영근, 1992, 「나말려초 청주세력의 동
향」 『박영석 한국사학논총』 상). 이러한 광역개념의 설정은 당시의 호족들의 이
합집산 과정을 이해하는데 상당한 도움을 준다. 그러나 지역적인 인접성 외에 각
지역의 특성, 성향, 연고 등은 크게 고려한 것 같지 않다.
20) 청주가 장수왕 63년(475) 이후로 신라의 영토가 되었다고 하더라도 그 이후의
문헌에 백제의 영토였음을 밝히고 있는 것으로 보아 백제의 유습이나 백제의 전
통에 대한 회고 의식이 쉽게 소멸되었으리라고 보이지는 않는다.
21) 특히 鎭州人에 대한 각별한 대우는 태조 원년 6월 신유에 단행한 인사에서 진주
인이 가장 많은 5인이나 등용된 것을 보아서도 알 수 있다.

그런데 이러한 일련의 사건은 왕건의 통치가 어느 정도 진행된 상황에서 일어난 것이 아니라 즉위년에 일어났다고 하는 점에서 돌발적이라기보다는 왕건과 청주 지역 간에 이미 오래전부터 내재해 있었던 것이 왕건 즉위를 계기로 노출된 현상으로 보아야 마땅할 것이다. 즉 청주 지역은 궁예 정권 하에서부터 왕건과는 매우 불편한 관계를 유지하고 있었던 것으로 보아도 좋을 것이다. 마찬가지로 왕건의 청주 지역에 대한 부정적인 인식 또한 오래전부터 자리잡고 있었던 것으로 보아도 크게 틀리지 않을 것이다.

이와 같은 논거로 볼 때 왕건의 반백제 성향은 이미 궁예의 집권기부터 싹트고 있었으며, 왕건의 즉위는 이러한 성향을 가열화시키는 결과를 초래하였다고 할 수 있다. 즉 왕건 즉위년의 반란이 지역적 특징을 나타낸 사실은 이러한 지역들의 성향에서 야기된 결과였던 것이다.

그렇다면 왕건의 즉위로 표면화된 지역감정의 대립은 언제부터 싹텄고 어떤 이유에서 비롯되었을까. 이 문제의 구명은 왕건의 쿠데타 원인을 밝히는 직접적인 원인의 하나가 되며 궁예에서 왕건으로 이행되는 왕조교체의 성격을 구명하는데 하나의 실마리를 제공한다고 본다.

왕건과 백제 지역과의 관계가 처음 발생한 시기는 궁예 정권 하에서 청주 일대가 궁예 정권의 영토로 귀속된 효공왕 4년(900)이다.[22] 이때 國原·槐壤 등의 지역과 함께 청주가 궁예 정권의 영토로 되었는데, 왕건은 이를 복속시키는 데 큰 역할을 하였다. 그러나 이 무렵 왕건과 청주 지역 사이에 어떤 특정적인 관계가 설정된 것 같지는 않다. 다른 지역과 마찬가지로 단순히 정복자와 피정복자 사이에 발생할 수 있는 적대적인 감정 이상의 것은 없었을 것이다.

그렇다면 앞장에서 살펴 본 바와 같은 청주 지역 및 웅·운주 지역과 왕건과의 갈등은 어떤 연유에서 말미암은 것일까. 특히 청주 지역에 대

---

22) 『삼국사기』 권12, 효공왕 8년 10월조.

한 적대적이고 불신에 찬 인식은 어느 때부터 생성된 것일까. 그 문제는 왕건과 청주와의 관련을 알려 주는 다른 자료가 없는 것으로 보아 일단 왕건의 개인적인 관계에서 찾기는 어려울 것 같다. 그보다는 궁예 정권 내에서 청주 세력이 어떤 위치에 있었고 이러한 상황이 왕건과 어떤 관련을 맺게 되었는가를 찾아보는 것이 보다 합리적일 것 같다.

청주 지역이 궁예 정권 내에서 다른 지역과 달리 특별히 부각되기 시작한 해는 904년이다. 그 내용을 다음의 자료를 참고로 하여 살펴보도록 하자.

> E-1. 궁예는 百官을 신라의 제도에 의거하여 설치하고 국호를 摩震, 연호를 武泰라 하였다.[23]

> -2. 천우 원년(904) 7월 淸州人戶 一千을 鐵原城으로 옮겨 서울을 삼고 상주 등 주현을 공취하니 公州將軍 弘奇가 와서 항복하였다.[24]

이 사료는 이미 여러 연구자들에 의하여 궁예 정권의 세력을 논하는데 있어서 중요한 자료로 취급되어 왔다. 이 자료를 통해서 알 수 있는 것은 청주인에 대한 부각은 청주인의 자주적인 활동에 의한 것이 아니라 궁예 정권의 정책적 차원에서 이루어진 사민에 의한 것이라는 점이다. 나아가 이러한 청주인의 사민은 궁예 정권의 국호와 연호의 변경이라는 대개혁이 단행되는 시점에서 이루어졌다는 점에서 중요한 의미를 지닌다.

먼저 청주인호 사민의 의도 및 목적에 관해 알아보자. 사민의 목적은 궁예가 문화적·군사적으로 다른 지역보다 월등한 역량을 가지고 있었던 이 지역과 지역인을 중시하여 취한 조치라는 데에 대체로 의견을 같이 하고 있다.[25] 그러므로 궁예가 청주인호를 도읍인 철원으로 옮긴 까닭

---

23) 『삼국사기』 권12, 효공왕 8년 10월조.
24) 『삼국사기』 권50, 열전10 궁예전.
25) 청주 사민의 성격에 대해서는 집단인질 성격의 강제사민이라는 입장과 청주 세

은 이들을 어떻게든 자신의 지지기반으로 활용하기 위한 목적에서였을
것이라는 지적도 틀리지 않는다.[26]

　필자는 이를 이해에 궁예가 취한 일련의 정치개혁과 밀접한 관련이
있는 것으로 파악하고 싶다.[27] 청주 사민과 동시에 행해진 조처는 국호

───────────

력을 신도인 철원의 새로운 세력으로 부각시켜 자신의 정치적 기반으로 이용하
려고 하였다는 설이 대두되고 있다. 김광수는 청주의 문화적 역량을 활용하려는
뜻이 있었다고 하였고(김광수, 1972, 「나말려초 지방학교문제」『한국사연구』7,
121쪽) 이기백은 청주인호 일천을 보통의 인민이 아니라 궁예 병력의 토대로 보
았으며(이기백, 1968, 「고려경군고」『고려병제사연구』, 일조각, 46쪽) 홍승기는
이들이 궁예에게 충성을 바친 사람들로 궁예 몰락 이후 대부분 제거되었을 것으
로 보았다(홍승기, 1983, 「고려초기 중앙군의 조직과 역할」『고려군제사』, 육군
본부, 21쪽). 안영근은 궁예와 청주인이 밀접한 관계를 유지했고 청주인의 능력
을 높이 평가한 행동으로 보았고(안영근, 1992, 「나말려초 청주세력의 동향」『박
영석 한국사학논총』, 402쪽), 정청주는 궁예가 전제왕권 확립을 목적으로 주요한
세력을 크게 부식시킨 사실로 보고 있다(정청주, 1986, 「궁예와 호족세력」『전북
사학』10, 21쪽). 김갑동만이 강제사민이라는 입장을 취하고 있다(김갑동, 1990,
「나말여초 지방사민의 동향」『나말여초의 호족과 사회변동연구』, 고려대 민족문
화연구소, 31쪽). 정선용은 청주가 신라로 진출하기 위한 중요한 통로였기 때문
이라고 한다(정선용, 1997, 「궁예의 세력형성과정과 도읍선정」『한국사연구』
97). 신호철은 궁예와 청주와의 관계를 아주 밀접한 관계로 설정하여, 궁예가 10
여세에 세달사에 가기 전까지 살았던 곳이 청주였을 것으로 추정하였다. 그리고
신호철은 기훤과 그 휘하의 신훤이 모두 청주와 밀접한 호족들로서 궁예의 처음
의탁처가 기훤이라는 점도 청주와 연관성에서 파악하고 있다(1999, 「궁예와 왕
건과 청주호족」『중원문화논총』2·3집, 75~78쪽). 신호철의 견해와 같이 세달
사로 가기 이전의 궁예의 은거지를 추정한다면, 청주보다는 궁예와 관련된 설화
가 많은 안성일대가 더 적합할 것으로 여겨진다. 이와 관련된 내용은 本書 「제6
장 철원 지역의 궁예 전승과 고려 재건에 대한 평가」를 참고하기 바람.
26) 조익래는 청주의 풍부한 경제력을 강조하고, 바로 이 경제력을 가진 청주 호족을
　　포섭하여 수도로서의 면모를 갖추고, 한편으로는 청주를 후백제 도모의 전략지
　　로 선택하였을 가능성이 높다고 하였다(조익래, 1993, 「고려초 청주호족세력의
　　존재형태」『북악사론』3, 국민대학교 사학과, 150~151쪽). 그러나 호족의 존재
　　형태가 재지적 기반을 기초로 하여 존재한다는 것을 염두에 두면, 집단사민의 경
　　우 재지기반을 상실하게 되므로 사민의 대상에게는 이에 따른 반대급부로서 상
　　응하는 대가가 지불되었어야 하리라고 본다.
27) 박경자의 지적과 같이 "소경을 사민시켜 왕경인으로 승격시켜 줌으로써 지역호

변경, 관제정비 등이었다. 이러한 일련의 조처는 궁예가 자신의 포부를 본격적으로 실행하고자 하는 의도로 해석되는데,[28] 그 내용은 종전의 궁예가 지향하고자 하는 정책방향과는 자못 다른 것이었다.

특히 궁예가 종전의 국호인 '고려'를 버리고 '마진'으로 바꾼 것은 국가지향의 목표를 근본적으로 바꾼 중요한 변화였다. 고려에서 마진으로의 국호 변경은 표면적인 명칭만의 변화가 아니라 종전에 궁예가 표방했던 고구려 후계자로서의 위치를 벗어나 새로운 이상세계를 건설하겠다는 의지의 표현이었다. 주지하는 바와 같이 궁예가 고려를 국호로 내세운 이유는 자신의 진정한 의도라기 보다는 자신의 영토가 고구려의 고토라는 데 기인하는 바가 컸다. 즉 이 지역에 존재하고 있던 많은 고구려계 호족들과 유민들의 호응을 얻기 위한 조치였던 것이다.[29]

그러므로 국호를 고려에서 마진으로 바꾼 탈고구려주의라는 궁예의 정치지향의 변화는 이전까지의 권력구조에 커다란 변화를 야기하는 결단임과 동시에 종전의 정치지향을 추종하던 세력에 대해서도 많은 동요를 주었을 것이다. 특히 궁예를 도와 국가 건설에 힘썼던 왕건을 위시한 이 지역의 고구려 부흥을 꿈꾸는 호족들과 토착 유민들에게는 상당한 실망을 안겨 주었던 것으로 생각해도 무리는 아닐 것이다. 이러한 추정은

분의 향상을 약속"(박경자, 1986, 「청주호족의 이족화」『원우논총』4, 212쪽)하는 등의 "특혜를 제공"(정청주, 앞의 책, 주55)하는 조치가 취해져야 했을 것이다. 필자는 이 특혜조치가 바로 이 무렵에 행해진 궁예 정권의 관제정비와 밀접한 관련을 갖는 것으로 보고 싶은데, 즉 청주인들은 새로운 관제에서 요직에 대거 등용된 것이 아닌가 생각한다.

28) 철원 천도에 대하여 이정신은 "궁예는 개경 주위의 호족들을 자기세력 하에 두기 위한 회유책이나 견제책을 실시할 만한 정치적 경륜이 없어서 왕건의 지지기반을 무너뜨릴 수가 없었고, 자기세력 기반을 확립하기 위해 그곳을 피해 철원으로 수도를 옮기게 되었다"고 하였다(이정신, 1984, 「궁예정권의 성립과 변천」『藍史 鄭載覺博士 古稀紀念 東洋學論叢』, 高麗苑, 48~49쪽).

29) 이에 관해서는 대부분의 논자들이 견해를 같이 하고 있다(조인성, 1993, 「궁예의 세력형성과 건국」『진단학보』75).

다음의 사료로서도 미루어 볼 수 있다.

> F. 처음 왕건이 나이 30에 9층 금탑이 바다 가운데 있는 것을 보고 스스로
> 올라가는 꿈을 꾸었다.[30]

위의 내용은 왕건의 포부를 나타내는 자료이며, 왕건이 30세라고 한 것을 보면 대체로 905~906년경의 사실로 궁예의 대개혁이 단행된 지 1년 내지 2년 뒤 왕건의 심경을 그대로 나타내주고 있다. 이 내용에서 9층 금탑은 천하 제패를 의미하는 상징물로써, 왕건이 천하를 제패하겠다는 것은 바로 자신의 군주인 궁예에 대해 역모를 하겠다는 것을 뜻하는 것이다. 그렇다면 왕건이 이러한 원대한 포부, 즉 역모를 꿈꾸게 된 동기는 무엇이었을까. 왕건이 자칫하면 자신의 정치 생명을 끝낼지도 모르는 역모까지 꿈꿀 정도의 동기라면 그 사건은 단순한 개인 간의 갈등 이상의 사건임에는 틀림이 없다.[31] 또한 이 무렵의 사료에서는 궁예와 태조 간의 어떤 갈등도 시사하는 자료를 찾을 수가 없다.

그렇다면 왕건의 9층 금탑으로 상징되는 역모의 동기는 왕건의 개인적인 야심의 소산이거나 궁예가 시행한 일련의 정책에 대한 왕건의 반발로 압축해 볼 수 있다. 그런데 이 시기에 있어서 궁예와 왕건과의 관계는 왕건이 역모를 꾀할 만큼 악화되지도 않았거니와 궁예의 정치 또한 폭정으로 그려질 만큼 민심으로부터 이탈되어 있는 상황도 아니었다. 그럼에도 불구하고 왕건의 역모가 이 무렵부터 모색되었다고 하는 사실은 그 동기가 904년에 단행된 '무태 개혁'과 매우 밀접한 관련이 있다고 볼

---

30) 『고려사』 권1, 태조세가1 건화 4년.
31) 양경숙은 관제를 바꿀 때 그 명칭에 비유학적 요소가 많아 이에 불만을 품은 유학자 세력과 관직에 등용을 할 때 서열의 고하에 불만을 가진 사람들이 있었을 것으로 추정하고 있다(양경숙, 1993, 「궁예와 그의 미륵불사상」 『북악사론』 3, 국민대학교 사학과, 118쪽). 그러나 왕건이 역모를 꾀할 정도의 사건이었다면 이 보다 더 충격적인 사안이었을 것으로 추정된다.

수밖에 없는 것이다. 즉 왕건은 궁예가 단행한 '무태 개혁'에 대하여 현실적으로 가장 큰 불이익을 얻게 되는 위치에 있었으며, 따라서 그 불만을 역모라는 방법으로 극복하려 했던 것으로 볼 수 있는 것이다.

그러면 여기서 '무태 개혁'의 내용 가운데 어떠한 점들이 왕건을 그러한 극단의 처지로 내몰았는지를 살펴보도록 하자. 앞에서도 잠깐 검토한 바와 같이 904년 국호·연호의 변경에 따른 탈고구려주의의 표방을 그 주된 내용으로 들 수 있다. 궁예의 탈고구려주의는 궁예 정권 내의 고구려 부흥을 꿈꾸는 자들에게는 상당한 정치적 위협을 주는 처사이었음에 분명하다. 특히 고구려계 호족들의 정치적 입장을 약화시키는 계기가 되었고, 이들과 궁예의 갈등이 야기되었을 것이라는 점은 예측하기 어려운 일이 아니다. 그러므로 왕건의 역모 동기는 바로 이러한 '무태 개혁'의 영향과 직접적인 연관이 있는 것으로 추정된다.

한편 궁예 또한 이러한 예상을 충분히 하고 있었던 것으로 여겨진다. 그리고 이에 대한 대책마련에 부심하였을 것이다. 필자는 이러한 반발을 무마하기 위하여 취해진 조치를 바로 청주인호 1천의 사민으로 보고 싶다. 즉 청주인호의 사민은 궁예의 정치지향의 변화에 따른 도읍에서의 반발세력을 견제하기 위한 조처로 취해졌다고 보는 것이다. 다시 말하면 청주인호의 사민은 탈고구려주의의 표방에 따른 고구려계 세력의 반발을 실력으로 견제하기 위한 현실적인 조치였던 것으로 여겨지는 것이다. 궁예는 청주인들을 철원으로 옮겨 자신의 측근세력화함으로써 자신이 고구려 부흥에만 집착하지 않는다는 것을 실천적으로 보이는 한편, 토착적 세력기반을 바탕으로 한 고구려계 호족의 반발을 견제하는 수단으로 청주인들을 이용하려 하였을 것으로 이해하고자 하는 것이다.

그런데 여기서 문제가 되는 것은 하필 왜 청주인들을 사민하였는가 하는 점이다. 당시의 청주는 小京의 하나이자 이 일대의 정치·문화 중심지로서 新都를 보충할 수 있는 구비조건을 갖춘 지역이었음은 이미 여러 연구자의 견해를 통해서도 확인되는 바이다. 그러나 청주보다 지리적으로 가깝고 여러 가지 측면에서 그만한 비중이 있는 北原京을 선정하지 않고 청주만을 고집해야 했던 것은 어떤 이유에서였을까.[32] 여기서 청주사민의 목적이 궁예가 고구려계 토착세력의 반발을 무마하기 위한 의도가 있었다는 것을 상기하면 중원경과 국원경의 인호를 사민할 수는 없었을 것이라는 점은 다음의 사료를 통해 쉽게 알 수 있다.

> G-1. 忠州牧은 원래 고구려의 國原城인데 신라가 탈취하였으며 眞興王은 小京을 두었고 景德王은 中原京으로 고쳤다.[33]
>
> -2. 原州는 원래 고구려의 平原郡으로써 신라 文武王때 이곳에 北原小京을 설치하였다.[34]

위의 내용에서 알 수 있는 바와 같이 중원경과 북원경은 고구려적 성향이 짙은 지역들이다. 청주가 백제적 성향이 짙은 점과는 대조적이다. 그러므로 중원경이나 북원경과 같이 고구려적 성향을 가진 지역의

---

32) 정청주는 청주가 무력으로 정복된 곳이 아니라 스스로 투항해 온 귀부세력이므로 청주의 호족세력은 대체로 궁예 세력이라고 보고, 청주 세력이 몰락한 진골세력이란 점에서 궁예와의 결합이 쉬웠을 것이라고 보았다(정청주, 1986, 앞의 책, 19~20쪽). 그러나 이는 지배집단의 의지에 따라 하층민의 의지가 절대적으로 순응한다는 전제 아래서만이 가능한 경우이다. 이 시기 하층민에 의한 난이 빈번히 발발하고 있었던 사회분위기를 미루어 본다면 선뜻 수긍하기 어렵다.
김갑동의 지적과 같이 청주 사민 일천호 가운데는 "김씨 일족은 진골귀족의 후예이기 때문에 토착인들과는 이질적인 요소가 있었을 것이다. 그러므로 쉽게 토착인들과의 민심을 외면하고 중앙정부에 협조"할 수 있는 부류도 있었을 것이며, 그렇지 않은 경우도 있었을 것이다(김갑동, 1985, 「고려건국기의 청주세력과 왕건」, 『한국사연구』 48). 그러나 내부의 계층간 갈등이 있었을 가능성은 있지만, 토착 하층민에게 있어서 이들을 다른 집단과 구별하는 청주인이라는 의식은 공통된 것이었다고 보여진다.
33) 『고려사』 권56, 지10 지리1 충주목조.
34) 『고려사』 권56, 지10 지리1 충주목조.

사민은 오히려 철원 일대의 토착세력과 결탁하여 궁예에게 더욱 큰 적
대세력으로 등장할 계기를 조성시킬 우려가 있었다. 궁예의 국호 변경
에 걸맞는 탈고구려의 표방과 고구려계 호족을 견제하기 위한 두 가지
목적을 충족시키기 위한 대책으로 선정하기에 두 곳은 결코 적합한 지
역이 아니었다. 따라서 자신의 세력을 비호하고 고구려 세력을 견제할
목적으로 단행된 사민은 당연히 지역적 성향을 달리하는 청주 지역으
로 한정될 수밖에 없었던 것이다. 그리하여 청주인호 1천의 사민이 실
행되었고, 궁예의 비호 아래 철원에 정착한 청주인들은 어렵지 않게 자
신들의 세력을 확보하면서[35] 궁예의 의도대로 움직였던 것 같다. 사민
정책은 어느 정도 성공한 것으로 평가할 수 있겠다. 청주인호 사민 이
후 바로 공주장군 홍기의 내투와 같은 백제지역의 호응이 있었고(E-2),
또한 앞서 살펴본 것처럼 왕건이 역모라는 최후의 수단을 도모할 수밖
에 없는 상황까지 가도록 고구려 토착세력을 위축시킬 수 있었기 때문
이다.

　이와 같이 궁예의 청주인 사민은 왕건을 비롯한 고구려 토착세력에게
는 위협이 되었으며, 이들은 이러한 조치에 대하여 크게 반발하였다. 더
욱이 왕건가는 그 선대부터 삼한통일이라는 야심을 키워 오고 있던 가문
이었다. 왕건의 아버지 왕륭과 도선이 송악을 거주지로 선정할 때의 대
화내용으로도 이를 알 수 있다.[36] 또한 자신의 근거지인 송악을 들어 궁
예에게 귀부하면서 그 의도를 표명한 사실에서도 잘 알 수 있다. 그런데
철원 천도를 즈음하여 백제계 세력의 대거 등용은 왕건의 포부를 펴는데
커다란 걸림돌이 될 수밖에 없었으므로 상대적인 불안감과 함께 이에 대
한 반발 또한 거세어져 갔을 것으로 짐작된다.

35) 홍승기는 궁예의 철원 사민은 궁예 정권의 핵심에서 송악 일대 출신의 정치인들이
　　물러나고 이 자리에 청주 출신 정치인들이 등장함을 의미한다고 하였다(홍승기,
　　1989, 「후삼국의 분열과 왕건에 의한 통일」『한국사시민강좌』5, 일조각, 76쪽).
36) 『고려사』 고려세계.

더욱이 청주인들은 궁예의 친위세력으로서 궁예를 측근에서 보필하는 임무를 맡게 되어 주로 내정에 간여하게 되었으며,[37] 이에 비하여 왕건을 위시한 고구려계 호족들은 자의건 타의건 간에 권력의 핵심부에서 소외되는 결과를 낳게 되어 그 불만은 더욱 비대해졌을 것으로 여겨진다.[38] 다음의 자료들을 통하여 청주 사민 이후 왕건의 활동지역과 그 불만의 내용을 살펴볼 수 있다.

H-1. 906년 궁예가 왕건에게 명령하여 精騎將軍 黔式 등과 함께 군사 3천을 거느리고 尙州 沙火鎭을 공격하게 하였던 바 왕건은 여기서 甄萱과 여러 번 싸워서 이겼다.[39]

　-2. 909년 왕건은 궁예가 나날이 포학해지는 것을 보고 다시 地方 軍務에 뜻을 두었었는데 마침 궁예가 羅州地方 방비사업을 걱정하여 왕건에게 羅州로 가서 지킬 것을 명령하고 官等을 높여 韓粲 海軍大將軍으로 임명하였다.[40]

　-3. 왕건은 다시 전함을 수리하고 군량을 준비하여 羅州에 주둔하려고 하였다. 그때에 金言 등이 자기들의 공로는 많은데 상이 없다고 하여 해이하여졌다. 왕건은 그들에게 말하였다. "부디 해이하지 말라. 오직 힘을 다하여 복무하고 두 마음을 먹지 말아야 복을 얻을 수 있을 것이다. 지금 임금이 포학하여 죄없는 사람을 많이 죽이며 아첨하는 자들이 득세하여 상호 음해를 일삼고 있다. 이리하여 중앙에 있는 자들은 자기 신변을 보

---

37) 청주 1천호 출신 가운데는 무신들이 많았는데(이기백, 앞의 책, 46~47쪽), 이들은 궁예의 사병집단과 함께 주로 철원에서 궁예의 친위세력으로 존재하였던 것 같다.

38) 궁예가 제정한 마진이라는 국호의 채택은 탈고구려주의의 표현이며, 따라서 고구려회귀적 경향이 강한 이 지역 호족들로부터 거센 반발에 직면하게 되었다. 필자는 궁예와 왕건을 위시한 고구려계 호족과의 갈등이 이로부터 비롯된다는 견해를 밝힌 바 있다(이재범, 1992, 『후삼국시대 궁예정권의 연구』, 성균관대학교 박사학위 논문).

39) 『고려사』 권1, 태조세가 천우 3년 병인조.

40) 『고려사』 권1, 태조세가 양 개평 3년 기사.

전하지 못하는 형편이니 차라리 정벌에 종사하고 왕실을 위하여 진력함
으로써 자기 몸을 보전하는 것이 더 낫다." 여러 장수들이 왕건의 말을
그럴 듯이 여겼다.[41]

-4-1. 乾化 3년 계유(913) 궁예는 왕건이 여러 번 변방에서 공적을 나타냈다
하여 관등을 많이 높여 波珍粲으로 임명하고 侍中을 겸하게 하여 소환
하였다. 그리고 수군사업은 전부 부장인 金言 등에게 맡겼으나 정벌에
관한 일들은 반드시 왕건에게 품의하여 이를 실행하도록 하였다. 이에
왕건의 지위가 백관의 우두머리로 되었다. 그러나 그것은 원래 왕건의
본의가 아니요 또 한편 참소를 두려워하여 그 지위에 있기를 즐겨하지
않았다. 이리하여 왕건은 정부에 출입하고 국정을 논의할 때에는 언제나
오직 감정을 억누르고 조심하여 군중의 인심을 얻기에 힘쓰고 착한 이를
좋아하며 악한 자를 미워하였다. 또 누가 참소를 입는 것을 보면 반드시
그를 다 구해주었다.[42]

-4-2. 그 때에 청주인 阿志泰라는 자가 있어 본래 아첨을 좋아하고 간사하였
다. 그는 궁예가 아첨을 좋아하는 것을 보고 고을 사람인 笠全, 幸方, 寬
舒 등을 참소하여 해당관리가 이 사건을 심리하였는데 수년 동안이나 판
결이 나지 않았다. 그러나 왕건이 당장에 그 흑백을 분간하여 판결을 내
리니 여러 사람들이 그것을 유쾌하게 생각하였다. 이로부터 軍門의 將
校, 宗室, 元勳들과 지혜있고 학식있는 무리들이 모두 왕건에게로 쏠리
어 그의 뒤를 따르지 않는 자가 없었다. 그러나 왕건은 화가 미치는 것을
두려워하여 다시 外方 벼슬을 요구하였다.[43]

-4-3. 건화 4년 갑술(914)에 궁예 역시 水軍將師의 지위가 낮아 적을 위압할
수 없다고 생각하여 왕건의 侍中 벼슬을 해임하고 다시 水軍을 통솔하
게 하였다.[44]

-5. 그 때에 궁예는 반역이라는 죄명을 덮어 씌워 하루에도 백여명씩 죽이었
다. 그리하여 將帥나 政丞으로서 해를 입은 자가 십중팔구에 이르렀다.[45]

---

41) 『고려사』 권1, 태조세가 양 개평 3년 기사.
42) 『고려사』 권1, 태조세가 건화 3년 계유조.
43) 『고려사』 권1, 태조세가 건화 3년 계유조.
44) 『고려사』 권1, 태조세가 건화 4년 갑술조.

-6. 하루는 궁예가 왕건을 대궐 안으로 급히 불러 들였다. 그 때에 궁예는
처형한 사람들로부터 몰수한 금은 보물과 가재도구들을 점검하고 있었
다. 그는 성난 눈으로 한참이나 왕건을 바라보고 있다가 다음과 같이 말
하였다. "그대가 어제 밤에 사람들을 모아서 반란을 일으키려고 음모한
것은 웬일인가?"[46]

-7. 궁예는 드디어 步兵將軍으로 康宣詰, 黑湘, 金材瑗 등을 왕건의 부장으
로 삼았다. 왕건은 전함 백여 척을 더 건조하였는데 그중 큰 배 십여척은
각각 사방이 16보요 그 위에 다락을 세웠고, 거기서 말을 달릴만하였다.
왕건은 군사 3천여 명을 거느리고 군량을 싣고 나주로 갔다. 이 해에 남
방에 기근이 들어 각지에 도적이 일어나고 위수 졸병들은 다 나물에 콩
을 반쯤 섞어 먹으면서 겨우 지냈다. 왕건은 정성을 다하여 그들을 구원
하였는데 그 덕으로 다 살 수가 있었다.[47]

위의 자료를 보면 청주 사민 이후 왕건의 활동은 주로 外征만이 나타
나고 있다. 906년 상주 사화진의 공격을 시작으로(H-1), 나주 원정(H-2,
3, 7), 변방(H-4-1), 외방(H-4-3)이 주로 왕건의 활동지역이었다. 때로 시
중으로 임명되어 내정을 맡은 적도 있으나(H-4-3), 왕건의 조정 내 위상
은 왕건 스스로 외정을 자청(H-2, 4-3)할 수밖에 없을 정도로 불안정한
상태였다. 그리하여 궁예와 왕건과의 관계는 점차 극단적인 대립의 관계
로 진행되어 나갔던 것이다.

더욱이 왕건과 그의 휘하 장수들은 궁예의 論功行賞에 대해서도 불
만이 늘어났고(H-3), 마침내 궁예는 왕건의 역모를 의심할 지경으로까지
사태가 악화되어 갔다(H-6). 결국 왕건의 역모에 대한 궁예의 추궁은 崔
凝의 기지로 일단 해소된 듯 하지만,[48] 사료 H-7에서와 같은 조치, 즉

45) 『고려사』 권1, 태조세가 건화 4년 갑술조.
46) 『고려사』 권1, 태조세가건화 4년 갑술조.
47) 『고려사』 권1, 태조세가건화 4년 갑술조.
48) 최응은 황주 토산인으로 궁예의 밑에서 翰林郞이 되어 여러 制誥의 초안을 잘
지어 궁예로부터 "소위 聖人이란 이런 사람을 두고 하는 말이다"라고 하는 말을

수군장수에게 부장으로 보병장군을 딸려 보내는 것과 같은 감시행위는 계속 행해졌던 것 같다.[49]

이와 같이 철원 천도 이후부터 궁예와 왕건의 알력은 노골화되어 갔는데, 왕건으로서는 외정을 통하여 자신의 세력을 궁예의 시야에서 멀리 떨어진 외방에 두어 안전을 도모함과 동시에 위축된 고구려계 세력을 결집하여 자신의 실력을 배양하는 계기를 마련할 수 있었다.(H-3)

청주인 사민으로 궁예는 일단 고구려계 호족의 기선을 제압하는 것에는 성공하였지만, 청주인들 사이의 내분을 방지하는데는 실패하였던 것 같다. 이른바 '아지태 사건'[50](H-4-1, 4-2, 4-3)을 통하여 이러한 사정을 알 수 있다. '아지태 사건'은 여러 연구자들에 의하여 주목되어 온 사건인데 이를 통하여 재경 청주인들 상호 간에 궁예 정권내에서의 권력 쟁탈이 상당히 심각하게 진행되고 있었던 사실을 알 수 있다. 이 사건이 오랫동안 미결상태로 있었다는 것으로 보아 궁예도 자신의 친위세력인 청주인들을 이렇다하게 조치할 수 있는 처지가 아니었던 듯하다.

그런데 이를 해결한 사람은 왕건이었다. 그리고 왕건은 이 사건을 잘 해결함으로써 신망을 크게 얻게 되었다고 한다. 그렇지만 왕건은 이 사건을 해결하고 나서 수군장수로 외정에 나서게 된다. 그리고 수군으로 다시

들을 정도로 총애를 받았으나(『고려사』권92, 열전5 최응전), 뒷날 왕건을 도와 궁예를 축출하는데 크게 기여하였다. 최응의 경우도 개인보다는 지역주의가 더 강하게 작용한 결과였던 것으로 보인다.

49) 수군에 보군장군을 副將으로 삼았다는 사실은 전력을 보강하기 위한 정당한 처사라고 여겨지지 않는다. 수륙합동작전을 실시할 계획이 있었다고 추측해 볼 수도 있으나, 이때 편성된 부대가 전함을 건조하고 있는 것으로 보아 보군장군보다는 전함을 건조하는데 전문적인 지식이 있는 수군장수가 필요했을 것이다. 따라서 이러한 조치는 궁예가 왕건을 감시하기 위하여 사람들을 배치한 것으로 볼수밖에 없다.

50) '아지태 사건'은 궁예 정권 내부에서 매우 중요한 사건이었음에도 불구하고 주목받기 시작한 것은 신호철에 의해서 비롯되었다(신호철, 1982, 「궁예의 정치적 성격 – 특히 불교와의 관계 –」『한국학보』29, 46~48쪽).

나가는 이유를 "자신에게 화가 미칠 것을 두려워"(H-4-3)하여 왕건 스스로 요구한 것이었다. '아지태 사건'이 잘 해결되어 명망이 높아졌음에도 불구하고 왕건이 외정을 자청하면서까지 철원에 머물기를 두려워했던 이유는 무엇이었을까. 그리고 자신에게 화를 끼칠 대상은 누구라고 생각했을까.

먼저 궁예로부터 화를 입을 가능성을 생각해 볼 수 있다. 그러나 궁예는 왕건의 요구를 받아들여 다음 해 수군장수로 임명한 것을 보면 궁예가 왕건을 처벌할 가능성은 그다지 높았던 것 같지 않다. 그렇다면 왕건이 두려워 한 것은 '아지태 사건'의 결과로 불이익을 당한 세력들, 즉 왕건의 판결로 피해를 당한 일부 청주세력들의 보복 행위를 염두에 두고 자신의 안전을 위하여 외방의 벼슬을 요구한 것으로 보아야 타당할 것으로 여겨진다.[51] '아지태 사건'으로 말미암아 왕건은 청주 세력에게 일정한 타격을 입혔겠지만, 결국 자신의 안전을 위하여 외방을 택하여 출정하지 않으면 안되었던 것이다.

한편 '아지태 사건'의 해결은 청주 세력 내부의 갈등을 조장하여 고구려계 호족들의 입지를 신장시키는데 기여하였을 것임은 충분히 짐작할 수 있다. 또한 왕건에 대한 고구려계 토착민들의 절대적인 신망도 더욱 커졌을 것이며, 왕건의 정치적 지위도 상승되었음은 의심할 나위가 없다.

무엇보다도 '아지태 사건'으로 인하여 철원에 거주하던 청주 세력 내부에 갈등과 분열이 조장되어 청주 세력의 일부는 왕건 세력에 동조하였으리라고 여겨진다. 그러나 그렇다고 하여 왕건에게 동조한 청주 세력이 왕건의 절대적인 신임을 받았거나, 왕건에 대하여 절대 충성을 맹서하였던 것 같지는 않다. 玄律 등의 예를 참조하면 그러하다. 반면 그 밖의 청주세력과 왕건의 반목은 더욱 커졌을 것임은 쉽게 짐작할 수 있다.

---

51) 이때 왕건이 결행한 '아지태 사건'의 판결내용은 구체적인 기록이 없어 알 수 없다. 그러나 그 목적은 궁예마저도 유예하고 있었던 청주 세력들에게 도전하여 이들을 이간시킴으로써 청주 세력 내의 분열을 조장시키는데 있었던 것 같다.

따라서 궁예 정권 내부에서 청주 세력을 일소한다면 모르겠거니와 그러한 상황이 발생하지 않는 이상 왕건이 다시 궁예 정권 내에서 자신의 입지를 확고히 한다는 것은 불가능한 일이었다. 이러한 위기 상황에서 왕건이 취할 수 있는 유일한 방법은 고구려계 세력에 편승하여 궁예를 무력으로 전복하는 이상의 수단은 없었을 것으로 보인다.

그러므로 왕건의 고려 건국은 기본적으로 궁예의 개혁에 대한 반발의 성격을 띰과 동시에 백제계 세력을 타도하기 위한 고구려계 세력의 쿠데타라고 규정지을 수 있다. 이에 따라 왕건은 쿠데타와 동시에 바로 국호를 '고려'로 환원시켜 고구려주의를 천명하고 철원 일대의 민심을 회유하면서 자신의 지지를 호소한 것이다.[52] 즉 왕건은 이 지역 주민의 염원이라고 할 수 있었던 고구려 계승의식을 자신의 정치적 야망과 결부시켜 백제계 세력을 축출하고 궁예 정권을 전복시켜 새로운 왕조를 창출할 수 있었던 것이다.[53]

왕건의 즉위는 당연히 청주를 비롯한 웅·운주 일대 옛 백제 지역의 민심을 크게 동요시켰으며, 그 결과 옛 백제지역 일대의 호족들과 주민들은 고구려 복고주의를 표방한 왕건의 즉위와 통치를 거부하며, 자신들과 연고가 있는 백제로의 회귀를 주저없이 선택하였던 것이다. 바로 그 결과로 나타난 현상이 왕건 즉위년의 각 지역세력의 동향이라고 할 수 있다.

---

52) 왕건은 즉위 원년 9월 병신일에도 고구려의 구도였던 평양이 황폐된 사실에 유감을 표하는 한편 평양을 大都護府로 하고 당제인 武廉과 廣評侍郎 列評을 보내어 평양을 수비하게 하였다. 이 조치 또한 왕건의 고구려 복고의식의 한 표현이 된다(『고려사』 권1, 태조세가).

53) 왕건의 즉위에 큰 역할을 한 인물로는 卜智謙·裵玄慶·洪儒·申崇謙 등의 장군들이 있지만, 실제로 더욱 적극적으로 참여한 인물은 왕건의 제1비인 神惠王后 柳氏이다. 신혜왕후 유씨는 고구려 지역의 호족인 貞州 출신 長者(富者) 柳天弓의 딸이다(『고려사』 권88, 후비1 신혜왕후 유씨조).

3. 왕건의 백제지역 민심회유책과 호족통합과정

옛 백제 지역의 반고려적 태도는 이 지역 일대가 왕건에게 무력으로 진압되는 934년 9월까지 17년 이상이라는 오랜 기간 지속되었다. 이러한 저항이 지속적으로 전개되었던 근원이 되는 것은 이 지역에 팽배한 고구려 복고주의에 반대하는 백제 고토의식이었다.

934년 무력으로 복속이 되었다고는 하여도 이 지역의 민심이 바로 왕건의 통치권에 흡수되었다는 의미는 아니다. 왕건은 이 지역의 민심을 통치권 안으로 흡수하기 위해 상당한 노력을 기울였지만 의도대로 되었던 것 같지는 않다. 다음의 사료는 이와 같은 사정을 간접적이나마 잘 나타내 주고 있다.

Ⅰ. 17년(934년) 여름 5월 을사일에 왕이 예산진에 가서 조서를 내렸다.
   "… 내가 위급한 뒤끝을 이어 새 나라를 창건하였는데 도탄 속에서 신음하여 온 백성들에게 고된 노역을 시키는 것이 어찌 나의 본의겠는가. 다만 만사를 초창하는 때라 일이 부득이 하여 그런 것이다. … 지금 백성들이 억울한 사정을 호소하는 자가 있어도 관리들이 정실관계에 끌리어 이들의 죄과를 숨기고 있으니 백성들의 원망이 일어나는 것은 바로 이 까닭이다. 내가 일찍이 이 일에 관하여 훈계한 적이 있거니와 그 사실을 아는 자는 더욱더 노력하고 모르는 자는 자기의 잘못을 뉘우쳐 고치기를 바란다. 근래에 특별히 染券을 발행하였는데 그래도 남의 과오를 숨겨주는 것을 현명한 것으로 생각하여 위에 보고를 하지 않으니 선악에 대한 사실을 어떻게 알 수 있으며 이렇게 되면 절개를 지키고 허물을 고치는 사람이 있겠는가. 너희들은 나의 훈계를 준수하고 나의 상벌에 복종하라. … 만일 허물을 고치지 않는다면 1년간 혹은 2-3년 내지 5-6년간에 걸쳐 그 녹봉을 추징할 것이며 심한 경우에는 종신토록 등용하지 않을 것이다." …54)

---

54) 『고려사』 권2, 태조 17년 하5월 을사조.

위의 자료는 왕건이 웅주와 운주를 공격하기 전 예산진에 가서 내린 조서의 내용을 발췌한 것인데, 이 자료를 통하여 이 무렵 백성들의 노역이 심하였다는 사실과 함께 왕건의 통치력이 이곳 예산진에 제대로 미치지 못하고 있었다는 실정을 알 수 있다.[55] 이 내용 가운데서 주목되는 부분은 "남의 과오를 숨겨 주는 것을 현명한 일"로 생각한다는 내용인데, 이 기록은 이 지역의 주민들과 관리들이 서로 결탁하여 이 지역의 실정을 상부에 보고하지 않는다는 것을 견책한 내용으로 당시 예산진은 비록 고려 영토의 일부라고는 하지만 그 통치권이 크게 미치지 못하고 있었음을 보여 주고 있는 것이다. 그리고 이와 같은 사정은 비단 예산진뿐만 아니라 이 일대의 지역에서는 공통적인 상황이었으며 웅주와 운주 점령 이후에도 그러한 민심의 동향이 쉽게 바뀌지 않았을 것이라는 점도 시사한다.

이러한 민심의 동향에 대하여 왕건도 민감하게 대처하였던 듯하다. 왕건이 백제 지역인들 뿐만 아니라 전국의 여러 지방세력을 회유하기 위하여 노력하였다고 하는 사실은 잘 알려져 있지만, 특히 백제 지역에 대해서 행한 시책 가운데는 이 지역 출신 부인의 아들을 태자로 책봉한 사실을 들 수 있다. 즉 왕건은 뒤의 惠宗이 되는 왕자 武를 즉위 4년에 태자 [正胤]로 책봉하고 있다. 이 과정은 매우 은밀하면서도 의도적으로 진행되고 있는데, 관계 사료를 살펴보면 다음과 같다.

> J-1. 신유일에 왕자 武를 冊封하여 正胤으로 삼았으니 正胤은 곧 太子이다. 백제인 宮昌·明權 등이 귀순하니 전택을 하사하였다.[56]
>
> -2. (혜종의) 나이 일곱 살이 되자 왕건은 그가 왕위를 계승할 덕성을 지녔음을 알았으나, 어머니의 출신이 미천해서 왕위를 계승하지 못할까 염려하여 자황색 옷을 담은 상자를 왕후에게 주었다. 왕후가 이것을 大匡 朴述

---

55) 이 조서의 내용은 그 적용 대상이 예산진과 이 일대에만 국한되는 것으로 보인다.
56) 『고려사』 권1, 태조 4년 12월 신유조.

希에게 보였더니 朴述希는 왕건의 의도를 알아차리고 왕위계승자로서
정할 것을 청하였다.[57]

위의 사료를 보면 왕건은 혜종을 태자로 책봉하는 과정에서 무척 고
심하였음을 알 수 있다. 즉 태자책봉이 백관이 모인 자리에서 공개적으
로 행해지지 못하고 은밀히 행해졌다는 것이다. 왕건은 먼저 박술희의
의중을 떠보고 난 후에 결심을 했다. 왕건이 혜종을 태자로 책봉하는데
있어서 고심을 한 구체적인 까닭은 혜종의 외가가 '側微'하다는 것이었
다. 여기서 왕건이 혜종가를 '미천'하였다고 한 것은 문자 그대로 혜종
의 어머니인 莊和王后 吳氏의 가계가 미천하였을 수도 있다. 그러나 오
씨의 가계를 '世家州之木浦'[58]라고 한 것을 보면 토착적 기반이 전혀
없었던 것 같지는 않고 재지기반이 있었던 것이 분명하므로, 왕건이 걱
정한 장화왕후의 미천은 신분상의 미천이 아닐 것으로 여겨진다. 필자는
이를 왕건의 지지세력들이 포진해 있는 중앙 정계에서의 세력기반이 없
었던 것으로 보고 싶다. 즉 왕건의 지지세력이며 고구려 회귀를 주장하
는 고구려 호족들이 모인 송악 일대에서의 지지기반이 미천했다는 뜻으
로 보이는 것이다.

그 갈등을 초래한 원인은 다름아닌 혜종의 외가가 백제 지역의 세력
이라는 점에 있다고 보고 싶다. 이러한 추정은 혜종의 후견인으로서 왕
건이 박술희를 추천하고 있다는 점에서 그러하다. 고려의 중앙 정계에서
백제 지역 출신인 혜종의 뒤를 보아줄 사람을 선정한다는 것은 그다지
쉽지 않았을 것이기 때문이다. 그러므로 후견인으로서 마땅한 자로는 백
제적 성향이 짙은 인물 가운데서 선정할 수밖에 없었을 것이며, 그 결과
목혜성군(면천) 출신인 박술희로 하여금 혜종의 후견인으로서의 의향을
타진하였던 것으로 볼 수 있는 것이다.[59] 혜종과 박술희와의 관계는 혜

---

57) 『고려사』 권88, 열전1 후비1 장화왕후 오씨조.
58) 『고려사』 권88, 열전1 후비1 장화왕후 오씨조.

종 즉위 후에도 지속되고 있으며,60) 혜종을 태자로 책봉한 왕건의 의도
는 반왕건 성향을 보이는 옛 백제 지역의 민심을 유도해 보고자 하는
위무 차원에서 이루어졌던 것으로 여겨진다.61) 이러한 왕건의 백제 지
역인을 의식한 태자 책봉은 백제인에게도 어느 정도 영향을 주었던 것
같다. 바로 백제인 宮昌·明權 등이 귀순하였다. 명권들이 귀부해 온 것
이다(J-1, 2).

　그러나 이러한 백제 지역의 고려 귀부현상은 지속적으로 진행되었던
것 같지는 않다. 아마도 일시적이고 특정 지역에서만 행해졌던 것 같으
며, 여전히 대부분의 백제 지역 민심은 반고려적인 상황에서 크게 달라
지지 않았던 것 같다. 아마도 시간이 흐름에 따라 나주 지역마저도 고려
로부터 이탈하는 등 오히려 그 정도가 심해졌던 것 같다.

　그리고 이러한 민심의 향배는 934년 9월 왕건이 친정하여 운주를 정
벌하고, 이어서 백제의 웅진 이북 30여 성이 자진하여 투항해 온 다음에
도 여전히 계속되었던 것으로 여겨진다.

　이러한 강고한 백제 복고의식은 이후 고려와 후백제의 전투가 一利
川에서 벌어진 것과도 상당한 관련을 갖는다. 이 전투가 벌어지기 전까
지의 과정을 살펴보면 다음과 같다.

　K-1-1. 병신 19년(936) 여름 6월에 견훤이 왕에게 청하기를 "이 늙은 몸이 멀

---

59) 木彗城郡은 원래 백제의 목혜군인데 신라 경덕왕이 지금 명칭으로 고쳤다(『고
　려사』 권56, 지리1).
60) 박술희는 그를 증오한 왕규가 정종의 명을 위조하여 죽였다(『고려사』 권127, 열
　전40 반역1 왕규전).
61) 왕건은 백제 지역의 위무를 중요시하기도 하였지만 혜종의 태자 책봉에 따를 고
　구려계의 이탈방지도 고려했던 것 같다. 태자책봉과 동시에 태자의 비도 정하였
　는데 태자비는 鎭州 출신의 호족 林曦의 딸이었다. 진주는 앞에서도 살펴 본 바
　와 같이 고구려의 고토로써 왕건에게 청주의 모반을 알린 지역이었다. 정략적으
　로 보이는 혜종과 임씨의 혼인은 백제계 위무와 고구려계 이탈방지를 의도하기
　위해 왕건이 혼인을 정치에 이용한 정책의 하나였던 것으로 파악된다.

리 창파를 건너서 대왕에게로 온 것은 대왕의 위력을 빌어서 나의 못
된 자식을 처단하려는 것뿐이었다."고 하였다.[62]

-1-2. 왕이 처음에는 때를 기다려서 군사행동을 취하려 했으나 견훤의 간절
한 요청을 가엾게 생각하여 그의 의견을 좇았다. 우선 正胤 武와 장군
述希를 시켜 보병과 기병 1만을 거느리고 천안부에 가게 하였다.[63]

-2. 가을 9월에 왕이 삼군을 거느리고 천안부에 가서 병력을 합세하여 一
善郡으로 나아가니 神劍이 무력으로써 이에 대항하였다.[64]

위의 사료를 보면 왕건은 후백제와의 결전을 서둘렀던 것 같지는 않
다. 그런데 왕건의 의도는 견훤이 투항해 옴으로써 급변하였다(K-1-2).
견훤의 간절한 요청에 의하여 결심이 바뀐 것이다(K-1-1). 왕건이 견훤
의 투항 전까지 후백제와의 결전을 늦추었던 까닭은 앞에서 살펴 본 바
와 같이 웅주와 운주를 중심으로 하는 세력이 투항해오긴 하였지만, 아
직도 그 일대의 민심이 귀부되지 않았다고 여겼기 때문이다. 그러다가
견훤의 투항으로 상황이 급변하게 된 것이다. 그러므로 一利川 전투는
처음부터 왕건의 의도대로 결행된 것이 아니라 견훤의 투항이라는 우연
에 의하여 결행된 것임을 알 수 있다.

그러나 후백제의 상황이 달라졌다고는 해도 왕건으로서는 민심의 향
배에 관심을 기울일 수밖에 없었으므로, 바로 태자를 천안부에 보내고
있는데 태자는 이곳에서 3개월 간을 머물렀다. 그리고 후백제와의 결전
을 벌이기 위해 행군을 계속해 간 지역은 일선군이었다(K-2). 이때 왕건
이 태자와 박술희를 천안에 파견하게 된 배경은 무엇이었으며, 완산으로
곧바로 남하해 가는 공격로를 두고 구태여 군부대를 우회하여 일선군으
로 향하게 한 이유는 무엇이었을까.

---

62) 『고려사』 권1, 태조 19년 6월조.
63) 『고려사』 권1, 태조 19년 6월조.
64) 『고려사』 권1, 태조 19년 9월조.

왕건이 태자를 이 지역에 파견한 배경은 이 지역이 옛 백제 지역이고 태자와 박술희가 백제계라는 친연성이 고려되었을 것으로 여겨진다. 이들은 천안에서 후백제 공격을 위한 접근로 탐색과 함께 이 일대의 민심을 파악하고 위무하는데 주력하였던 것 같다.

그러나 그들이 이 지역에서 느낄 수 있었던 것은 아마도 강한 반왕건적인 성향밖에는 없었던 것 같다. 이 무렵 천안 일대 민심의 동향은 다음의 자료로 확인해 볼 수 있다.

> L. 본현 : 牛·馬·象·豚·場·沈·甲·王 ; 속설에 전하기를 고려 왕건이 나라를 세운 뒤에 목주사람이 여러 번 배반한 것을 미워하여 그 고을 사람들에게 모두 짐승 이름으로 성을 내렸는데 뒤에 牛는 于로 고치고, 象은 尙으로 고치고, 豚은 頓으로 고치고, 場은 張으로 고쳤다.[65]

위 기사의 내용과 같이 천안 부근의 민심은 전혀 예측할 수 없는 상황이었다. 도저히 고려에 유리한 형상이 아니었다. 따라서 고려군이 만약 천안에서 바로 전주로 진격한다면, 고려군은 후방이 모두 적으로 에워싸인 모양이 되어 마치 적진에 자진해서 고립되기 위하여 전진하는 결과가 되고 마는 것이다. 태자는 천안 일대에서 3개월을 머물면서 이러한 민심의 소재를 파악하여 왕건에게 보고하였을 것이다. 그 결과 왕건은 천안에서 바로 남하하여 후백제의 도읍을 공격하는 것은 무리라고 판단했던 것 같다. 따라서 공격로는 다소 이동에 불편함은 있을지언정 옛 백제 지역을 우회하여 구고구려 지역을 경유하는 鎭州 → 陰城 → 忠州 → 鷄立嶺 → 一利川으로 결정하게 되었던 것으로 여겨진다.[66]

---

65) 『신증동국여지승람』 권16, 목천현 성씨조.
66) 그 진군로는 정경현의 연구 결과에 따랐다(정경현, 1990, 「고려태조의 일리천 전투」 『한국사연구』 68 및 『고려전기 이군육위제 연구』, 서울대학교 박사학위논문, 26~28쪽). 그러나 그가 주장한 진군로의 결정 이유인 "지방호족들로부터 군사들과 군량미를 지원받기 위함이었던 것"이라는 鎭州와 忠州의 兵站基地說에 대해서는 견해를 달리 한다. 그 까닭은 그가 제시한 지도를 보면 우회할 경우

이와 같이 옛 백제 지역의 반왕건적 성향은 왕건이 후삼국통일을 완수하기 위하여 전쟁을 벌이던 그 순간까지도 강고하게 이 지역민의 뇌리에 뿌리내리고 있었음을 알 수 있다. 그리고 이러한 성향은 일리천 전투에서 거둔 왕건의 승리로 일순간에 불식되었다고는 보이지 않으며, 그 뒤로도 상당히 오랫동안 왕건과 이 지역 간의 갈등은 계속되었던 것으로 여겨진다.[67]

4. 결론

지금까지 필자는 궁에 몰락 후 왕건 즉위초년부터 후삼국을 통일할 때까지 각 지역세력의 왕건 즉위에 대한 반응이 어떠하였는가를 살펴보았다. 그리하여 대체로 다음과 같은 결론을 얻게 되었다.

왕건 즉위와 함께 후삼국 정세의 가장 큰 변화는 청주·웅주·운주 등 종래 궁예의 통치 아래 있던 옛 백제 지역의 세력들이 고려에 흡수되지 않고 이탈하여 후백제에 귀부한 사실이었다. 이러한 움직임은 사회동향이 지역주의의 회귀를 가장 우선으로 하게 된 것에 기인하는 것이었다.

天安에서 完山으로 바로 남하하는 것보다 행군거리가 3배 가까이 길어지게 된다. 보급의 중요성을 인정한다 하더라도 행군거리가 길어지면 행군에 소모하는 군량과 소모적 경비 및 병사들의 피로도 등이 이에 상응하여 커진다. 경비증가와 피로가 전체적인 사기에 미칠 영향을 고려한다면 보급만을 목적으로 행군로를 우회하지는 않았을 것으로 여겨진다. 더구나 군대의 이동기간이 길면 기동계획이 적에게 노출될 뿐만 아니라, 기습의 경우도 생각할 수 있다. 더욱이 보급을 확보했다 하더라도 이를 운반하는 수송수단이 현재와 같이 발달하지 않은 당시에는 병사들이 직접 운반하거나 부근의 백성들을 동원하여야 했을 것인데, 이 또한 그다지 용이하지 않았을 것이다.

67) 왕건이 후삼국을 통일하자 바로 連山에 開泰寺를 창건한 것이라든가, 그의 임종에 즈음하여 훈요십조를 전하면서 제8조와 같은 내용을 삽입한 것은 이와 무관하지 않다고 여겨진다.

특히 이들 지역은 후삼국통일 이후에도 고려에 대해서 적대적인 관계를 유지하였는데, 이는 왕건의 고려가 표방한 고구려주의로의 회귀가 초래한 결과였다.

옛 백제 지역의 이탈은 단순히 고려의 고구려주의 표방 때문만은 아니다. 이미 궁예가 탈고구려주의를 선언하면서 백제계 청주세력을 사민시켜 정권을 보위하는데 이용하였던 때서부터 비롯되었다. 오랫동안 배태되어 왔던 지역감정은 왕건 즉위로 인해 일시적으로 노출되었다. 즉 왕건이 궁예를 축출하고 다시 지역 연고와 관련된 고구려주의를 선언하면서 백제계를 자극하여 발생된 것이었다. 그리하여 고려와 후백제는 지역주의를 기반으로 한 극단적인 대립을 되풀이하였고, 이러한 지역 연고주의는 왕건의 후삼국통일 후에도 완전히 불식되지 않은 상태로 남아 있었다.

그러나 왕건의 즉위를 전후하여 고조되었던 복고적인 지역의식은 왕건의 정치를 통하여 그리고 그 이후 고려라는 통일된 국가의식 속에서 계속 불식되어 마침내 개성있는 향토의식으로 발전되어 갔다.[68] 그러므로 이 시기에 발현되었던 지역주의의 본질은 이 시기 호족들의 활발한 자기인식의 발로였으며, 또한 이 시대에서의 다양성 표출이라는 점에서 의미를 찾을 수 있다고 여겨진다.

---

68) 민현구, 1989, 「고려중기 삼국부흥운동의 역사적 의미」『한국사시민강좌』 5, 일조각, 82~108쪽.

제2부

고려 건국 후 지역세력에 대한
대응과 그 성격

제4장 왕건의 발해 유민 포섭정책과 그 정치적 성격

　왕건의 발해 유민 포섭정책은 한민족사에서 탁월한 선택의 하나로 일컬어진다. 발해 유민을 포섭함으로써 한국사는 비로소 고구려의 후계자인 발해를 계승하여 고구려사의 명맥을 잇게 되는 것으로 간주하고 있다.

　아울러 고려 태조 왕건은 발해 유민을 동족의식에서 받아들였다고 이해되기도 한다. 또한 왕건은 거란이 발해를 멸망시키자 거란에 대하여 극도의 증오심을 표현하였고, 노골적으로 반거란 정책을 폈다고 보기도 한다.[1] 그러나 당시 왕건의 발해 유민 포섭은 그의 동족의식의 발로라고 할 수 있을만한 근거를 어디에서도 찾을 수 없다.[2]

　따라서 발해에 대한 왕건의 긍정적인 인식은 후대에 형성된 것으로 보인다. 그렇다면 왕건은 어떤 연유로 발해 유민을 포섭하게 되었을까? 그리고 발해 유민들은 고려사회에서 어떤 형태로 존재하였을까? 본고에서는 왕건이 발해 유민을 포섭할 수밖에 없었던 사정을 당시의 정치·군사적 상황에서 찾아보고자 한다.

---

1) 李龍範, 1977, 「胡僧 襪囉의 高麗往復」『歷史學報』 75·76합집.
2) 당시 동족의식을 자각하고 있지 않았다는 견해도 있다(김광석, 1983, 「고려태조의 역사인식 Ⅰ-그의 발해관을 중심으로」『백산학보』 27).

1. 왕건의 발해관과 북방정책

왕건의 발해 유민 포섭정책과 관련해서는 왕건의 발해관이 자주 주목되었다. 그리고 왕건의 발해관은 '친척의 나라', '혼인한 국가' 등으로 불리며 고려와 혈연적 관계에 있음을 뜻하는 것이라고 한다.[3] 더 나아가 '부모의 나라', '동족의 나라' 등으로 해석해야 한다는 주장까지도 나오게 되었다.[4] 그리고 이러한 고려 왕건의 발해에 대한 동족관은 일반화되어 왔다.

실제로 고려와 발해가 왕실 간에 혼인을 하였다고 하는 내용은 1건이 발견된다. 그 내용은 다음과 같다

A. (말왕 대인선) 15년(921) 봄 2월에 속부 달고의 무리가 신라를 공격하였다가 고려병의 추격을 받아 패하여 돌아왔다. 얼마 후에 왕이 드디어 고려와 수호하고 더불어 혼인관계를 맺었다.[5]

위 사료는 921년 이후 언제인가 혼인관계를 맺은 것으로 기록하고 있다. 그런데 이토록 양국 간에 중요한 행사인 결혼문제가 『고려사』 등 국내사료에는 전혀 언급되어 있지 않고 있어 그 기사의 신뢰성에 의문이 제기되어 믿기 어렵다.[6]

그 밖에 왕건이 발해에 대하여 동족 내지는 형제와 같은 국가라고 표현한 예도 국내사료에서 찾아 볼 수 없다. 단지 발해를 멸망시킨 거

3) 김창겸, 1987, 「태조왕건의 패서호족과 발해유민에 대한 정책연구」『성대사림』 4, 77쪽.
4) 박한설, 1977, 「고려왕실의 기원」『사총』 21·22합집.
5) 『발해국지장편』 권3, 세기.
6) 김소영, 2001, 「고려 태조대 대거란 정책의 전개와 그 성격」『백산학보』 58, 76쪽. 이 무렵을 전후하여 고려와 발해가 수교하였을 것이라는 추정은 대체로 받아들여지는 경향이 있다.

란에 대한 적대감이 표현된 내용의 말을 찾아 볼 수는 있다. 왕건은 자신이 후손들에게 경계하기를 당부하면서 내린 훈요십조에 중국과 거란에 대한 평가를 하고 있다. 훈요십조 가운데 왕건의 외교관을 확인할 수 있는 부분은 훈요 제4조이다.

> B. 넷째, 우리 동방은 오래전부터 중국 풍습을 본받아 문물예악 제도를 다 그대로 준수하여 왔다. 그러나 지역이 다르고 사람의 성품도 각각 같지 않으니 구태여 억지로 맞출 필요는 없다. 그리고 거란은 우매한 나라로서 풍속과 언어가 다르니 그들의 의관제도를 아예 본받지 말라.[7]

B의 내용은 중국과 거란에 대한 외교의 대강을 언급한 것이다. 그 내용은 중국에 대하여 자주적인 태도를 견지하고, 거란에 대해서는 우매한 나라이므로 상종치 말라는 것이다. 이를 보면 왕건은 거란에 대하여 매우 신중한 태도를 견지하고 있다. 물론 이 훈요십조가 전달되던 때는 왕건의 임종에 가까운 943년으로, 이때는 발해의 멸망 이후이므로 구태여 대외관계로 인식하지 않아도 되었을 시기라고 할 수 있을 것이다. 그러나 국내관계 자료에서 왕건이 구체적으로 친척의 나라라고 발해를 평가한 내용은 없다.

이러한 경향은 그 후대까지도 계속되고 있으며, 성종 때 崔承老 上書文에도 보인다.

> C-1. 우리가 사절의 교환을 거절한 것은 거란이 일찍이 발해와 화친을 맺었다가 갑자기 의심을 일으켜 옛 맹약을 돌아보지 않고 하루 아침에 발해를 멸망시켰기 때문입니다. 그러므로 왕건은 무도함이 심하여 더불어 사귈 수 없다고 하여 그들이 바친 낙타도 모두 다 내버리고 기르지 않으셨습니다. 그 심원한 계획으로 환란을 미연에 방비하고 나라를 위태롭지 않게 보전함이 이와 같았습니다.[8]

---

7) 『고려사』 권2, 태조 26년 4월.
8) 『고려사』 권93, 열전6 최승로전.

-2. 발해가 이미 거란군에게 격파되어 홀한성이 무너졌을 때 그 세자 大光顯 등이 우리나라가 의를 내세워 일어났다 하여 남은 무리 수만호를 거느리고 밤낮으로 빨리 길을 걸어 도망하여 왔습니다. 왕건은 매우 가엾게 생각하며 극진히 접대하고 성명을 하사하기에 이르렀습니다. 또 그를 종실의 적에 붙이고 그의 본국 조상의 제사까지 받들도록 하여 주셨으며 그의 문무 참좌 이하까지도 모두 관작 임명의 은전을 넉넉하게 입었습니다.⁹⁾

  최승로의 상서문에도 발해에 관하여 형제의 나라를 운운하는 내용은 나오지 않는다. 최승로의 생각도 왕건과 마찬가지로 거란을 의리 없는 나라, 발해의 유민들을 가여운 존재로 파악하는데 그치고 있고 더는 혼인의 나라라거나 친척의 나라라고 하는 표현은 보이지 않는다.

  고려와 발해를 형제국, 혼인국 운운하는 내용은 중국 기록에서 찾을 수 있다. 이에 관한 내용을 살펴보면 다음과 같다.

D-1. 초에 고려의 왕건이 군사로 이웃 나라를 멸망시켜 자못 강성해지자 호승 襪囉로 하여금 고조에게 말하기를 "발해는 나의 혼인한 나라입니다. 그 왕이 거란에 사로잡혔으니 청컨대 후진과 함께 거란을 공격하여 그를 구하고자 합니다."라고 하였으나 고조는 응답하지 않았다.¹⁰⁾

-2. 송백이 말하기를 진의 천복 연간에 서역의 중 말라가 내조하였는데 불점(火卜)에 능하였다. 얼마 후 고조에게 아뢰어 고려에 여행하기를 청하였다. 왕건이 그를 매우 예우해 주었다. 당시 거란이 발해의 땅을 빼앗은 지가 여러 해가 되었다. 왕건은 말라에게 조용히 말하기를 "발해는 본래 나의 친척의 나라이다. 그 왕이 거란에게 잡힌바 되었으니, 내가 조정을 위하여 그를(거란을) 공격하고 또한 그의(발해의) 오랜 원한을 풀고자 하오니 선생께서는 돌아가서 천자에게 마땅히 날짜를 정하여 습격하자고 말씀 드려주십시요."라고 하였다. 말라가 돌아가 모두 아뢰었으나, 고조는 대답하지 않았다.¹¹⁾

---

9)『고려사』권93, 열전6 최승로전.
10)『자치통감』권285, 후진기 제왕하 개운 2년 동10월.

위의 두 자료는 모두 945년대의 사정을 전하지만 인용된 왕건의 말은 938년에 했던 것으로 추정하고 있다. 여기에서 처음으로 왕건이 발해를 친연성이 있는 나라라고 표현한 예가 나온다. 왕건은 발해를 혼인의 나라, 친척의 나라로 묘사하고 있다. 위의 945년은 왕건이 죽고, 혜종이 즉위한 다음해이지만, D-1에서는 고려가 후진 고조에게 말을 전한 말라의 고려 도래시기를 938년으로 추정하고 있다.12) 그렇다면 왕건은 938년경에는 발해를 혼인의 나라, 친척의 나라로 생각하고 있었다고 하여도 될 것이다.

그런데 『고려사』에는 왕건이 발해에 대하여 직접적으로 혼인의 나라, 혹은 친척의 나라 등 혈연적 의미로 표현한 예는 발견되지 않는다. 단지 '萬扶橋 事件' 때 "거란은 일찍이 발해와 동맹을 맺고 있다가 갑자기 의심을 품어 맹약을 배반하고 그 나라를 멸망시켰으니 이는 심히 무도한 나라로서 친선관계를 맺을 나위가 못된다고 생각하여 드디어 국교를 단절"13)할 때의 빌미를 찾는데 이용하고 있을 뿐이다.

오히려 왕건이 발해에 대하여 부정적 견해를 가졌을 것이라는 고려 후기 학자 이제현의 견해가 있어 이채롭다. 李齊賢은 왕건이 발해를 위하여 후진과의 동맹을 꾀할 리가 없다는 내용의 말을 하고 있어 흥미롭다. 그는 중국 기록에 보이는 혼인의 나라 등의 표현이 잘못이었을 것이라고 지적하고 있다. 이를 보면 다음과 같다.

> E. 통감에 실린 것을 보면 … 후당 청태 3년(936)에 … 발해와 혼인을 맺었다는 것과 같은 기록은 국사에는 보이지 않는다. 우리 태조께서는 심오한 지모와 원대한 책략을 가지고서도 공명에 힘쓰지 않는데 어찌 오계의 시대에 중원이 어지러워서 함께 일할 만한 여유가 없음을 몰랐겠으며 어찌 석경당과 제파(거란)의 교분을 이간할 수 없음을 몰랐겠는가? 또 어찌 한사

11) 『자치통감』 권285, 후진기 제왕하 개운 2년 동11월.
12) 김소영, 2001, 「고려 태조대 대거란 정책의 전개와 그 성격」 『백산학보』 58, 88~90쪽.
13) 『고려사』 권2, 태조 25년 동10월.

람의 사신도 보내지 않고 다른 나라의 승려를 통해 바다 건너 신흥으로 아
직 이룬 것이 없는 후진과 더불어 도모하여 발해를 위해 한창 강성해지는
거란에 대해 원수를 갚으려 했겠는가? 또한 곽인우가 와서 과연 우리 군대
의 허실과 강약을 다 알 수 있었겠는가? 후진의 군신이 전에는 말라의 말
에 미혹되고 뒤에는 곽인우의 말을 믿어서 드디어 우리 왕건이 과장된 허
황한 말을 했다고 하는 것은 어찌 그릇됨이 아니겠는가?[14]

이제현의 말대로라면 왕건은 발해에 대하여 어떠한 친연성도 개입된
국가라는 생각을 하지 않았다. 오히려 왕건은 실리적으로 강성해지는 거
란을 택하였을 경륜가로 표현하고 있는 것이다.

그런데 실제로 당시 고려의 외교관계를 보면 왕건은 발해보다 거란에
더 비중을 두고 있었음을 알게 된다. 왕건은 자신이 쿠데타로 몰아낸 궁
예의 외교노선을 그대로 이어받아 발해보다는 새로운 강자로 떠오르는
거란과 관계를 맺고 있었다. 먼저 궁예 때의 외교관계를 살펴보도록 하
자. 다음의 사료가 참고된다.

> F-1. (太祖九年) 동10월 무신, 압록강에서 고기를 낚았다. 신라가 사신을 보내
> 어 방물을 바쳤고, 고려가 사신을 보내어 보검을 바쳤다.[15]
>
> -2. (神冊三年) 二月 癸亥, 晉·吳越·渤海·高麗·回鶻·阻卜·黨項 및 幽州·
> 鎭州·定州·魏州·潞州 등에서 각기 사신을 보내어 조공하였다.[16]
>
> -3. (神冊三年) 二月, 渤海·高麗·回鶻·阻卜·黨項이 각각 사신을 보내어 조
> 공하였다.[17]
>
> -4. (神冊三年) 三月, 高麗와 西北諸藩이 보두 사신을 보내어 조공하였다.

---

14) 『역옹패설』 전집 1.
15) "(太祖九年) 冬十月 戊申 釣魚于鴨淥江 新羅遣使貢方物 高麗遣使進寶劍"
    (『요사』 권1, 태조 9년 동10월 무신조)
16) "… 晉·吳越·渤海·高麗·回鶻·阻卜·黨項及幽·鎭·定·魏·潞等州 各遣使 來貢"
    (『요사』 권1, 신책 3년 2월 계해조)
17) "渤海·高麗·回鶻·阻卜·党項 各遣使 來貢"(『요사』 권70, 속국표 신책3년 2월)

回鶻이 산호수를 헌납하였다.[18]

　-5. 太祖皇帝 神策年間에 고려에서 사신을 보내어 寶劍을 바쳤다.[19]

　위의 내용은 궁예 정권과 거란과의 외교관계 자료로 F-2와 F-3은 같은 사건이며, F-1과 F-5도 같은 사건으로 이해하고 있다. 궁예는 거란과 외교관계를 갖고 있으나, 발해와의 관계에 관해서는 알려진 바가 없다. 이를 근거로 궁예는 발해와 연계하기 보다는 거란과 연결을 맺고 있었던 것으로 이해하고 있다.[20]

　실제 궁예 정권의 외교에 대한 관심이나 능력은 상당했던 것으로 평가되고 있다.[21] 이때 교빙을 담당하는 壽春部, 빈객과 연향을 담당하는 奉賓部, 여러 나라의 역어를 담당하였다고 하는 史臺 등의 관부를 설치하였다는 『삼국사기』의 기록을 볼 때 그러하다.[22]

　그리고 왕건도 918년 6월 왕위에 오른 뒤 궁예의 기본적인 외교노선을 바꾸지는 않았던 것 같고, 외교관련 부서의 골격도 그대로 유지하였던 듯하다.[23] 따라서 궁예가 유지했던 거란과의 원만한 관계는 왕건 때에도 그대로 유지되었다. 다시 말하면 왕건이 집권초기부터 거란과 적대적 관계를 유지한 것은 아니었다. 오히려 선린우호관계에서 출발하였다고 보는 것이 마땅할 것이다.[24] 다음 기록이 참고된다.

18) "高麗及 西北諸蕃 皆遣使來貢 回鶻獻珊瑚樹"(『요사』 권70, 속국표 신책 3년 3월)
19) "自太祖皇帝神册間 高麗遣使進寶劍"(『요사』 권115, 고려전)
20) 송기호, 1995, 『발해정치사연구』, 일조각, 210~211쪽.
21) 조인성, 2003, 「궁예정권의 대외관계」 『강좌 한국고대사』 4, 가락국사적개발연구원, 362쪽.
22) 『삼국사기』 권50, 열전10 궁예전.
23) 태조 8년에 朴巖이 중국으로 파견되었을 때의 관직명이 춘부소경인데, 여기서의 춘부는 수춘부를 계승한 것으로 추정하고 있다(김인규, 1996, 「고려태조대의 대외정책」 『고려 태조의 국가경영』, 서울대학교 출판부, 102쪽).
24) 왕건이 비단 거란과의 외교관계만 성사시킨 것은 아니었다. 이 무렵 오월·후량·후당 등과 폭넓은 외교관계를 수립하고 있었다(김인규, 위의 책, <표 2-6> 太

G-1. 太祖五年(922) 2월, 거란이 와서 낙타와 말과 양탄자를 보냈다.[25]

-2. 天贊三年(924) 조공을 하였다.[26]

-3. 天贊四年(925) 동10월 신사, 고려국에서 조공을 하였다.[27]

-4. 天顯元年(926) 2월 정미, 고려·예맥·철려·말갈이 조공을 하였다.[28]

-5. 天顯二年(927) 조공을 하였다.[29]

위의 내용을 보면 고려와 거란과의 관계는 922년 이후로 발해 멸망 전후까지 5번에 걸쳐 왕래가 있었던 것을 알 수 있다. 이 가운데 고려에서는 4번의 사신을 보냈고, 거란에서는 922년 1차례 보낸 것으로 기록되어 있다. 이 시기의 사신 왕래가 이 기록만을 전부라고 할 수는 없겠지만, 대체적으로 양국 간의 외교관행이 무난히 진행되고 있었고 거란보다는 고려에서 더 적극적이었음을 알 수 있다. 이에 비하여 고려와 발해의 사신 왕래는 나타나지 않고 있다. 발해가 926년 1월에 멸망했으므로 그 이전의 관계만을 살펴본다면 왕건은 분명히 발해보다는 새로운 강자로 부상하는 거란쪽과의 외교 관계를 중시하였던 것이 분명하다. 어떻든 고려와 거란의 관계가 당초부터 적대적인 길을 걸었던 것은 아니었고, 발해보다 훨씬 가까운 상황이었다.

그러나 지금까지 일반적으로 왕건은 처음부터 친발해·반거란이라는

祖代 對外交涉의 내용 참고).
25) 『고려사』 권1, 태조 5년 2월.
26) 『요사』 권115, 고려외기 천찬 3년.
27) 『요사』 권2, 본기 태조 하 천찬 4년 동10월 신사조.
28) 『요사』 권2, 본기 태조 하 천찬 4년 동10월 신사조.
29) 『요사』 권115, 고려외기 천현 2년.

노선을 주장한 것처럼 이해되어 오고 있다. 거란은 발해를 멸망시킨 나라로 고려에서는 그 사실을 들어 거란을 믿지 못할 나라라고 하고 있고, 현재까지의 연구도 발해와 고려와의 관계를 설명하는데 거란이라는 존재가 끼어 있어 발해는 동족의 나라라는 사실을 강조할수록 거란과의 관계는 적대적으로 인식되어 왔던 실정이다. 여기에는 상당한 오해가 있다. 왕건의 대 거란 정책은 발해 멸망 이전까지는 발해와 연계하기보다는 당시에 새로운 세력으로 부상하던 거란 세력과 연결을 맺고 있었다.[30]

잘 아는 바와 같이 왕건은 상당한 외교적 감각이 있었던 인물로 평가된다. 왕건은 거란과의 관계 외에도 다양하고 활발한 외교활동을 전개하면서 국정을 이끌어 가는 등 외교적 안목이 있었다. 그러한 왕건이 처음부터 발해가 아닌 거란과 긴밀한 외교관계를 유지하고자 했던 것은 실리외교를 지향했던 것이라고 이해할 수 있을 것이다.[31] 때로 실리외교에 도움이 된다면 고려는 거란에게 발해 침략을 부추기거나 묵인·방조하는 듯한 인상을 주기에 충분한 행동도 서슴지 않고 있었던 것이다.[32]

따라서 상황에 따라 다양하게 변화했던 왕건의 발해관을 자칫 의리 일변도로 해석하는 경향은 지양되어야 할 시점에 와 있다고 본다. 왕건은 처음부터 발해를 형제의 나라, 친척의 나라로 생각한 적이 없었을 뿐만 아니라 우호적인 태도를 보인 적도 없었다. 앞에서도 살펴 본 바와 같이 왕건이 발해를 친척의 나라로 생각한 시점은 938년 이후의 일로 추정되고 있다. 한편 왕건의 대 거란 인식도 처음부터 부정적인 것은 아니었다. 왕건이 거란을 무도한 나라라고 지목한 내용은 그가 죽던 해의

---

30) 송기호, 1995, 『발해정치사연구』, 일조각, 211쪽.
31) 궁예는 대륙의 오월이나 후량보다 거란과 밀접한 관계를 유지하였는데, 거란은 동아시아의 신흥강국으로 한반도에도 영향을 미쳤다. 궁예는 실리 외교를 중시하여 발해와 소원했던 것으로 이해하고 있다(조인성, 「궁예정권의 대외관계」『강좌 한국고대사』 4, 가락국사적개발연구원, 393~395쪽). 왕건의 외교노선도 실리외교노선 차원에서 이해하는 것은 바람직하다고 생각한다(한규철, 1995, 『발해의 대외관계사』, 신서원, 235~236쪽).
32) 한규철, 위의 책, 215~216쪽.

기록이다. 물론 그러한 생각은 그 이전 어느 시기부터 해오던 것이었겠지만, 기록상으로는 훈요십조의 제4조에 나타난다.

2. 발해 유민 포섭의 실상과 대 거란 정책의 변화

왕건의 대 거란 정책은 발해 멸망 후 돌연히 변하게 된다. 938년에 서역 승려 말라를 후진에 보내어 거란을 함께 쳐서 사로잡혀 있던 발해왕을 구출하고자 협상을 제의하는 등 반거란노선으로 선회하게 되는 것이다.

협상제의를 하기 한 해 전 거란은 10여 년 간의 침묵을 깨고 사신을 보냈다.[33] 이해는 고려가 후삼국을 통일한 다음해이다. 이때 거란에서 왜 사신을 보냈는지는 잘 알 수 없다. 그리고 거란은 2년 후 다시 사신을 보내고 있다.[34] 이 939년의 사신을 보낸 의도는 후진으로부터 책봉 받은 것을 알리는 것인 동시에 거란 중심의 질서에 동참하도록 촉구하는 대국주의적 행태의 일환으로 보는 견해도 있다.[35]

이 무렵 고려는 중원왕조와는 전통적인 우호관계를 가지면서도 거란에 대해서만은 냉담한 반응을 취하다가 942년 갑자기 거란과의 관계를 강경한 적대노선으로 바꾼다. 이른바 '만부교 사건'이 그것이다. '만부교 사건'에 대해서는 그 전말을 인용한다.

> I. 거란이 사신을 보내와서 낙타 50필을 주었다. 왕은 거란이 일찍이 발해와 연화하다가 문득 의심을 일으켜 맹약을 배반하고 진멸하였으니 이는 심히 무도한 일이라, 속히 멀리 연결하여 이웃이 될 만하지 않다고 하면서 드디

---

33) "天顯十二年(937) 九月 辛未 遣使高麗・鐵驪"(『요사』 권3, 천현 12년 9월 신미조) 거란의 사신 파견은 높아진 자국의 위상을 고려에 확인시키기 위한 의도였을 것이라고 한다(서성호, 1999, 「고려 태조대 對거란 정책의 추이와 성격」『역사와 현실』 34).

34) 『요사』 권4, 회동 2년 춘정월 을사조.

35) 서성호, 위의 책.

어 교빙을 끊고 그 사신 30인을 섬에 유배시키고 낙타를 만부교 아래에 묶
어 두어 모두 굶어 죽게 하였다.[36]

'만부교 사건'은 그동안 많은 연구자들에 의하여 의미가 붙여졌다. '만
부교 사건'으로 인한 단교조치에 대해서는 대내적 요인을 중요시하는가,
아니면 대외적 측면을 중시하는가에 따라 크게 견해가 나뉘는 것 같다.

대내적인 측면을 중시하는 입장에서는 주로 발해 유민을 왕건이 흡수
하여 어떻게 활용하는가 하는 경략가 왕건을 부각시키기 위한 면이 강조
된 경향이 있다. 강대량은 고려가 거란과 국교를 단절한 이유를 거란의
발해 정복이 고려 북진 정책에 어두운 그림자를 남겼고, 고려에 내투한
발해 유민을 선무하기 위한 목적, 대 중국 무역이 대 거란 무역보다 유
리하다고 여겼다는 점, 그리고 북방 이민족에 대한 의식적인 편견이 작
용하였기 때문이라고 하였다.[37] 이용범은 발해를 구실로 삼아 고구려의
옛 강토를 회복하려는 왕건의 의도적 행위라 하였고,[38] 한규철은 왕건
이 후삼국통일과정에서 후백제와 거란이 극비리에 교섭을 벌이고 있었
던 점을 기억하고 이에 대한 강한 보복을 이 사건에서 보여 주었던 것이
라고 하였다.[39]

대외적 측면을 중시하는 김재만은 단교배경을 고려가 그 전년에 후진
으로부터 책봉을 받은 입장에서 후진을 지지하지 않으면 안되었기 때문
이라고 하였다.[40] 노명호는 만주의 발해 유민과 여진인 등 거란에 대한
잠재적인 대항 세력들에게 고려 조정의 의지를 명시적으로 널리 알리고
자하는 조처로 이해하였다.[41] 서성호는 '만부교 사건'으로 인한 거란과

---

36) 『고려사』 권2, 태조 25년 동10월.
37) 강대량, 1948, 「고려초기의 대거란관계」 『사해』 1.
38) 이용범, 1981, 「10∼12세기의 국제정세」 『한국사』 4.
39) 한규철, 1995, 『발해의 대외관계사』, 신서원, 235∼236쪽.
40) 김재만, 1986, 「거란·고려국교전사」 『인문과학』 15.
41) 노명호, 1998, 「고려 지배층의 발해유민에 대한 인식과 정책」 『산운사학』 8.

의 갑작스런 단교는 후진 고조 때에 거란 협공 제의를 통하여 고려 - 후
진의 군사 협력관계를 모색하였으나 여의치 않았는데, 후진이 거란에 대
하여 군신관계를 거부하자 왕건은 거란에 대하여 단호한 단교 조치를 취
함으로서 고려 - 후진의 관계를 군사협력이 가능한 수준으로 발전시키기
위함이라고 파악하였다. 또한, 본래 발해의 땅이며 지금은 거란이 영유
한 이 지역 여진을 고려의 주체적 의사에 따라 처리하면서 북진을 계속
해 나가겠다는 선언적 의미로 해석하였다.[42] 이정신은 후삼국통일 후
북진 정책을 진척시켜 고구려 고토를 회복할 생각을 가지고 있었던 왕건
이 발해가 거란에 의하여 멸망하자 거란에 분노하여 거란이 고려를 치게
끔 유도하기 위한 조처였다고 하였다.[43]

　　그러나 이러한 제설의 공통점은 '만부교 사건'에 대한 결정을 한 당사
자인 고려의 국론이 통일적으로 이루어졌다고 간주할 때만 가능하다. 즉
왕건이 국정을 장악하고 강력한 중앙집권을 실시하였을 경우에는 그러
한 판단이 가능할 것이다. 그렇지만 당시 왕건은 사망하기 1년 전으로
이때는 왕위 계승을 눈앞에 둔 호족들 간에 한치 앞을 분간할 수 없는
정쟁이 계속되던 때였다.

　　따라서 왕건의 대 거란 관계가 급격히 선회하게 되는 원인은 대외적
인 상황의 변화도 무시할 수는 없겠지만, 이와는 달리 고려 내부 사정의
변화로 바뀌었다고 볼 수도 있을 것이다. 다시 말하면 왕건 주도의 정국
이 후계 구도의 변화에 따라 대외정책의 노선도 변화된 것은 아닐까?

　　'만부교 사건'으로 표면화된 극단적인 거란과의 적대관계 형성의 원
인을 고려의 대내적 상황의 변화에서 살펴보는 것도 당시 대외관계의 일
면을 이해하는데 도움이 될 것이다. 다시 말하면 고려의 대외관계의 변
천이 당시 복잡하게 변해가고 있던 거란이나 대륙의 여러 나라들의 민감

---

42) 서성호, 1999, 「고려 태조대 對거란 정책의 추이와 성격」『역사와 현실』34.
43) 이정신, 2002, 「고려태조의 건국이념의 형성과 국내외 정세」『한국사연구』118.

한 변화에 영향을 받을 수도 있었겠지만, 한편으로는 고려 국내 사정의 어떤 변화에 의한 것일 수도 있기 때문이다. 궁예 때부터 지속되어 온 실리외교가 어느날 갑자기 의리외교로 바뀌어 거란을 적대관계로 바꾸어야 할 필연성은 없는지 궁금해진다.

'만부교 사건'은 사신을 30명씩이나 유배를 시켰고, 선물로 보낸 낙타는 굶겨 죽였다. 이러한 조치는 사신과 선물을 보낸 상대국에 대한 모독임은 물론 선전포고에 가까운 조처라고 할 수 있다.[44] 왕건은 무엇 때문에 이러한 행동을 하였던 것일까?

여기서 결론부터 말하자면 태조의 외교정책이 대 거란 강경노선으로 변화한 까닭은 발해 유민의 남하에서 비롯된 것이라고 보고 싶다. 아마도 당시 고려의 가장 큰 문제 가운데 하나는 발해 유민 처리문제였을 것이다. 발해 유민에 대해서는 그 이주한 집단을 어떤 성격으로 보느냐에 따라 다른 결론에 도달할 수 있다.

지금까지는 발해 유민을 동족관 내지 형제관의 입장에서 해석함으로써 그 본질을 간과한 경향이 있다고 생각한다. 그 결과 왕건이 발해 유민과의 혈연적 관계를 중시하여 포용하는 입장에서 그들을 대승적으로 받아 들였다는데 무게를 두고 있다. 그리하여 왕씨 성을 하사하고 경제적 처우도 베풀었다는 것이다. 그러나 당시의 시대상은 실리에 의하여 부자 간에도 반역이 횡행하는 분위기였다.[45] 그런데 앞에서 살펴 본 바와 같이 탁월한 외교감각을 가지고 있고, 발해에 대하여 그다지 관심을 가지고 있지 않던 왕건이 갑자기 발해 유민들을 친척의 나라라고 하여 아무 조건 없이 후의를 베풀 리는 없다고 여겨진다.

여기서 왕건이 발해를 친척의 나라, 혹은 혼인관계의 나라라고 했던

---

44) 이정신, 2002, 「고려태조의 건국이념의 형성과 국내외 정세」『한국사연구』118, 37쪽.
45) 후백제 견훤은 아들에게 축출되었다(『삼국사기』권50, 열전10 견훤전).

시점을 상기해 보도록 하자. 그 시기는 938년 이후의 일로 발해 멸망 후 10년이나 훨씬 지난 뒤의 일이다. 왕건은 발해 멸망시 발생할 발해 유민의 처리과정에 대하여 많은 고민을 하였던 것 같다. 그리고 고려사 회에서는 이미 발해의 멸망을 예정된 사실로 인정하였던 것 같다. 당시 고려에 떠돌았다고 하는 참언의 내용을 보도록 하자.

> J. 태조 8년(925) 3월, 계축 두꺼비가 궁성 동어제에서 나왔는데 많아서 가히 막지 못했다. 병진일에 지렁이가 궁성에 나왔는데, 길이가 70척에 이르러 그때의 사람들이 말하기를 발해국이 내투할 징조라고 하였다.[46]

발해가 멸망하기 전해에 고려에서는 이미 발해의 멸망을 예견하고 이에 대한 대비를 하였던 것 같다. 그리고 기록상으로 확인되는 첫 발해 유민이 925년(태조 8) 9월 6일에 발생하였다. 이후 1117년(예종 12)까지 근 200년간 최소 5만에서 최대 12만 명으로 추산되는 발해 유민이 고려로 들어왔다.[47] 이 가운데 거란과의 단교 이전에 들어온 숫자만 수만에 이르고 있다. 이를 구체적으로 살펴보면 다음의 <표 2>와 같다.

〈표 2〉 고려에 내투한 발해 유민

년	월	일	이주자 수	비고
925(태조 8)	9	6	발해 장군 申德 등 500인 내투	
	9	10	발해 예부경 大和鈞, 均老, 司政 大元鈞 공부경 大福暮, 좌우위장군 大審理 등 민 100호를 거느리고 내부	
	12	29	발해 좌수위소장 冒豆干, 검교개국남 朴漁 등 민 1천호를 이끌고 내투	
927(태조 10)	3	3	발해 공부경 吳興 등 50인	

46) 『고려사』 권55, 오행지3 태조 8년 3월 계축조.
47) 박옥걸의 연구에 따르면 당시 고려 인구를 『송사』 고려전에 의거해 210만으로 산정할 경우 발해 유민은 전체 고려 인구의 2.4%에서 6%까지 이른다고 한다(박 옥걸 1996, 『고려시대의 귀화인연구』, 국학자료원, 101~102쪽).

년	월	일	이주자 수	비고
			승 載雄 등 60인 내투	
928(태조 11)	3	2	발해인 金神 등 60호 내투	
	7	8	발해인 大儒範 민을 이끌고 내부	
	9	26	발해인 隱繼宗 등이 내부하여 天德殿에서 3번 절을 올리니 사람들이 실례라고 하였다. 大相 含弘이 나라 잃은 사람은 3번 절하는 것이 옛 법이라고 하였다.	
929(태조 12)	6	23	발해인 洪見 등이 배 20척에 사람을 싣고 내부	
	9	10	발해 正近 등 300여 인이 내투	
934(태조 17)	7		발해국 世子 大光顯이 무리 수만을 이끌고 내투. 王繼라는 이름을 주고 왕실 족보에 등록하고, 특별히 元甫를 주어, 白州를 지키게 하였으며 그들 제사를 받들게 하였다. 그의 관료에게도 작위를, 군사에게는 전택을 차등있게 내렸다.	
	12		발해 陳林 등 160인 내부	
938(태조 21)			발해인 朴昇이 3천여 호로 내투	
979(경종 4)			발해인 수만 내투	

위 <표 2>는 고려 왕건 대의 발해인 내투 상황만을 정리한 것이다. 938년 이후 41년 뒤인 979년에 발해인 수만이 내투하고 있는데, 본고에서는 고려 초의 상황과 발해 유민과의 관계를 다루려고 하므로 그 이하는 더 이상 기록하지 않았다.[48]

어떻든 위 <표 2>를 참고로 하면 고려 초 925년부터 938년까지 고려에 내투한 발해인의 숫자는 수만에 달한다. 925년에만 1천 호 이상의 발해 유민이 고려에 왔다. 1호를 5인으로 산정한다면 5천 명 이상의 사람이 온 것이 된다. 참고삼아 당시 1천 호의 의미를 살펴보면, 궁예가 도읍을 송악에서 철원으로 옮길 때 청주인호 1천 호를 이주[49]시킨 것으

---

48) 고려 전 시기의 발해 유민을 포함한 귀화인에 대한 연구는 박옥걸, 1996,『고려시대의 귀화인연구』, 국학자료원을 참고할 것.
49)『삼국사기』권50, 열전10 궁예전.

로 보아 상당한 규모의 집단으로 이해할 수가 있다. 그리고 934년이 되면 발해 세자 대광현이 수만에 달하는 백성을 거느리고 고려로 오게 된다. 그런데 대광현이 이끌고 온 집단에 대해서는 주목해야 할 점이 있다.

먼저 주목해야 할 점이 내투 집단의 우두머리가 세자라고 하는 점이다.[50] 세자가 이끄는 집단이라면 그 결속력이 만만치 않을 것이다. 다른 집단에 쉽게 동화될 수 없을 것이라는 점은 얼른 짐작할 수 있게 된다. 더욱이 세자의 집단이라면 그의 주변에 잘 훈련된 관료와 무장들이 호위하는 체계를 갖춘 조직적인 집단임을 알 수 있다. 물론 나라가 망하여 거주지에서 축출되었던 집단인만큼 많은 사람이 민간인임에는 틀림없지만, 그들을 인도하고 지휘하는 집단은 전투 수행이 가능한 조직적인 집단으로 평가함이 마땅할 것이다.

그리고 다시 주목되는 점이 그 수효다. 대광현의 무리는 수만이라고 하였다. 수만이라면 가장 적게 잡을 경우 2만, 가장 많이 잡을 경우 9만일 것이다. 그 평균치로 5만 내외를 상정하면, 그 집단의 크기가 당시 고려의 국력으로 감당하기가 만만치 않았을 것이다. 더욱이 세자가 이끄는 수만의 집단이라면 사전에 도피 준비가 잘 이루어진 조직체로 보아야 할 것이다. 고려가 936년 후백제와의 일리천 전투에서 동원할 수 있었던 병력이 8만 7천5백인이었다.[51] 이 병력은 당시 왕건이 동원할 수 있는 최대의 전투력이라고 할 수 있다. 그 뒤 고려의 중앙군 병력이 4만 5천이었다는 점을 상기하면, 수만이라는 수의 잘 조직된 집단의 고려 유입은 왕건으로서는 쉽게 처리하기 어려운 난제였을 것이다.

대광현의 무리가 고려에 왔던 934년은 신라가 고려에 귀부하기 한 해 전으로 고려군은 각 전선에 분산 배치되었을 것이기에 발해 유민은 커다

---

50) 내투시기와 대광현의 신분 등에 대해서는 논란이 있다. 박옥걸의 정리가 참고된다(박옥걸, 1996, 『고려시대의 귀화인연구』, 국학자료원, 107~109쪽).
51) 『고려사』 권2, 태조 19년 추9월 갑오일.

란 군사적 위협이 되기에 충분하였다. 한편 고려 조정으로서는 이들에게 곡식과 의복을 제공하지 않으면 안되었다. 이들은 자신들의 욕구가 충족되지 않으면 언제라도 폭도로 변할 수 있는 무리였다. 이들을 위무하려면 고려로서는 막대한 경제적 소요가 야기되었음은 말할 나위 없는 것이다.

이 934년의 대광현과 그의 추종자들의 내투에 대한 학계 동향은 대체로 왕건이 포용력으로 받아들여 완벽한 민족통일을 달성한 위대한 민족적 거사로 인정하고 있다. 그리고 발해 유민이 아주 편한 상태에서 고려에 내투한 것으로 기록되어 있으나, 실제 상황은 그와는 크게 달랐을 것이다. 당시 고려와 발해 유민과의 관계는 일촉즉발의 긴장상태였음을 쉽게 알 수 있다.

당시의 상황을 대광현과 같은 사성 왕씨의 경우에서 찾아보자. 왕건이 왕씨성을 준 예는 적지 않다. 사성을 한 대표적 예는 王順式의 예에서 찾아볼 수 있다. 이에 관한 자료를 살펴보도록 하자.

> 王順式은 명주사람이다. 그 고을의 장군으로 있었는데, 오랫동안 굴복하지 않으므로 왕건이 이를 근심하고 있었는데 시랑 權說이 아뢰기를 "아비가 아들을 명령하고 형이 아우를 훈계하는 것은 당연한 이치입니다. 왕순식의 부친 許越이 지금 중이 되어 內院에 있는바 그를 파견하여 회유하는 것이 좋겠습니다."하니 그 말을 좋았다. 왕순식이 마침내 長子 守元을 보내어 항복하므로 왕건은 순식에게 왕씨라는 성을 주고 이어 전답과 주택을 주었다. 왕순식은 또 아들 長命을 파견하여 병졸 6백 명을 거느리고 宿衛하러 들어왔으며 그 후 그는 자제들과 더불어 그 부하들을 인솔하고 來朝하였으므로 왕씨 성을 주고 大匡으로 임명하였다. 그리고 장명에게는 廉이라는 이름을 주고 元甫로 임명하였고, 小將 官京에게도 역시 왕씨로 사성하였으며 大丞으로 임명하였다. 왕건이 신검을 토벌할 때 왕순식은 명주로부터 자기 군대를 인솔하고 와서 함께 싸워 神劍을 격파하였다.[52]

왕순식은 왕건이 궁예를 몰아내자 복속되지 않고 거의 독립적인 세력

---

52) 『고려사』 권92, 열전5 왕순식전.

을 유지하였던 인물이다. 결국 왕순식은 아버지 허월의 설득으로 왕건에게 복속하게 되는데, 그 과정을 보면 대광현을 이해하는데도 도움이 될 것으로 여겨진다.

왕순식은 먼저 자신의 아들을 보내어 귀부를 하였다. 귀부의사를 표시하였을 것이다. 왕씨성은 이때 받았다. 그리고 아들을 보내어 왕을 숙위하였다. 다음에 왕순식 자신이 내조하였다. 이처럼 귀부·숙위·내조라는 단계를 거쳐서 왕건과 왕순식은 가족과 같은 관계가 되었다. 왕순식이 귀부의사를 표현한 시기는 922년이다.[53] 왕순식의 아버지 허월이 궁예의 측근이었다는 점을 감안하면,[54] 왕순식은 왕건 즉위부터 만 4년 정도의 기간 동안 적대적인 관계를 유지했을 것이다.

일단 입조 후에 왕순식은 대광이라는 고려의 관계를 받는다. 장명은 원보를 받는다. 그리고 소장 관경도 역시 왕씨 성과 대승이라는 관계를 받았다. 그리고 왕순식은 왕건에게 군사력을 제공하였다. 위의 사료를 보면 왕순식은 신검과 전투를 할 때 자기 군대를 인솔하고 와서 싸웠다고 하였다. 이는 왕순식 자신이 직속의 군사력을 보유하고 있었다는 의미이다.

이때 왕순식의 군사력은 어느 정도였을까? 후백제와의 마지막 전투인 일리천 전투 당시 왕순식의 직속군을 살펴보면 알게 될 것이다. 일리천 전투에는 모두 8만 7천5백의 군사가 동원되었다. 이 가운데 명주대광 왕순식, 대상 兢俊, 王廉, 王乂, 원보 仁一 등이 거느린 군사력은 2만이었다. 왕순식전에 왕순식이 자기 군대를 데려 왔다고 한 것을 보면 이들 2만은 왕순식의 직속군으로 보아도 좋을 것 같다. 이 2만의 군사는 일리천 전투에 참가한 고려군에서 가장 수가 많은 핵심부대였다.

대광현의 경우도 이와 비슷한 과정을 겪었던 것은 아닐까? 대광현이 거

---

53) 『고려사절요』 권1, 태조 5년 7월.
54) 조인성, 1991, 『태봉의 궁예정권 연구』, 서강대학교 박사학위 논문, 34쪽.

느린 수만의 유민도 상당한 기간 동안 왕건의 군대와 대치하였을 것으로 생각된다. 『고려사』에는 대광현의 유민을 바로 흡수한 것처럼 되어 있지만, 사실은 상당한 기간 동안 대치하였던 것 같다. 대광현이 고려에 도래한 시기가 『고려사』에는 934년으로 되어 있지만, 『고려사절요』에는 925년으로 되어 있는 것이 그러한 가능성의 근거가 될 수 있을 것이다. 즉 대광현 집단은 8년 여의 기간 동안 고려의 북방에서 하나의 위협세력으로 있었던 것 같다. 그리고 이곳에 발해 유민들이 있다는 소문을 듣고 흩어져 있던 발해 유민들이 점차 증가하여 수만에 이르게 되었던 것 같다. 그리고 자꾸 늘어가는 발해 유민에 대하여 골머리를 앓던 왕건의 고육지책이 사성정책으로 나타난 것은 아니었을까?

왕건은 대광현 집단 자체도 큰 위협세력이지만, 이들이 후백제로 향한다거나 당시까지도 독립세력으로 있었던 명주 세력 등과 연계가 된다면 북방정책에서 굉장한 난제를 안게 되는 셈이었다. 따라서 어떠한 수단을 동원해서라도 이들은 고려의 우호세력으로 만들지 않으면 안되었던 것으로 여겨진다. 마침 932년에는 고려가 후백제의 공격을 받아 염주·백주·정주의 선박 100척이 소각되고 猪山島의 牧馬 300필을 탈취당한 사건이 발생하였다[55] 이 사건이 직접적인 계기가 되어 왕건은 마침내 대광현 집단을 왕족으로 편입시키려 한 것 같다.

결국 대광현 집단은 고려의 왕족으로 편입되었다. 대광현 집단은 왕순식의 경우보다 더 좋은 대우를 받았다. 왕씨 성을 받고 왕실의 족보에까지 이름을 올렸던 것이다. 더욱이 자신들의 제사는 그대로 모시는 특전까지도 얻었다. 이러한 사실로 볼 때 대광현 집단의 실력이 왕순식의 2만 직속군보다도 더 위력이 있었던 것으로 추정해 볼 수 있다.

그리고 대광현 집단이 배치된 지역은 2년 전 후백제에게 공격을 당한 백주였다. 백주는 예성강 하류에 위치한 해군의 요충지이다. 대광현이

---

55) 『고려사』 권2, 태조 15년 9월.

고려에 내투한 경로는 알려져 있지 않다. 이 무렵 발해의 홍건을 따르는 무리들은 선박 20척에 타고 내부하기도 하였다. 대광현의 무리 가운데는 해로로 온 사람도 있었을 것이다. 해전 경험이 풍부한 사람들이 적지 않았을 것임은 충분히 짐작할 수 있다.[56]

한편 대광현 집단의 고려 내투와 백주 배치는 후삼국의 전황에 상당한 영향을 주었던 것 같다. 대광현 집단의 내투 2개월 뒤인 9월 정사일에 왕건은 친히 군사를 거느리고 운주를 정벌하여 여기서 견훤을 패퇴시킨다. 그러자 백제의 웅진 이북 30여 성이 스스로 투항을 하고 있다.[57] 이 30여 성은 왕건에게는 상당히 의미있는 지역이다. 왕건이 궁예에게 쿠데타를 일으키자 바로 후백제의 견훤에게 귀부하여[58] 왕건을 곤란하게 하였던 곳이기 때문이다. 이곳의 투항으로 왕건은 바로 호남의 해안에서 견훤을 압박할 수 있는 해상권의 우위를 확보할 수 있게 되었고 고려 내부에서 자신들의 입지를 더욱 강화할 수 있었다.

이러한 일련의 상황에 대하여 많은 연구자들은 고려 우위의 입장에서 해석하여 나라를 잃고 떠도는 유민들을 왕건이 동족이라는 인식과 인도적 차원에서 흡수하여 살 길을 찾아 준 것으로 인식하고 있다.[59] 그러나

---

56) 박옥걸, 1996, 『고려시대의 귀화인연구』, 국학자료원, 109~110쪽.
57) 『고려사』 권2, 태조 17년 갑오 9월 정사조.
58) 『고려사』 권1, 태조 원년 8월 계해일.
59) 발해가 거란군에게 파멸되니 그 세자 대광현 등은 우리나라가 좋은 정치를 실시하며 흥성하는 것을 보고 그 살아 있는 백성 수만호를 데리고 밤낮으로 길을 걸어 우리나라로 몰려 왔습니다. 왕건은 불쌍히 여기시는 마음이 심후하시어 영접하고 대우하는 것이 매우 후했을 뿐만 아니라 심지어 성과 이름까지 하사하시었고 또 종실의 적에 붙이고 그의 본국조상의 제사까지 받들도록 하여 주셨으며 그의 문무 참좌 이하까지도 모두 다 우악한 혜택을 받아 관직에 임명되었습니다. 그렇게 멸망한 자를 보존해 주며 끊어진 세대를 이어 주기에 급급함으로써 능히 먼 데 사람으로 하여금 와서 복종하게 한 것이 또 이러하였습니다(『고려사』 권93, 열전 최승로전). 김창겸(1987, 「태조왕건의 패서호족과 발해유민에 대한 정책연구」『사림』 4, 76~78쪽)의 주장도 이러한 최승로의 생각과 연결선상에 있다고 생각된다.

앞에서 살펴본 바와 같이 대광현 집단은 왕건에게 위협적인 적대세력으로서 왕건의 대광현에 대한 조처는 사실상의 굴복이나 다름없는 상황으로 이해될 수 있다.

이 무렵 고려는 남쪽의 후백제와 쟁패를 다투고 있을 때였다. 고창군 전투 이후 열세였던 전황을 유리하게 이끌어 가던 즈음에 북쪽으로부터 수만에 이르는 난민 집단이 고려 영토로 유입된다는 것은 굉장히 난처한 일일 수밖에 없었을 것이다. 또한, 아무리 친척지국이라고 하여도 수만의 난민집단을 돌본다는 것은 어려운 일이었을 것이다. 따라서 왕건이 대광현에게 취한 조치도 종전처럼 동족의 나라에 찾아 온 형제들을 예우하는 차원에서만 해석하기에는 무리가 따른다.

이어서 대광현의 내투 4년 뒤인 938년에는 박승이 3천여 호를 이끌고 다시 내투하고 있다.[60] 3천여 호라면 1호를 5인으로 산정할 때 1만 5천 내외의 집단이 된다. 그리고 938년은 왕건이 후백제를 꺾고 이른바 후삼국통일을 완성한 2년 뒤이다. 비록 신라를 합병하고 후백제를 평정했다고는 하여도 경순왕에게 추종하지 않았던 일부 신라의 구귀족이나 후백제의 일부 반고려적 성향 등은 왕건을 어렵게 하는 일이었을 것이다. 그런데 4년 전의 수만에 이어 다시 발해 유민 1만 5천이 가세한다는 것은 왕건으로서도 감당하기 어려운 일이었을 것이다. 아마도 이들에 대한 처우 역시 대광현의 집단에게 했던 것과 크게 다르지 않았을 것으로 여겨진다. 더욱이 고려사회의 거대집단으로 성장한 대광현과 그의 집단이 고려 내에서 갖는 정치적 행사력도 무시하지 못할 지경이었을 것으로 여겨진다.

발해 유민의 고려 내투는 단순히 형제국을 찾아 온 난민집단으로 해석하여서는 실체를 파악하는데 어려움이 있을 것으로 생각해 보았다. 이들은 기존의 고려 사회에 부분적으로 편입해 들어간 것이 아니라 처음

---

60) 『고려사』 권2, 태조 21년 동12월.

이주 당시부터 거의 독립적인 자신들의 확고한 지위를 보장받은 상태에서 일정한 정치력을 행사할 수 있는 존재들이었다. 수만에 1만 5천이 더해진 이들은 고려 사회 내에서 일정한 자신들의 요구와 주장을 관철해 나갔을 것으로 추정해 볼 수 있다. 그리고 '만부교 사건'은 바로 이러한 시각에서 재조명해 볼 필요가 있지는 않을까 생각해 본다.

앞장에서도 살펴본 바와 같이 고려 왕건이 종전에 취해온 대외관계에 임하는 자세나 거란과의 관계에 있어서 갑자기 태도를 표변할 만한 이유는 확실하게 존재하지 않는다. 그리하여 여러 가지 주장이 제기되었다. 그런데 발해 유민의 고려 편입과정을 고려 우위의 흡수편입이 아니라 대등한 위치에서 연합적 형태로 생각한다면, 고려의 대 거란 정책이 돌변한 과정은 쉽게 해석될 수 있을 것으로 여겨진다.

발해 멸망 후 고려와 거란은 그다지 활발한 관계에 있지 않았다. 그러다가 937년과 939년에 거란에서 먼저 사신을 보냈다. 이때 거란에서 사신을 보낸 이유는 고려의 후삼국통일 이후 재편된 정치구조에 대한 거란의 관심 표명이라고 할 수 있을 것이다. 그런데 이때 거란의 사신을 보낸 것에 대한 고려의 태도는 어떠했는지 잘 알 수가 없다. 그러다가 마침내 942년의 '만부교 사건'으로 고려는 거란과의 관계를 단절하고 만다. 고려에서는 그 이유를 10여년 전에 발해를 멸망시킨 무도한 나라로 들어 비난하고 있다.

이처럼 고려의 대 거란 정책이 뚜렷한 표면적 이유없이 극단적인 적대관계로 돌아서게 된 것은 바로 고려 정치권내 발해 유민의 정치적 위치와 관계가 있는 것으로 보여진다. 수만 명의 집단과 자신들의 제사를 지낼 수 있는 정도의 강력한 정치력을 행사하는 발해 유민들은 고려의 대 거란 친화책을 간과할 수 없었을 것이다. 따라서 그들은 대 거란 정책에서 강력하게 적대화할 것을 주장하였음에 틀림없다. 특히 발해 유민은 하층민들이 생계를 위해서 흘러 들어온 것이 아니라 세자를 위시해서 세자를 포함한 고급신분들이 체계적이고 집단적으로 이주한 만큼 발해에 대한 자존심도 대단했을 것이다. 따라서 자신들의 국가를 멸망시킨 거란과의 유화적인 관계는 그들로서는 용납될 수 있는 성질의 외교가 아니었다. 그리하여 말라를 통해 후진과 연합하여 거란에 있는 발해왕을 구출하자는 외교교섭을 요구하였을 것도 당연하게 생각해 볼 수 있을 것이다. 사료에는 왕건이 후진에게 발해왕 구출을 요구하는 것으로 되어 있지만, 그 당시 왕건으로서는 발해 유민들의 요구를 무시할만한 상황이 아니었던 것 같다.

한편 실질적인 정치·군사력에서 절대우위를 확보하지 못한 왕건으로서는 이들의 요구를 무시할 상황이 아니었을 것이다. 결국 고려의 대 거란 정책이 종전의 유연한 자세에서 적대적으로 돌아서게 된 것은 고려사회에서 발해 유민이 차지하는 높은 정치적 위상과 깊은 관련을 갖는 것으로 이해될 수 있을 것이다.

지금까지의 연구에서는 발해와 고려를 항상 우호적 관계로 파악하였고, 발해의 유민은 망국의 패잔병이라는 선입견에서 고려 우위적인 흡수로 생각하였기 때문에 발해 유민의 고려 이주를 단순한 동족의식에서 비롯된 평화로운 관계만으로 보아온 면이 있다. 그러나 발해의 유민은 잘 조직된 집단으로 고려 사회에 큰 충격을 주었던 대단위 위협세력이었고, 이들은 대등한 위치에서 고려와의 관계를 유지하였던 것이다.

한편으로는 거란과의 단교에 결정적인 역할을 했던 942년 동10월의 '만부교 사건' 당시 왕건의 처지를 고려해 보아야 할 것이다. 이 시기는 왕건 사망 7개월전이다.[61] 당시 왕건은 무언가 지병이 있었던 듯하다. 이러한 상황에서 '만부교 사건'에 왕건의 의지가 관철되어 있었다고 보기도 어렵다. 당시 고려의 외교 정책에 있어서 결정권을 장악하였던 관료 내지 권신들의 의지가 관철된 것으로 보아야 할 것이다. 그리고 그들은 고려 내부에

---

61) 『고려사』 권2, 태조 26년 5월 병오조.

서 입지가 신장된 발해 유민들이었을 것으로 추정해 본다.

이보다 앞서 말라를 매개로 하고 후진과 연결하여 거란에 있는 발해 왕을 구출하고자 한 것도 무모한 것만은 아니라고 생각된다. 고려의 조정에서 일정한 역할을 하게 된 발해 유민들은 직접 발해왕을 구출할 수 있기를 희망하였던 것이다. 많은 연구자들이 혼란을 일으키는 이 938년 거란 협공의 실체[62]는 고려 내정에 깊숙이 침투하여 성장한 발해 유민들의 바램이었던 것이다.

따라서 937년과 939년 거란의 사신이 와도 이에 대하여 냉담한 반응을 보였고, 거란보다는 중원의 여러 나라들과 외교관계를 지속하였던 것이다. 급기야는 942년 '만부교 사건'과 같은 극단적인 방법이 행해질 수밖에 없었던 것은 발해 유민들에게 내재된 일종의 복수심에서 비롯된 소치라고 할 수 있을 것이다.

이러한 맥락에서 당시 북방지역의 축성문제도 파악될 수 있을 것으로 여겨진다. 발해 멸망 이후 북방의 축성사업이 방어적 성격으로 바뀌고 있다. 발해 멸망 이전까지는 청천강 유역에 축성이 이루어졌는데, 발해 멸망 이후로는 대동강과 청천강 사이에 축성이 활발히 이루어지고 있다. 이러한 경향은 일단 고려에서 거란의 실체를 인식하여 소극적 방어 위주로 전략이 바뀌었음을 의미하는 것이지만, 한편으로는 고려 조정 내의 발해 유민들을 의식한 행위로 볼 수도 있다. 즉 발해 유민들이 여진이나 북방세력과 연계하는 것을 차단하기 위한 고려 조정의 힘겨운 조치로 생각해 볼 수도 있는 것이다.

---

62) 이를 단순한 명분으로 보기도 한다(김소영, 2001, 「고려 태조대 대거란 정책의 전개와 그 성격」『백산학보』58, 95쪽). 실제로 공격하려 한 것이었다고 보기 어렵다는 견해도 있다(서성호, 1999, 「고려 태조대 對거란 정책의 추이와 성격」『역사와 현실』34).

3. 결론

지금까지 고려 태조 왕건의 발해 유민 포섭정책의 실상과 의미에 대하여 살펴보았다. 그 결과를 정리하면서 이번 장을 마무리하고자 한다.

왕건은 발해가 멸망하기 이전까지 발해를 동족이나 형제의 나라로 생각한 적이 없었다. 오히려 궁예의 외교노선이었던 거란과의 우호관계를 계속 유지하였다. 이러한 왕건의 생각은 발해 멸망 때까지 계속되었다. 그러나 발해 멸망 후 바로 왕건의 발해관이 달라진 것은 아니었다. 거란을 무도한 나라로 욕하고, 발해를 혼인한 나라 또는 친척의 나라로 표현하기도 하는 시기는 기록상으로는 938년 이후가 된다. 왕건의 발해관에 대한 변화는 왕건 자신의 생각이 바뀐 것도 있겠으나, 고려 조정 내에서 발해 유민들의 위치가 신장되었기 때문이다.

발해 유민들은 수만으로 표현될 만큼 많은 수가 고려로 유입되었다. 이들 가운데는 난민들도 있었겠지만, 대광현과 같이 신분이 높고 자신의 일정한 세력을 끌고 온 사람도 있었다. 이들은 왕건과 의가족제적 관계를 맺어 왕씨성을 하사 받고, 군사력을 제공하면서 고려 사회 내에서 일정하게 자신들의 세력 폭을 확대해 나갔다.

그들의 세력이 확대되면서 고려의 외교 정책도 많은 변화가 초래되었다. 그 결과 고려의 대외관계는 942년 '만부교 사건'을 계기로 극단적인 반거란정책으로 전환하면서 새로운 국면을 맞게 되었다.

제5장 訓要 第八條의 再檢討와 왕건의 청주세력 대응

고려 왕건의 訓要十條는 왕건의 사상을 이해하는 것 뿐만 아니라, 羅末麗初의 사회상이나 그 시대의 특성을 파악하는데도 중요한 자료로 이용되고 있다. 더욱이 내용의 일부는 후대의 왕들에게도 지켜 나가야 할 규범으로 인식되어 고려 후기까지 통치이념의 한 부분을 형성하였던 것으로 이해되기도 한다.

그러나 훈요십조는 각 조의 내용이 당시의 역사적 상황과 부합되지 않는다고 하여 의문이 제기되었고, 심지어 10조 모두가 왕건의 찬술이 아니라 후대에 정치적 목적에 이용하기 위하여 조작된 것이라는 이른바 이마니시 류(今西龍)의 '僞作說'로 비약되기에 이르렀다.[1]

'위작설'에 대해서는 비판적 연구가 행해져 대부분의 조항들에 대한 내용 분석과 아울러 그 역사적 배경들을 밝히고자 하는 일련의 연구들이 행해졌다.[2] 그러나 이 비판적 연구들의 공통점이 새로운 해석을 덧붙이는

---

1) 今西龍, 1912,「新羅僧道詵について」『東洋學報』2-2 ; 1918,「高麗太祖訓要十條について」『東洋學報』8-3 ; 1945,『高麗史研究』, 所收.
2) 李丙燾(1948,『高麗時代의 研究』, 을유문화사, 28~59쪽), 金庠基(1959,「고려 태조의 건국과 경륜」(2)『국사상의 제문제』, 국사편찬위원회), 金成俊(1979,「十訓要와 高麗太祖의 政治思想」『韓國思想大系 Ⅲ-政治·法制篇』, 成均館大學校 大東文化研究院) 등의 연구가 있다. 그 뒤로도 이에 관한 여러 쟁점이 꾸준히 제기되어 왔으나, 본격적으로 이에 관한 연구물은 민현구(1989,「고려중기 삼국부흥운동의 역사적 의미」『한국사시민강좌』5, 일조각), 이재범(1997,「고려 태조의 훈요십조에 대한 재검토-제8조를 중심으로-」『성대사림』12·13합집)

선에서 그치고 있어 '위작설'을 근본적으로 극복했다고 보기는 어렵다.

특히 훈요 제8조에 있어서는 후백제 지역(호남)으로 인식되어 오고 있는 '車峴以南公州江外' 지역의 사람들을 왕건이 등용하지 말도록 유훈을 내렸음에도 불구하고, 이 지역인들이 순조롭게 등용되었다는 사실에 대한 의문이 여전히 남아 있다. 따라서 위작 가능성이 높다는 今西의 지적을 설득력 있게 비판하고 있지 못하고 있다.

따라서 이번 장에서는 기존의 연구성과를 토대로 하여 훈요 제8조를 재검토해 보려고 한다. 즉 '車峴以南公州江外'를 후백제(호남)으로 비정한 종래의 인식이 어떻게 만들어졌으며, 그 위치비정이 과연 타당한가에 대한 점을 검토해 보고자 한다.

1. 훈요 제8조에 대한 종래의 인식

훈요 제8조의 내용은 크게 두 부분으로 나누어 볼 수 있는데, 그 전문을 소개하면 다음과 같다.

> 8조.
> ① 차현(수레재) 남쪽 공주강 바깥은 산과 땅의 형세가 모두 반역의 모양으로 달리므로 인심 또한 그러하다. 그 아래 주군인은 조정에 참여하거나 왕후, 국척과 혼인을 하게 되어 국정을 장악하게 되면 국가에 변란을 일으키거나 통합된데 대한 원한으로 범죄를 저지르거나 난을 일으킬 것이다.
> ② 또 그 속관이나 사노비·진·역·잡척 혹은 세력에 의지한 사람들이나 혹은 왕후·궁중에 붙어있으면서 간교한 언어로 권력을 농간하여 정치를 나쁘

과 신호철(2003, 「고려태조의 유민정책과 '훈요 제8조'」『이화사학연구』30)의 결과를 참조할 수 있을 것이다. 그리고 포괄적인 국도풍수라는 개념에서 장지연 (2010,『高麗, 朝鮮初 國都風水 研究』, 서울대학교 대학원 국사학과 박사학위 논문)의 연구결과도 주목된다. 기타의 쟁점들은 해당 부분에서 보완 서술토록 한다.

게 변하게 하는 자가 반드시 있을 것이다. 비록 양민이라도 마땅하지 않으면 사용하지 말라.[3]

①의 내용은 특정지역에 대한 왕건의 인식으로 이 지역 출신의 인물을 등용하지 말라는 훈계이며, ②의 내용은 신분질서를 유지하여 정변을 미연에 방지하라는 것이다. 이번 장에서는 ①의 부분만을 다루려고 한다.

①의 내용에 있어서 우선 논의하고자 하는 것은 '車峴以南公州江外' 지역의 위치비정이다. 이 위치에 대해서는 현재 호남 일대와 충남의 일부가 여기에 포함되는 것으로 보는 것이 통설이다.[4] 그런데 '車峴以南公州江外' 지역을 호남 전지역과 충남의 일부[5]로 간주하면 상당한 의문이 생긴다.

물론 고려가 후삼국을 통일한 즈음의 정황을 고려하면 왕건이 적국인 후백제 지역의 사람들을 의도적으로 차별대우를 했을 것이라는 점은 충분히 짐작하고도 남음이 있다. 그러나 그렇다 하더라도 고려의 전 영토 중 1/3 이상에 해당되는 지역을 과연 배타적으로 간주하면서까지 통치를 할 수가 있었을까 하는 의문이 생긴다. 더욱이 왕건은 '重幣卑辭'를 기본적인 자신의 정치철학으로 표방했던 만큼 자신의 면모와는 크게 다른 처사이다.

그러므로 우선 지역 차별성이 강조된 '車峴以南公州江外' 지역이 현재의 통설대로 호남 전 지역과 충남 지역을 지칭하는 것인가라는 하는

---

3) "車峴以南公州江外 山形地勢並趨背逆人心亦然 彼以下州郡人參與朝廷與王侯國戚婚姻 得秉國政則或變亂國家或嘯統合之怨 犯蹕生亂 ②且其曾屬官寺奴婢津驛雜尺或投勢移免 或附王侯宮院 姦巧言語弄權亂政以致灾變者 必有之矣 雖其良民不宜使在位用事"(『高麗史』卷2, 世家2 太祖26年 4月條)

4) 민현구만이 나주 일대를 여기서 제외하고 있다(민현구, 1989, 「고려중기 삼국부흥운동의 역사적 의미」『한국사시민강좌』5, 일조각, 87~88쪽).

5) 본격화된 논문은 아니지만 전라도 전지역과 충청도의 홍성·공주·청주 일대를 포함하는 광범위한 지역으로 설정한 예도 있다(김갑동, 1995-8, 「훈요십조 '차현 이남 등용 불가' 위작설의 진위」『시사월간 WIN』, 275쪽).

점을 검토하여야 할 것이다. 만약 통설대로 '車峴以南公州江外'이 가리키는 지역이 호남 일대와 충남의 일부지역이라면 훈요 제8조와 현실정치의 불일치는 今西가 지적한대로 '위작' 가능성을 언제까지나 지니게 될 것이다.

먼저 '車峴以南公州江外' 지역이 언제부터 호남 일대를 가리키게 되었는지 살펴보도록 하자. 고려 왕건 대의 사정을 가장 진실하게 전한다고 할 수 있는『고려사』에는 '車峴以南公州江外' 지역이 어디를 가리키는지에 대해서 구체적 언급이 없다. 그리고 그 이후에 편찬된 사서나 지리지 등에서도 '車峴以南公州江外'가 고유한 지역을 가리키는 대명사로 사용된 예는 없다.

이 지역에 대하여 보다 구체적으로 언급된 예는 李瀷에서 찾아 볼 수 있다. 그는『星湖僿說』天地篇下 新都漢都條[6]에서 고려 왕건의 유훈을 빌어 호남 지역의 산세를 설명하면서 공주강을 금강이라고 하였다. 그리고 금강은 反弓水, 다시 말하면 도읍에 활을 쏘는 형상이라고 하여 반역의 땅으로 보고 있는 것이다. 물론 여기에 堪輿家의 해석을 곁들이면서 호남 전체 산수의 형세가 배역의 세라고 하여 왕건의 훈요 제8조에서 지칭된 '車峴以南公州江外' 지역이 금강 이남 지역이라고 하였다.

이어서 이익은 전국의 지세를 개괄하면서[7] 영·호남 산수의 특성을

---

6) 麗朝遺敎 車嶺以南公州江外 山形水勢並趨背逆 公州江卽錦江也 自湖南德裕山來 逆流而繞出公州之北 入於錦江也 新都雞龍山 亦德裕山之脈 歷任實之馬耳山 回龍顧祖 作公字樣云 然則錦江 堪輿家所謂反弓水 不獨逆於松漢兩都 亦不與關涉 國初送上人無學巡視 以爲不便漕 棄之 而其實版局狹小 力量不遠 自此以下湖南山水㘴走無情矣

7) 我國山脈 自白頭迤西迤南 至頭流 智異山 爲全羅慶尙兩道之界 水自黃池 太白山黃池 南注爲洛東江 沿東海有山隔海 頭流之支 又東走衆水――合流 至金海東萊之間入海 故其風聲氣習 萃聚不渙 古俗猶存 名賢輩出 爲一國之最 而大小白之下禮安之間 爲堂奧他日邦家有事 終必賴之也 全羅一道之水 其無等 光州以東之水 蟾津江 皆東入海 以西之水 榮山江 皆南入海 全州以西之水 萬頃江及東津江 皆西入海 其德裕以北之水 錦江上流 皆北流合於錦江 比

밝히고 이를 그 지역의 풍속 및 인물과 관련시키고 있다. 이에 따르면 전라도 즉 호남의 강은 마치 산발을 늘어뜨린 것 같아 국면을 이루지 못하여 사람들의 풍속도 사납고 교활(獷狡)하여 사대부가 의귀할 만한 곳이 아니라고 하였다.

이익은 이러한 호남의 지세를 고려 왕건이 훈요 제8조에서 말한 '車嶺以南 公州江外 山形水勢 並趨背逆'에 맞추어 설명하고 있다. 즉 풍수지리적인 입장에서 호남의 인심과 풍속이 背逆의 기미가 있다고 설명한다. 그의 이 지역에 대한 부정적인 인식이 어떤 이유에서 비롯되었는지에 대해서는 잘 알 수 없으나 그는 풍수지리적 입장에서 '車峴以南公州江外' 지역을 호남 전지역과 충남 일대로 보고, 이 지역의 자연 형세와 인심의 연원을 왕건의 훈요 제8조에서 찾고 있다. 그리고 이와 같은 견해는 李重煥의 『擇里志』에도 반영되어 나타난다.[8]

이처럼 '車峴以南公州江外' 지역이 호남과 충남 지역의 일부라는 인식은 왕건 생존 시기로부터 800여 년 뒤인 조선 후기에 풍수지리사상을 배경으로 하여 나타난 결과이다. 그리고 이 해석은 의심의 여지없이 그대로 통설화되었다.

그리고 이 통설에 입각하여 今西는 훈요 제8조의 내용과는 달리 당시 현실정치에서는 호남 인물들이 많이 등용되었음을 지적하고 '위작설'을 제기하게 되었던 것이다. 그에 따르면 제8조는 거란의 침입 이후 나주로 몽진을 갔던 현종이 개경으로 돌아와 이 지역(후백제 지역) 사람들을 우대하려는 것을 미연에 방지하고자 하여 신라계에서 조작한 것이라고 하였다.

今西의 이러한 주장의 배경은 제8조의 '車峴以南公州江外'의 지역

如散髮四下 不成局面 此所以才德罕出 人風獷狡 士大夫不可爲依歸 不但逆 於車嶺以北也

8) 그렇지만 『택리지』에서 이중환이 표현하고자 하는 것은 지역의 길흉을 찾고자 한 의도였으므로 왕건의 훈요와 직접 관련되어 있는 내용은 아니다.

이 전라남북도를 아우른 지역을 가리킨다는 전제에서만이 가능한 것이다. 그리고 이 경우, 실제로 水西의 지적과 같이 제8조는 전혀 사실과 부합되지 않는다. 고려의 2대왕 혜종의 모계가 후백제계이며, 崔知夢·朴英規 등 후백제계가 고려 조정에서 활약하였던 것도 사실이다. 그리하여 水西는 훈요 제8조는 지켜지지 않았고, 이런 사실로 보아 제8조의 내용은 왕건의 유훈이 아니라고 생각할 수 있다.

물론 이 '위작설'의 근본 동기가 한국사를 왜곡시키기 위하여 사료자체를 부정하려고 했던 일인학자들의 학문적 성향에 의거한 것임은 분명하다. 그러나 그 지적 자체는 사료의 엄밀한 실증적 검증이라는 점에서 시사하는 바가 크다고 할 것이다. 일제가 물러가고 나서 水西의 주장은 한국학자들에 의해서 비판을 받기에 이르렀다. 한국학자들의 水西 비판의 목적은 훈요십조가 위작이 아니라는 것을 밝히는 것이 우선이었다

먼저 李丙燾는 水西의 설을 전반적으로 비판하면서 특히 제8조에 대해서는 地理圖讖思想과 관련지어 해석하였다.[9] 그도 물론 '車峴以南公州江外' 지역을 호남으로 비정하고, 제8조의 내용이 실제와 다른 이유를 '① 태조 대의 특별한 사정, ② 후백제인(병합에 원한이 있는 자)에 대한 위무책, ③ 인간은 전지전능하지 않으므로 언행이 일치하지 않을 수도 있다'고 비판하였다. 그리고 제8조와 같은 조항이 삽입된 배경에 대해서는 앞서 인용한 이익의 설을 기초로 하여 왕건 때 유행하였던 地理圖讖과의 관련에서 설명하고 있다. 즉 이 사상을 교묘히 이용하여 정치적으로 분립해 있던 후백제 인민의 濫進을 경계하기 위하여 설정한 것으로 추정하였다.

그런데 이병도의 견해는 나름대로 설득력을 갖긴 하나 水西의 '위작설'을 기본적으로 극복했다고 보기는 어렵다. 왜냐하면 이병도는 제8조가 당시의 시대적 산물임을 증명하기 위하여 새로운 해석을 덧붙이긴 하

---

9) 李丙燾, 1948, 『高麗時代의 硏究』, 을유문화사.

였지만, 수西가 제기한 '위작설'을 부정할만한 당시의 역사적 상황에 따른 근거를 제시하지 못하고 있기 때문이다. 다시 말하면 후백제인들이 그렇게 활발하게 등용된 역사적 배경을 제8조와 관련지어 설명하고 있지 못한 채 단지 인간은 전지전능하지 못하다는 정도의 관념적 해석으로 대치하고 마는 정도에 그치고 있는 것이다.

今西에 대한 비판은 金庠基에 의해서도 이루어졌다. 김상기도 '車峴以南公州江外' 지역을 호남으로 보고 '훈요 제8조는 표면에 나타나 보이는 왕건의 넓은 衿度로나 삼한통합의 그의 정책으로 보아 자못 기괴한 느낌을 주는 것도 같다'고 하였다. 이에 대하여 훈요가 '王家에 秘藏될 것으로써 외부에 공연히 알릴 성질의 것이 아님을 전제로 하여 생각할 때 왕건은 약 40년에 걸쳐 후백제와 싸우는 동안에 智巧無雙한 견훤에게 시달린 끝에 후백제인에 대한 疑懼가 잠재의식으로 화하여 그들(후백제인)의 보복심이 쉽사리 가라앉지 아니할 것을 염려하여 풍수지리설을 이용하였고, 家傳의 心法으로써 후사에게 그에 대한 경계를 남겨 준 데에 지나지 못한 것이다. 그러니 이 조문이 잘 遵行되고 안된 것으로써 훈요자체의 진위를 논할 것이 되지 못하는 것이며 또 잘 준수될 성질의 것도 아닌 것이다'[10]라고 하였다.

그러나 김상기에 의해 새로운 해석이 시도된 점은 높이 평가되나, 그도 또한 실증적으로 '위작설'을 바꾸어 놓지는 못한 것 같다. 왜냐하면 김상기는 훈요 자체가 왕가의 비전으로 처음부터 잘 지켜질 성질의 아니라고 하였는데, 그렇다면 훈요십조는 고려 초의 정치·사회를 연구하는 데 그다지 중요한 사료가 될 수 없는 것이다. 그러니까 김상기는 훈요의 '위작설'을 비판하는 것까지는 좋았으나, 그 대신 고려 초의 중요한 사료들 중 하나인 훈요십조의 사료적 가치를 격하시켜 버린 것이었다.

金成俊은 위의 두 사람에 비해서는 훨씬 근본적인 면에서 今西를 비

---

10) 金庠基, 1959, 「고려 태조의 건국과 경륜」(2) 『국사상의 제문제』, 국사편찬위원회.

판하고 있다. 김성준도 '車峴以南公州江外' 지역을 호남으로 당연시하고, 후백제계 인물로서 등용되었던 인물들에 대하여 재분석을 시도함으로써 '위작설'을 극복하고자 하였다. 김성준은 후백제계 인물들이 등용된 사실에 대하여 이 지역인들에 대한 위무책이라는 이병도의 견해를 따르면서 왕건 대부터 인종 대까지의 車峴以南人(전라도인)으로 등용된 자를『高麗史』열전과『新增東國興地勝覽』에서 추출하여 정리하였다. 김성준에 의하면 호남인이 절대 없는 것이 아니라 타 도에 비하여 상대적으로 적다고 한다. 또한 그는 고려 초에 등용된 후백제계 인물들은 대부분 나주와 그 근방 사람이며 다른 지방 사람은 극히 적은데, 그 까닭은 왕건과 나주와의 특수한 관계에서 비롯되었다고 한다. 그러므로 제8조가 철저하게 지켜진 것은 아니지만, 부분적으로는 제한된 조처가 취해진 것으로 이해하고 있다. 한편 제8조 성립의 배경에 대해서는 견훤과 신검 부자의 갈등에서 야기된 인륜의 패역을 방지하기 위하여 후백제 지역의 인민들에 대한 등용을 금지하게 된 것이라 하여 유가적 입장에서 해석하기도 하였다.

그러나 김성준의 연구에도 불구하고 아직까지도 제8조의 내용과 역사 사실의 불일치는 명확히 해결되었다고 보이지는 않는다. 실제로 김성준이 제시한 근거에 의하면 나주계가 숫자상으로 보았을 때 절대적으로 많은 분포를 보인다고 할 수도 없다. 그는 나주의 범위를 너무 확대한 결과 대부분의 인물이 나주인으로 되고 말았는데, 이는 왕건과 나주 오씨와의 관계를 지나치게 중시한 결과에서 비롯된 현상으로 보인다. 또한, 유가적 견지에서 성립배경을 서술한 부분도 설득력이 없지는 않지만 이러한 해석도 수西가 주장한 사실과의 불일치에 대한 극복이라기보다는 새로운 해석을 덧붙인것이라고 보아야 할 것 같다.

한편 李秉然도 '車峴以南公州江外' 지역은 당연히 호남이라는 전제 아래 한국의 지역갈등에 대한 역사를 조망하면서 훈요 제8조를 인용·고

찰한 바 있다. 그는 훈요 제8조의 내용처럼 고려 초기에 후백제인의 중
앙정계 진출이 전적으로 금지되었던 것은 아니었지만, 고려인이나 신라
인들과 비교하여 상대적인 제약이 가해졌고, 이러한 차별은 광종 대를
거쳐 성종 대가 되어 어느 정도 해소된다고 하였다. 그러나 그 이후로
그 차별은 그다지 심하지 않게 되었다가 고려 말에 가서 경상도 우대현
상이 나타나게 되는데, 이는 고려 왕건의 유훈에 의한 것이 아니라 紅巾
賊의 침입 등 고려 말의 특수한 상황에서 비롯된 것이라고 하였다.[11]

고려 초의 풍수지리사상에 관심을 보인 洪承基도 제8조에 관하여 자
신을 견해를 피력하였다. 홍승기는 고려 초의 풍수지리에 관하여 전반적
으로 다루었는데 고려 초 풍수지리의 원리가 모순된 두 개의 충돌되는
논리로 구성되어 있어서 그 자체로는 이를 극복할 논리를 갖지 못하였지
만, 풍수지리가 정치와 결합할 때는 모순을 덮고 상호 보완적인 위치에
서 군건한 자리를 유지할 수 있었다고 하였다. 그리고 그 대표적인 사례
의 하나가 바로 後百濟地域地勢背逆論으로 나타났다고 하였다.[12] 그도
'車峴以南公州江外'를 통설인 호남 지역으로 취급한 것은 다른 연구자
와 다르지 않다.

지금까지 살펴본 바와 같이 今西가 제기한 '위작설'은 실증적으로 극
복되지 못하고 새로운 해석만이 덧붙여진 상태에서 한국인 학자 가운데
서도 '위작설'을 주장[13]하는 사례도 나타나고 있다.

그리고 그 이후로 '車峴以南公州江外'의 지역이 후백제 지역이 아니
라 위치비정 자체를 재고해야 한다는 주장이 있었다. 이제 이러한 주장
에 대해서도 검토해 보도록 하겠다.

---

11) 이병휴, 1991, 「지역갈등의 역사」『지역감정연구』, 학민사, 93~103쪽.
12) 홍승기, 1994, 「고려초기 정치와 풍수지리」『한국사시민강좌』 14, 일조각, 18~43쪽.
13) 문경현, 1987, 『고려 태조의 후삼국통일연구』, 형설출판사, 310~320쪽.

2. 훈요 제8조의 내용검토

훈요 제8조의 '車峴以南公州江外' 지역이 호남 지방에 비정된 시기는 조선 후기부터이며 그 인식이 지금까지도 의심없이 통념화되고 있는 현상을 지금까지 살펴보았다. 과연 조선 후기에 시도된 '車峴以南公州江外' 지역에 대한 위치비정이 타당하였는지 이에 대한 의문을 제기하면서 이제부터는 '車峴以南公州江外' 지역에 대한 위치비정을 해보고자 한다.

지금까지 '車峴以南公州江外' 지역 자체를 구체적으로 재검토하는 연구는 閔賢九에서 비롯된다고 할 수 있다. 종래 차현과 공주강의 구체적인 위치비정에 대한 고증 없이 '車峴以南公州江外'를 통설인 호남지방으로 인식하였던 데 비하여 민현구는 그 지역이 호남 지역 전체를 포괄하는 것이 아니라 오늘날 전라남도에 포함되는 광주·나주 지역만은 당시 역사적 상황에 비추어 볼 때 해당되지 않을 것이라며, 종래의 호남지역 중심설에서 벗어나서 공주와 전주 일대로 비정하고 있다.[14]

이러한 민현구의 견해를 근거로 필자는 근본적으로 위치비정을 재검토해야 할 것을 주장하였다. 앞에서도 말한 바와 같이 왕건이 아무리 골수에 사무친 원한이 있다고 하더라도 차령 이남 공주강 아래라고 하는 광범위한 지역을 배타적 공간으로 설정했을까 하는 데 의문이 있기 때문이다. 다시 말하면 왕건이 자신의 영토 1/3에 해당하는 지역을 배제해 가면서까지 자신의 정권이 유지될 수 있다고 믿을 만큼 융통성 없는 정치가는 아니었다고 보기 때문이다. 그가 호족들을 회유한 방책의 하나였던 '重幣卑辭'로 볼 때도 탁월한 정략가이기도 했던 그가 아무리 왕가의 秘傳이라고는 하지만 후손들에게 그러한 유훈을 내렸을까 의심되기

---

14) 민현구, 1989, 「고려중기 삼국부흥운동의 역사적 의미」 『한국사시민강좌』 5, 일조각, 87~88쪽.

때문이다. 따라서 필자는 후자의 견해와 꼭 같은 것은 아니지만, '車峴
以南公州江外' 지역이 아주 좁은 지역이었을 것으로 추정하고 있다. 이
에 대한 근거를 제시해 보고자 한다.

그러면 지금까지 논의된 것들을 염두에 두고 훈요 제8조의 ①항을 분
석해 보고자 한다. 제8조의 ①항만을 다시 나누어 보면 아래와 같이 세
부분으로 나누어 볼 수 있다.

> 8조.
>
> A-1. 차현(수레재) 남쪽 공주강 바깥은(車峴以南公州江外)
>
> -2. 산과 땅의 형세가 모두 반역의 모양으로 달리므로 인심 또한 그러하다
> (山形地勢並趨背逆人心亦然).
>
> -3. 그 아래 주군인은 조정에 참여 하거나 왕후국척과 혼인을 하게 되어 국정
> 을 장악하게 되면 국가에 변란을 일으키거나 통합된데 대한 원한으로 범
> 죄를 저지르거나 난을 일으킬 범행을 일으킬 것이다(彼以下州郡人參與朝
> 廷與王侯國戚婚姻 得秉國政則或變亂國家或啣統合之怨 犯蹕生亂).

A-1는 이미 앞에서 언급한 바와 같이 특정지역에 대한 구체적 표현이
며, A-2는 그 지역의 자연지형과 인심의 현황이며, A-3는 그 지역주민들
에 대한 처우에 관한 내용이다. 이를 각 항목별로 나누어 검토해보기로
한다.

1) '車峴以南公州江外'의 위치비정

먼저 A-1에 대해서는 광역으로 해석하는 경우와 협소한 지역으로 해
석하는 경우가 있다고 하였다. 그리고 필자는 후자에 동의한다는 것도
이미 밝힌 바와 같다. 그러나 필자는 후자의 견해보다도 더욱 좁은 범위
로 보고 싶다.

더욱이 '車峴以南公州江外'는 그 문구가 통설대로 '차령산맥 이남
금강 남쪽'이라고 해석하면, 실제로 의미상 중복이 된다. 왕건이 이 지역

에 대하여 아무리 적개심이 강했다고 하더라도 이렇게 동일 방위선상에 있는 지역을 중복되게 말을 했어야 할 필요가 있었을까? 이렇게 본다면 '車峴以南公州江外'의 해석은 극히 제한적이고 협소한 지역을 상정할 수밖에 없게 되는 것이다. 과연 '車峴以南公州江外' 지역은 구체적으로 어디를 가리키는 것일까?

그 근거는 A-1에서의 차현에 대한 위치비정에서 비롯된다. 지금까지의 연구성과를 보면 이 차현을 차령 산맥으로 간주하고 있는데 여기서는 그렇게 볼 수 없다고 생각된다. A-1에서의 차현은 산맥을 가리키는 것이 아니라 지금의 공주 북쪽에 있는 차령이 바로 그 차령이며 광범위한 차령 산맥일 수는 결코 없을 것으로 여겨진다. 고려 왕건 당시에 산맥으로서의 차령 산맥이라는 개념은 없었다. 더욱이 차현이 차령 산맥이 아니라는 점은 이미 『新增東國輿地勝覽』에서도 명확히 밝혀져 있는 내용이다.

> 차현 : 주 서북쪽 57리에 있다. 고려 태조 왕건의 훈요에 이르기를 "차현 이남과 공주강 밖은 산형과 지세가 모두 배역해 달려 있다."한 것이 바로 이것이다.[15]

위의 내용에서와 같이 '차현'은 결코 차령 산맥으로 치환될 수 있는 지명이 아니다. 훈요 제8조에서의 차현은 광역의 차령 산맥이 아니며, 구체적인 하나의 고개인 '차현'일 뿐이다. 차현은 '차령', '차유령'과 같은 의미로 '수레가 넘어갈 수 있는 고개'라는 뜻이다. 우리나라에는 이러한 지명들이 여러 곳에 있다. 예컨대 이 공주 일대에는 '차현' 이외에 '차유현'도 있었다.

당시에 수레가 넘어갈 수 있는 지점이라는 것은 대로로써 군사적으로 군량을 수송할 수 있는 최고의 도로 조건이었다. 그런데 『신증동국여지승람』에서는 유독 공주의 서북쪽 57리에 있는 차현만을 지칭하고 있다.

---

15) 『신증동국여지승람』 권17, 공주목 산천조.

그러나 '차유현'에는 그러한 설명이 없다. 그러므로 왕건이 내린 훈요 제8조에서 가르키는 '차현이남'은 현재의 차령 이남에 해당이 되는 것이다. 따라서 통설처럼 차령산맥 이남 지역 전체를 지칭하는 것이 결코 아니다.

다음은 A-1에서 공주강의 위치비정에 관하여 살펴보도록 하자. 통설화된 이익의 설에서 공주강은 금강의 전 유역을 포함한 것으로 이해되고 있다. 그러나 큰 강은 그 지류나 합류되는 지역에 따라 각각 명칭이 다르게 나타난다. 금강도 마찬가지다. 공주강은 넓은 의미에서 금강을 가리킨다고 하여도 틀리지는 않을 것이나, 보다 구체적으로는 공주 일대를 흐르는 금강의 한자락을 의미하는 것으로 보아야 한다. 그러므로 '公州江外'는 무주 구천동을 발원지로 하여 금강구까지에 이르는 전체를 의미하는 것으로 보기는 어렵다. '公州江外'가 지칭하는 위치는 바로 公山城 북쪽을 중심으로 한 그 일대를 의미하는 것으로 보아야 할 것이다.[16]

그러면 이제부터 차현은 차령, 공주강은 금강 전체가 아닌 공주 지역으로 흐르는 금강의 일부라는 인식에서 '車峴以南公州江外' 지역에 대하여 보다 구체적으로 검토해 보자. 통설대로라면 이 구문은 광의로 해석되어 '차령 산맥 이남 금강 밖'이라 하여 호남과 충남 일대를 포괄하는 것이었다. 그런데 이 구문에서 방향을 지시하는 용어에 대한 검토가 철저하지 못했던 점이 있다.

이와 관련하여 '公州江外'의 '外'자의 의미를 살펴보도록 하자. 물론 '外'의 의미 중 가장 빈도있게 쓰이는 것은 '밖, 바깥'이다. 그리고 이 의미가 일반적으로 제8조의 해석에도 지금까지 적용되어 왔다. 그리하여 '車峴以南公州江外' 지역은 '차령 이남 공주강 밖' 지역으로 해석되

---

16) 마찬가지로 부소성 앞을 흐르는 백마강은 넓은 의미에서는 금강이지만, 구체적으로 그 구간을 의미하는 것으로 보아야 할 것이다.

어 왔었던 것이다.

이렇게 해석할 경우 '車嶺以南'은 '以南'이라는 어의 자체가 절대방위의 개념이므로 그 지역이 확실해진다. 그러나 '공주강 밖'은 상대적인 위치 개념이므로 주체의 위치에 따라 다소 변화가 생길 수 있다. 만약 개경에서 말했다면 남쪽이 되지만, 남쪽에서 말했다면 북쪽 지역이 된다. 물론 훈요십조가 개경에 위치한 왕건의 입장에서 판단한 것이며, 또 당시의 도읍이 개경이므로 개경을 중심으로 '밖'에 해당되는 공주강 남쪽의 지역으로 보아도 무리는 없을 것이다. 그러나 이때의 '밖'이라는 범위가 지금처럼 금강 이남 전체 지역을 의미하는 것은 아니었을 것이고, 단지 공주강 이남의 공주를 포함한 그 일대 지역이었을 것이다.

한편 이 '外'에는 바깥이라는 의미 외에도 방향과 관련될 때는 '上'이라는 의미로 쓰일 때가 있고, 지역과 관련될 때는 地方 또는 遠地라는 의미로 쓰이기도 한다.[17] 특히 절대적인 위치를 가리킬 때에는 이 '外'가 '上'으로 쓰이는 경우가 있다. 물론 이러한 경우가 자주 있는 것은 아니지만, '車峴以南公州江外'의 문맥상 '外'의 다른 의미를 고려해보지 않을 수 없다.

첫째, 이를 '車峴以南', 특히 '公州江外'로 읽어 볼 수 있다. 이렇게 읽을 경우 문자의 의미는 '車峴以南', 특히 '공주강 밖'이 되어 강조하는 의미가 된다. 이 경우 구체적으로는 공주를 중심으로 그 주변을 가리키는 것으로 보아야 마땅할 것으로 여겨진다. 그렇다고 공주강 밖이라고 하여 광범위한 후백제 전 지역을 가리키는 것이 아님은 물론이다.

둘째, 앞에서 언급한 바와 같이 '外'를 '上'으로 해석할 경우는 '차령 남쪽'에서 '공주강 위'의 지역으로 비정된다.

셋째, '外'를 지방의 의미로 읽을 경우, '차령 남쪽'의 '공주강 지방'이라는 의미가 된다. 이 경우는 공주를 중심으로 하여 그 남북의 여러

---

17) 『漢和大辭典』外部.

성과 그 주변 지역을 의미하는 것으로 보아야 할 것이다.

이 밖에도 더욱 세밀하게 나누어 읽을 수도 있으나, 대체로 위의 세 가지 유형에 포함될 것으로 여겨진다. 그리고 위의 세 경우는 모두 지역의 대소차이는 있으나 공주를 중심으로 한 그 일대에 국한된다.

결론적으로 '車峴以南公州江外'가 지칭하는 지역은 광범위한 지역이 아니라 협소한 지역을 의미하는 것이며, 구체적으로는 지금의 차령과 공주를 중심으로 한 인접 지역이라고 추정해 볼 수 있다. 여기에 후백제의 도읍이었던 전주가 포함되지 않는 것은 물론이다.[18]

2) '山形地勢並趨背逆 人心亦然'의 의미

풍수지리사상은 인간생활의 여러 현상을 자연을 매개로 하여 합리적으로 해석하는 일종의 관념철학이다. 명분은 자연현상이라는 자연과학적 방법을 표방하지만, 그 실제는 자의적인 해석에 의한 고의가 행해진다. 마찬가지로 A-2의 내용도 이러한 일반적인 관행의 풍수지리적 해석의 형태를 벗어나지 못하고 있다. 이를 다시 분석해 보면 그러하다.

> 산의 형상과 지세가 또한 배역을 하니 인심 또한 그러할 것이다(山形地勢並趨背逆 人心亦然).

위의 내용으로 보면 산형지세가 배역을 하는 형상이기 때문에 인심이 그렇다고 하였으나, 실은 인심이 흉흉하므로 이를 그 지역의 산세에 비유해 그 지역의 백성들을 통제하고자 하는 의도로 바꾸어 생각해도 무방한 것이다. 그러므로 위의 조항은 산형지세가 배역한 곳을 찾아 그 지역의 인심을 살피는 것보다는 오히려 인심이 흉흉한 지역을 찾아 그곳의

---

18) 후백제의 도읍이었던 전주는 구태여 왕건이 따로이 지적하지 않아도 적의를 가질 수 밖에 없는 지역이다. 朴暹이 현종에게 전주를 우회하자고 할 때 건의한 내용도 이런 맥락에서 이해되어야 할 것으로 여겨진다.

지형과 역사적 상황을 살피는 것이 보다 더 사실에 가까워질 것이라고 생각된다. 여기서 인심의 흉흉은 이 시대적 상황으로 볼 때 왕건에 대한 배역을 의미하는 것이다. 그러므로 이를 보다 구체적으로 살펴보기 위해서는 왕건 집권기에 발생한 일련의 사건과 각 지역들의 동향을 살펴보아야 할 것이다. 사례를 뽑아 보면 다음의 <표 3>과 같다.

〈표 3〉 왕건 집권기 발생 사건 및 각 지역세력의 동향에 대한 사례정리

년	월	일	지역	이름	신분	내용	비고
元	하6			桓宣吉	馬軍將軍	謀逆伏誅	
				宗侃	僧		
				朴儒	隱士	來附	
			靑州	伊昕巖	馬軍大將軍	謀叛棄市	
	7		靑州	堅金	淸州領軍將軍	來見	
			朔方鶻岩城	尹瑄	帥	來歸	
			後百濟	甄萱		賀 卽位	
			熊·運州十餘州			叛附百濟	
	9		靑州	林春吉	吏	謀叛伏誅	
			尙州	阿字蓋	賊帥	遣使來附	
			平壤	王順式列評	太祖堂弟廣評侍郎	守之	
	10		靑州	陳宣宣長	帥波珍粲	謀叛伏誅	
3	춘정		康州	閏雄	康州將軍	慰撫歸附	
	추9		後百濟	甄萱			
	동10						
4			西京				
5	6	정사	下枝縣	元奉	將軍	來投	
	추7	무술	溟州	順式	將軍	遣子來附	

년	월	일	지역	이름	신분	내용	비고
	동11	신사	眞寶	洪述	城主	遣使請降	
6	춘3	신축	命旨城	城達, 伊達, 端林	將軍	來附	
	추8	임신	碧珍	良文	將軍	遣其甥圭奐來降	
7	추7		後百濟	甄萱		遣子須彌康良劍 等來攻曹物郡	
	8		後百濟	甄萱		遣使來獻絶影 島驄馬一匹	
8	춘3		西京			幸	
	추9	갑인	買曹城	能玄	將軍	遣使乞降	
	동10	기사	高鬱府	能文	將軍	率士卒來投	
9	동12	계미	西京	太祖		行	
10	춘정	을묘	百濟 龍州	太祖		親伐, 降之	
	3	신유	運州	太祖		王入…其城主 兢俊於城下	
		갑자	下近品城	太祖		攻	
	하4	임술	康州下… 突山	太祖		攻, 虜仁物而還	
	추7	을축	熊州	太祖		攻, 不克	
		무오	太良城	太祖		遣元甫在忠金 樂等…	
	8	병술	康州高思 葛伊城	興達	城主	王徇-歸依	於是百濟諸 城守降附
	9		近品城	甄萱			高鬱府公山 桐藪大戰
	12			甄萱			寄于書曰
11	춘정	임신	溟州	順式	將軍	來附	
	춘정			太祖			王答甄萱書

년	월	일	지역	이름	신분	내용	비고
	하4	경자	湯井郡	太祖		幸	
	5	경신	康州	甄萱			潛襲康州, 將軍有文降于萱
	8			甄萱		幸	
	동11			甄萱			烏於谷城戰鬪
				太祖		巡幸北界	
12	하4	을사	西京	太祖		幸, … 歷巡州鎭	
	추7	기묘	基州	太祖		幸	
		신사		甄萱		侵義城府, 侵順州	
	9	을해	康州			幸	
	동10	병신	百濟	廉昕	一吉干	來附	
				甄萱		圍加恩縣不克	
	12			甄萱		圍古昌郡 王自將球之	
13	춘정	정묘	載岩城	善弼	將軍	來投	
		병술	古昌				古昌郡戰鬪
		경인	永安 등 30여 현			相次來降	
	2	을미					遣使新羅 告古昌之捷
			羅以東沿海州郡部落			來降	自溟州至興禮府惣百餘城
14	동11	신해	西京			幸	
15	하5	갑인	西京				將都於此
	6	병인	百濟	龔直	將軍		
	추7	신묘	一牟山城	太祖			親征…遣正胤武巡北邊

년	월	일	지역	이름	신분	내용	비고
	9			甄萱		侵禮成江焚鹽白貞三州	
	동10			甄萱		攻大牛島	
			一牟山城	太祖			復攻…, 破之
17	춘정	갑진	西京			幸	
	5		禮山鎮	太祖		詔	
	9	정사		太祖		自將征運州與甄萱大敗之	熊津以北三十餘城聞風自降
18	춘3						甄萱子神劒幽其父於金山寺…萱爲尙父
	추9		西京			幸, 巡歷黃海州	
	동10	임술	新羅	金傅			遣侍郎金封休請入朝
19	춘2		昇平	朴英規	甄萱壻	請 來附	
	하6		天安	太祖		先遣正胤武將軍述希 領步騎一萬趣天安府	
	추9					一利川戰鬪	

위의 <표 3>을 보면 각 지역의 동향을 크게 몇 개의 유형으로 구분해 볼 수 있다. 첫째가 叛附지역, 둘째가 接戰지역, 셋째가 歸附지역이다. 서술의 편의상 이들을 일일이 나열할 필요는 없을 것이다. 단지 첫째 항에 해당되는 지역을 보면 거의 유일하게 웅·운주 등 30여 성 뿐이다. 이 지역은 왕건이 궁예를 축출한데 대한 반발로 왕건의 통치권에서 벗어나 고려의 초창기 왕건의 정권 장악을 위한 시기에 가장 큰 어려움을

준 지역이다. 그리고 왕건이 후삼국을 통일하기 전인 태조 17년까지 후
백제의 편을 들어 저항을 계속하여 왔다. 오히려 왕건과 적대관계에 있
던 견훤이 비록 의례적이라고는 하지만 왕건의 등극을 축하하고 있는데
유독 이 일대만이 왕건에게 반기를 들고 있는 것이다. 예산진에 내린 조
도 바로 이 지역인들에 대한 위무가 포함되어 있는 것을 볼 때 그 정도
를 알 수 있다.[19)]

　이와 같이 왕건에게 가장 적대적인 이 지역에 대한 왕건의 인식 또한
부정적이다. 왕건이 특정 지역에 대하여 어떤 생각을 하고 있었는가 하
는 자료는 그다지 알려져 있지 않는데, 대체로 다음과 같은 자료가 그에
해당되는 것들이다.

　　B-1. 왕이 한찬 총일에게 이르기를 … 청주는 토지가 기름지고 넉넉하고 사
　　　　람들 가운데 호걸이 많아 변하게 될 것이 두려워 장차 이들을 죽이고자
　　　　한다.[20)]

　　　-2. 견금 … 왕건이 즉위하여 청주인이 변사가 많으니 일찍이 대비하지 않
　　　　으면 반드시 후회하게 될 것이다.[21)]

　　　-3. (왕건이 즉위하고 나서) 왕건은 청주가 배반할 것을 염려하여 홍유와 유
　　　　검필에게 병 1천5백을 거느리게 하여 진주(진천)에서 대비하도록 하니
　　　　이런 까닭에 청주가 왕건에게 반란을 일으키지 못하였다.[22)]

　　　-4. 태조 2년 추8월 계묘에 청주의 민심이 결정되지 않았다는 와언이 자주

---

19) 이에 대해서는 이재범, 1995, 「고려태조 즉위시의 사회동향」『埠邨 申延澈敎授
　　停年紀念史學論叢』, 일월서각을 참조 바람.
20) "王謂韓粲聰曰曰 … 靑州 土地沃饒 人多豪傑 恐其爲變 將欲殲之 …"(『고려
　　사』 권1, 태조 원년 6월 무오조)
21) "堅金 … 太祖卽位 以靑州人多變詐 不早爲備 必有後悔 …"(『고려사』 권92,
　　열전5 왕순식 부 견금전)
22) "(太祖卽位) 太祖慮靑州反側 (洪)儒與庚黔弼率兵千五百 鎭鎭州以備之 由是
　　靑州 不克叛遷太祖"(『고려사』 권92, 열전5 홍유)

일어나자 친히 가서 위무하여 마침내 명을 이루었다.[23]

> -5. (목천현) … 본현 牛·馬·象·豚·場·沈·申·王(속언에 전하기를 고려왕건
> 개국을 하고 목주인이 자주 반란을 일으키는 것을 싫어하여 그 읍성을
> 모두 가축과 짐승이름으로 내렸다. 뒤에 牛(소)는 于로, 象(코끼리)은 尙
> 으로, 豚(돼지)은 頓으로, 場은 張으로 바꾸었다.)[24]

위의 사료들은 왕건이 가장 부정적인 인식을 가지고 있었던 지역들에
대한 자료이다. 우연인지는 모르겠으나, 위의 다섯 자료 중 넷은 청주,
나머지 하나는 목천에 관계된 것이다.

그리고 위의 자료에 실린 내용 모두 왕건에 대하여 반란을 일으키려
는 것에 대한 우려나 또는 그에 대한 조처로써 행해진 왕건의 보복적인
행동이 노출되고 있다. B-1은 청주의 '變'을 두려워 한다는 내용이며,
B-2는 청주인의 '多變詐'를 예방하여야 한다는 것이며, B-3은 청주의
인심이 '首鼠順逆'하니 왕이 친행을 하여 위무하여야 한다는 것으로 한
결같이 청주와 청주인들이 '變詐'할 것을 겁내고 있는 것이다. 그리고
B-5는 목천에 관한 것인데, 이 지역에 대한 왕건의 감정이 노골적으로
표현되어 있다. 목천인에게는 가축의 성을 내린 것이다. 다시 말하면 목
천인들은 모두 짐승이라는 왕건의 저주가 깃든 내용으로써 왕건의 원한
이 골수에 치민듯한 인상을 준다.

이처럼 이 일대의 사람들이 왕건에게 부정적으로 비쳤던 데는 어떤
이유가 있을까? 그 이유는 앞에서도 말한 바와 같이 왕건이 궁예를 축출
하자 이 지역인들은 왕건의 통치권에서 이탈하여 백제에 귀부하거나 혹
은 독자적인 세력을 구축하였던 데서 찾을 수 있을 것이다. 위의 자료들

---

23) "太祖二年 秋八月 癸卯 以靑州首鼠順逆訛言屢興 親幸慰撫 遂命成之"(『고려
　　사』 권1, 태조 2년 추8월 계묘조.)
24) "(木川縣) … 本縣 牛馬象豚場沈申王(諺傳高麗太祖開國以木州人屢叛 疾之
　　賜其邑姓 皆以畜獸 後改牛爲于 改象爲尙 改豚爲頓 改場爲張)"(『신증동국여
　　지승람』 목천현 성씨조)

이 모두 왕건의 즉위년 혹은 그 이듬해에 일어난 사건들이므로 왕건이 궁예를 축출하던 바로 그 무렵의 사정을 알려 주기 때문이다.

이처럼 왕건의 인식이 부정적으로 표현된 청주와 목천, 그리고 왕건의 정권탈취에 물리적으로 반발했던 웅주와 운주, 그리고 웅주 이북의 30여 성 등의 공통점은 이들 지역이 모두 차령과 공주강을 중심으로 하여 지근거리에 있다는 점이다. 즉 왕건이 정권을 창출하던 시기에 가장 거센 저항을 하였던 지역들이 바로 차령과 공주강가에 위치하였던 것이다.

이 지역들을 종래의 우리나라 지리인식 체계의 한 표현인『山經表』에 의거하여 표현하면 한남금북정맥과 금북정맥의 이남에 위치하게 되는데, 이들의 공통점은 공주강가에 위치하고 있다.[25]

이렇게 본다면 왕건을 거부하고 반란을 일으킨 지역은 육로로는 북으로부터 산맥으로 보호받고 있으며, 수로로는 금강의 입구가 서남에서 동북으로 올라가므로 개경에서의 공격에 대하여 대항할 수 있는 천연적인 요새지라고 할 수도 있다. 그러나 왕건은 아마도 이러한 지형상의 것을 먼저 생각하기 보다는 이 지역에서의 완강했던 저항이 먼저 연상되었을 것이다.

특히 B-4처럼 청주인들의 '首鼠順逆'과 같은 상황은 왕건에게 아주 불유쾌한 처사로 여겨졌을 것이며, 바로 이러한 맥락에서 그 지역인들에게 직접적인 자극을 줄 수는 없어 '山形地勢並趨背逆 人心亦然'와 같

---

25) 이때의 강은 지역을 격리시키는 구실이 아니라 하나의 생활권 내지 지역권을 형성시키는 기능을 하는 강으로 강 양안의 지역들을 통합시키는 기능을 하고 있다. "자연적으로 구분된 단위인 수계 또는 하천이 지역을 격리시키는 역할을 하는 반면, 동시에 지역을 연계 시켜주는 통로의 구실을 하는 양측면이 있음은 흔히 지적되고 있다. 예를 들면 섬진강 양안, 즉 경상도의 하동과 전라도의 구례나 광양은 양 지역의 문화나 생활양식이 혼화되어 점이적인 성격을 보이고, 시장의 이용 등에서 교류가 빈번했던 것을 볼 수 있는데, 이는 하천이 하나의 생활권 내지 지역권을 형성한다는 의미라고 한다."(양보경, 1994,「조선시대의 자연인식체계」『한국사시민강좌』14, 일조각, 85쪽)

이 지형을 빌어 왕건 자신의 진의를 표현한 것이라고 보아야 할 것이다.

3) `彼以下州郡人 … 犯蹕生亂`의 재해석

제8조의 이 내용은 이른바 '車峴以南公州江外' 지역인들에 대한 차별을 강조한 부분이다. 이 내용 가운데 '彼以下州郡'은 문자 그대로 하면 '그 이하의 주군인'들이 된다. 다시 말하면 '車峴以南公州江外' 이하의 주군인들로 해석되어야 할 것이다. 그러나 여기서의 '彼以下'를 과연 왕건이 오늘날의 수학에서 사용하는 개념처럼 명확한 선을 그어 가지고 말하였을까 하는 의문이 생긴다.

잘 아는 바와 같이 훈요십조는 왕건이 임종에 즈음하여 박술희에게 친히 내린 것인데, 여기서 왕건이 과연 옛 백제의 영역에 속했던 면천 출신의 박술희에게 후백제 지역 전체를 차별화하는 내용이 있는 제8조를 쉽게 말할 수 있었을까 하는 점이다.

박술희는 왕건이 자신의 후사를 부탁한 사람이다. 왕건은 여러 반대세력을 무릅쓰고 박술희에게 혜종의 즉위를 보살피도록 당부하였다. 잘 알다시피 혜종의 외가는 나주이다. 광의로 해석하면 나주는 '車峴以南公州江外'의 '彼以下' 지역이 된다. 왕건이 박술희에게 자신의 의지와는 전혀 다른 내용을 전할 수 있었을까? 그런 이유에서 필자는 '彼以下州郡人'의 해석 자체가 달라져야 한다고 생각한다.

무리가 따를런지는 모르지만 '彼以下'는 오늘날의 수학에서 의미하는 이상, 이하의 개념에 의한 것이 아니라 '저 아래 주군인'이라는 뜻으로 필자는 읽고 싶다. 즉 여기서의 '彼以下州郡人'이란 '(차령 일대와 공주강 안의 지역을 의미하는) 저 아래에 사는 주군인'들의 뜻으로써 卑下의 의미가 담긴 것이라고 해석하고 싶다. 그러므로 지금까지 논의된 바를 정리한다면 '車峴以南公州江外'의 '彼以下州郡人'은 차령과 공주강 일대의 주군에 거주하는 백성들을 지칭하는 것이라고 이해하고 싶은 것이다.

이와 관련하여 김성준교수에 의하여 작성된 <표 4> (왕건부터 인종 초(李資謙 실각)까지 차현이남인으로 관직에 등용된 사람을 『고려사』 열전과 『신증동국여지승람』에서 뽑아 만든 <표>)를 참조하면 다음과 같다.26)

<표 4> 왕건~인종 초 차현이남인 중 관직 등용 사례

연번	인명	출신지	출전	약력
1	崔知夢	靈巖郡	高麗史 興地勝覽	태조 때 등용, 경종 5년 大匡內議令, 성종 1년 左執政守內史令
2	朴英規	昇州 (順天)	高麗史 興地勝覽	견훤의 女壻, 왕건 때 귀부하여 佐丞
3	金吉	光山縣	興地勝覽	왕건을 도와 司空에 이름
4	柳邦憲	全州承化縣	高麗史 興地勝覽	祖 法攀은 후백제의 右將軍, 광종 때 등제, 목종 12년 門下侍郎平章事
5	金審言	靜州 靈光郡	高麗史 興地勝覽	성종 때 등제, 현종 5년에 內史侍郎平章事
6	張延祐	瀛州 尙質縣 (高敞)	高麗史 興地勝覽	吏事에 뛰어나 현종 6년 戶部尙書
7	田拱之	靜州 靈光郡	高麗史 興地勝覽	성종 때 등제, 현종 때 吏部侍郎
8	林檗	沃溝縣	高麗史 興地勝覽	順·宣·獻·肅·禮 5조 섬김, 門下侍郎平章事
9	任懿	定安縣 (長興)	高麗史 興地勝覽	등제, 선종 때 右承宣, 예종 5년 守太尉門下侍郎 同中書門下平章事로 致辭,
10	庾祿崇	茂松縣 (茂長)	高麗史 興地勝覽	숙종 8년 尙書左僕射參知政事
11	李靈幹	潭陽縣	興地勝覽	翰林學士를 거처 문종 때 參知政事
12	高義和	高山縣	高麗史 興地勝覽	隊正으로 출발하여 鷄林公을 도와 누천하여 예종 9년 鷹揚衛上將軍

---

26) 김성준은 21인이라 하였는데, 실제 <표>에 나타난 인물은 19인이다.

연번	인명	출신지	출전	약력
13	金黃之	光陽縣	高麗史 輿地勝覽	등과, 선종 때 左拾遺知制誥, 예종 12년 簽書樞密院事
14	金儉	靜州 靈光縣	高麗史 輿地勝覽	숙종 때 祖蔭(祖 行瓊)으로 監察御史, 인종 15년 參知政事
15	吳學麟	高敞縣	高麗史 輿地勝覽	翰林學士
16	金若溫	光陽縣	高麗史 輿地勝覽	등제, 인종 1년 中書侍郎平章事, 인종 18년 門下侍中.
17	文公仁	南平縣	高麗史 輿地勝覽	등제, 인종 초 樞密院副使, 李資謙에 의해 유배 후 門下侍郎 同中書門下平章事, 동생 仁裕는 인종 즉위년(1122) 閣門祇候, 형 公仁과 유배후 知門下省事
18	崔思全	耽津縣	高麗史 輿地勝覽	인종의 內醫, 인종 3년 兵部尚書, 이자겸 축출 후 인종 9년 門下侍郎守太衛平章事
19	朴昇中	羅州 務安縣	高麗史	등제, 예종 때 左諫議大夫, 인종 4년 守太尉中書侍郎平章事

위의 <표 4>를 통하여 다음과 같은 사실을 알 수 있다.

먼저 위의 <표 4>에 나오는 인물들의 출신지역이다. 그 출신지역들을 보면 지금까지 학계의 통설로 되고 있는 전라도를 지칭하는 이른바 '車峴以南公州江外' 지역에 골고루 분포되어 있다.27) 이 가운데에는 후백제의 도읍이었던 전주도 포함되어 있다.

위의 <표 4>에 나오는 인물 중 과거급제자는 10명, 宰相(亞品以上)

---

27) 김성준은 나주와 그 근방 사람이 대부분이고 다른 지방은 극히 적다고 하였다(김성준, 1979, 「십훈요와 고려태조의 정치사상」『한국사상대계 Ⅲ - 정치·법제편』, 성균관대학교 대동문화연구원, 80쪽). 그런데 여기서 그가 말하는 나주의 범위가 어디까지인지는 모르겠으나, 현재 행정구역상의 나주라고 한다면 앞의 지적은 그다지 옳다고 할 수만은 없다. 오히려 전라도 전 지역에 골고루 분포되었다고 하는 편이 옳을 것 같다. 비록 지역적인 편차는 있으나, 왕건이 호족들을 무마하기 위하여 혼인정책을 구사한 것과 같은 양상으로 봄이 오히려 타당하다고 생각될 정도로 고른 분포를 보이고 있다.

을 지낸 사람은 12명, 首相(內史令, 門下侍中)에 오른 사람은 3명으로
태조 이후 '車峴以南公州江外' 지역인에 대한 차별성이 없었다는 근거
를 제공한다. 이러한 내용이 水西에게 '위작설'의 근거를 제공하게 되었
지만, 어떻든 '車峴以南公州江外' 지역을 통설처럼 전라도와 충남 일부
를 지칭하는 것으로 해석한다면 제8조의 내용은 전혀 근거가 없게 된다.
오히려 제8조는 이 지역인들을 우대하라고 한 조항처럼 오해될 정도로
많은 인물들이 높은 지위에 오르고 있는 것을 알 수 있다.[28]

　이상과 같은 내용으로 미루어 볼 때 실제로 고려 왕건 대부터 호남인
에 대한 지역적 차별은 없었다는 것을 알 수 있다. 비록 이 지역이 고려
에 대하여 적대적으로 대응하였던 지역이었지만 관인 등용에서 차별을
받지는 않았던 것이다.

　그렇다면 왕건의 유훈인 제8조는 그의 사후 준수되지 않았던 것일까?
그리고 만약 준수가 되었다면 왜 앞에서와 같은 현상이 나타나게 된 것
일까? 이러한 현상은 이미 지적한 바와 같이 '車峴以南公州江外' 지역
에 대한 위치비정이 왕건이 말한 지역과 후대인들의 해석이 달랐기 때문
에 발생한 것이었다. 후대의 감여가들이 '車峴以南公州江外' 지역을 역
사적인 구체적 실증 없이 막연히 해석한데서 비롯되어 호남 지역을 가리
키는 것으로 바뀌었기 때문에 야기된 현상이었던 것이다.

---

28) 김성준은 비록 이 지역 사람들이 중용되고 있긴 하지만, 다른 지역에 비해서는
　　상대적으로 적은 숫자라고 하였다. 그가 구체적으로 인명을 열거하지는 않으
　　나, 『신증동국여지승람』과 『고려사』 열전에서 왕건부터 인종 초에 이르기까지
　　관인으로 등용된 사람을 추린 내용을 보면 다음과 같다.

지역	등용자수(급제자)
경기도	50(27)
충청도	22(5)
경상도	36(14)
전라도	21(10)
황해도	29(9)
강원도	15(8)

그러나 왕건이 유훈으로 남긴 제8조의 '車峴以南公州江外' 지역은 앞에서 말한 바와 같이 차령과 공주강 일대의 '웅·운주를 중심으로 하는 30여 성'을 지칭하는 것이었다. 따라서 고려 초 등용상황을 살펴보면 왕건의 유훈이 지켜졌는가 하는 것을 알 수 있을 것이다.

〈표 5〉 고려 초 웅·운주 중심 차령~공주강 일대 지역인들의 등용 상황

연번	인명	출신지	출전	약력
1	劉兢達	忠州	輿地勝覽	태조 때 太師 內史令을 증직.
2	劉義	忠州	輿地勝覽	장원급제. 翰林院 재직 계사년의 난에 해를 당함
3	劉冲祺	忠州	輿地勝覽	희의 아들. 과거에 올라 國子監大司成에 이르렀다.
4	聰逸	淸州	輿地勝覽	태조때에 韓粲이 되었다.
5	王可道	淸州	輿地勝覽	본성 이씨. 성종때 장원, 吏部尙書 參知政事 上柱國 開城縣 開國伯에 이르고, 왕씨의 성을 하사받음. 덕종비는 그의 딸. 시호 英肅, 현종 묘정 배향
6	郭元	淸州 上黨縣	高麗史 輿地勝覽	성종 대 갑과에 올라 여러 번 승진하여 起居舍人, 현종 12년에 中樞直學士에 임명
7	郭尙	淸州	高麗史 輿地勝覽	선종 때에 監察御史에 임명, 刑部尙書·參知政事 역임. 시호 順顯
8	郭輿	淸州	高麗史 輿地勝覽	상의 아들. 등과하여 禮部員外郎이 되었다. 금주에 숨어 있다가 예종이 불러 선생으로 우대
9	弟弓·嚴式	天安	輿地勝覽	태조 13년, 大丞 제궁으로 都督府使를 삼고, 元甫 엄식으로 副使 삼다.
	堅金	淸州	高麗史	本州領軍將軍
10	龔直	懷仁, 燕山 昧谷	高麗史 輿地勝覽	신라 말, 本邑將軍으로 아들 英舒와 태조에게 귀부. 大相에 제수되어 左丞에 이르렀다. 시호 奉義.
11	龔直達		輿地勝覽	공직의 아들. 아우 금서와 후백제의 볼모가 되었는데, 직이 태조에게 귀부하자 견훤이 죽였다.
12	林曦	鎭川	輿地勝覽	興化君에 봉했다. 혜종비 義和王后의 아버지이다.

연번	인명	출신지	출전	약력
13	金殷傅	公州 鞍山	高麗史 輿地勝覽	현종 때, 본주 절도사로 거란의 난을 피해 온 현종을 후대하여 총애를 받고 세 딸이 왕실과 혼인
14	李棹	全義	輿地勝覽	왕건이 범람한 금강을 건널 때 보호해 주어 도라는 이름을 내렸다. 벼슬은 太師 三重大匡에 이르렀다.
15	洪規	洪州	輿地勝覽	왕건을 섬겨 벼슬이 三重大匡에 이르렀다.
16	卜智謙	沔川	高麗史 輿地勝覽	신라 말, 당에서 와 해적을 물리치고 백성들을 보전한 卜學士의 후손, 초명 砂瑰, 왕건을 추대한 개국공신으로 본주 토지 3백 경을 하사받음. 시호 武恭
17	卜智柔 ·朴述熙	沔川	高麗史 輿地勝覽	18세에 궁예의 衛士였으나, 뒤에 왕건을 섬긴 공으로 大匡에 오름. 시호 嚴毅, 혜종묘정 배향
18	韓文俊	大興	輿地勝覽	인종대 문과 급제. 장주·장흥·남원 3개 군의 부사와 남경 부유수 역임
19	劉瑨	忠州 大原縣	高麗史	왕실의 외척
20	崔弘嗣	中原	高麗史	
21	梁元俊	忠州	高麗史	아전출신으로 광주원이 됨.

위의 <표 5>를 보면 대부분의 인물들이 충주와 청주에 집중되어 있다. 이는 충주와 청주가 신라 때부터 5소경의 하나로써 중시되었던 지역이라는 데서 그 원인을 찾을 수 있을 것이다.[29] 한편 그 밖의 다른 지역은 차령 이북이거나 공주에서는 상당한 거리에 위치한 지역이다. 단지 김은부가 공주 절도사로 있으면서 현종의 총애를 받아 세 딸을 왕실에 납비하였지만, 김은부의 출신지역은 공주가 아니라 안산이므로 이 지역 출신이 아니다.

---

29) 청주는 왕건이 부정적으로 인식하고 있었던 지역이었음에도 불구하고 청주 내부에서 '친태조세력'과 '반태조세력으로' 나뉘어 대립하고 있었기(김갑동, 1985, 「고려건국기의 청주세력과 왕건」『한국사연구』48) 때문에 그 처우에 매우 신중을 기하였던 것으로 볼 수 있다.

그러므로 충청도 지역에서도 관인으로 등용된 인물은 지역적으로 차령 이북과 공주에서는 거리상 멀리 떨어진 지역의 사람들이었다. 특히 제8조에서 지칭한 지역은 옛 백제의 중심지역으로써 고구려의 후계자를 자처하는 왕건 세력과는 상당한 적대감을 갖는 관계였을 것으로 생각된다.

이제까지의 논의로 보면 왕건의 유훈인 훈요십조 가운데 제8조는 준수가 잘 되고 있었던 것으로 보여지며, 이러한 사정은 다른 조항에서도 마찬가지였을 것으로 사료된다.

3. 결론

지금까지 고려 왕건의 훈요 제8조에 대하여 고찰하였다. 특히 훈요십조의 '위작설'의 여부와 관련하여 그 진위 여부를 당시의 역사적 배경 및 실증적인 사실과 관련지어 살펴보았다. 그 결과 다음과 같은 사실을 알게 되었다.

지금까지 훈요 제8조에 나오는 '車峴以南公州江外' 지역은 그 위치 비정이 통설상으로 전라남도를 지칭하는 것으로 되어 있으나, 이는 왕건이 의도했던 지역과는 달리 조선 후기 일련의 풍수지리 사상가들에 의하여 직관적으로 해석된 것으로써 실제 지역은 이와는 달랐다.

'車峴以南公州江外' 지역의 위치비정에 있어서 왕건이 상정한 차별 지역은 종래의 통설처럼 충남 일대와 호남 전부를 아우르는 넓은 지역이 아니었다. '車峴以南公州江外'는 차령 이남과 공주일대를 흐르는 금강만을 포함하는 좁은 지역이었다.[30]

---

30) 훈요 제8조와 관련하여 '손제민'이라고만 밝힌 분으로부터 제보를 받았다. '손제민'에 따르면 훈요 제8조의 '차현'은 안성과 음성을 연결하는 수레티이며, '공주 강외'는 청원의 강외면이 북쪽이고 강내면이 남쪽이라는 예에 따라 공주강 북쪽을 의미하는 것이라고 한다. 그렇게 위치를 비정하면 지금의 목천과 청주 등이

이 지역들은 왕건이 궁예를 내쫓고 정권을 장악하자 '叛附'한 지역이라는 특징을 갖는다. 그러므로 이 지역인들에 대한 왕건의 인식은 매우 부정적이었다. 이른바 '山形地勢並趨背逆 人心亦然'이라는 표현은 그에 대한 한 표현이었다. 이 지역에 대한 왕건의 인식 또한 부정적이어서 왕건은 이 지역이 '變詐'가 많다고 하여 혐오하는 지역으로 간주하였다. 특히 목천인에게는 짐승의 성을 내릴 정도로 가혹한 조처를 취하였다.

따라서 왕건은 물론이고 그 후대의 왕들도 이 유훈을 지켜 이 지역인들의 등용을 극히 제한하였다. 종전의 통설인 충남과 호남을 가리키는 것이라면 그 준수여부가 문제 되는 것이나, 웅·운주를 중심으로 한 지역들이라면 실제로 등용된 인물들이 거의 없다고 하여도 과언이 아니다. 단지, 충주와 청주의 인물들이 다수 있지만 이 지역인들은 신라 때부터 5소경의 하나로 중시되던 지역이라는 데서 그 원인을 찾을 수 있을 것이다. 한편 그 밖의 다른 지역은 차령 이북이거나 공주에서는 상당한 거리에 위치한 지역이다. 공주절도사 김은부가 현종의 총애를 받아 세 딸을 왕실에 납비하였지만, 김은부의 출신지역은 공주가 아니라 안산이다. 그러므로 충청도 지역에서도 관인으로 등용된 인물은 지역적으로 차령 이

모두 포함된다. 조금 더 구체적으로 말하자면, 안성의 죽주 이남 강외면 이북이 되어 왕건의 즉위기에 가장 자주 등장하는 지역들을 의미하게 된다. 필자가 비정한 위치와 부합되는 것은 아니지만, 대체로 비슷한 역사적 맥락에서 유래되는 것이라고 생각된다. 그러나 필자는 아직 훈요 제8조의 차현을 안성과 음성의 경계에 있는 차현으로 비정하는 데에 주저하고 있다. 문헌적 근거와 실제 현지 답사 등을 통하여 보완되어야 할 것이라고 생각한다. 단지 이 일대에서 최근 복합적인 호족의 존재 형태를 알려주는 내용의 유물들이 출토되어 나중에 현지 답사와 고증을 거쳐서 확인하고 싶다. 예컨대 청주 호족으로 알려진 能達(毛)의 이름이 있는 기와조각 등의 출토(『봉업사』, 2002, 안성시·경기도박물관)나 龔直(『고려사』 권92, 공직열전)이 이 지역을 녹읍으로 받았다는 해석 등이 이 지역을 '차현이남 공주강외'지역과 부합되는 단서를 제공하지 않을까 생각한다. 손제민씨의 제보 내용은 본장의 말미에 수록해 두었다.

북과 공주로부터 거리상 멀리 떨어진 지역의 사람들뿐이었다. 다시 한번 요약하면 왕건의 훈요십조 가운데 제8조의 '車峴以南公州江外' 지역은 통설처럼 호남 전부와 충남 일부를 가리키는 것이 아니고, 차령 이남 지역과 공주를 중심으로 한 그 일대 지역을 의미하는 것으로 여겨진다.[31]

그러나 위치비정에 대한 문제는 역사지리적 접근에서 매우 중요한 의미를 갖지만, 한편으로는 이견이 많을 수 있는 부분이다. 필자의 견해에 대하여서도 앞으로 많은 보완이 있어야 할 것이다.

---

31) 훈요 제8조에 관해서는 김갑동(2002, 「왕건의 훈요10조 재해석 – 위작설과 호남 지역 차별 – 」『역사비평』60)과 신호철(2003, 「고려 태조의 후백제 유민정책과 '훈요 제8조'」『이화사학연구』30, 137~154쪽)의 연구가 있다. 김갑동은 위치비정을 '후백제 지역에서 전남 지역을 제외하는 지역으로 설정'한다는 주장을 했다. 신호철은 종전의 후백제 지역에서 나주와 그 일부 지역은 포함되지 않으며, 훈요 제8조의 역사적 의미는 '(후백제) 통합의 怨'에 대하여 불만 있는 일부 세력에 대한 조치라고 하였다. 그러나 이러한 해석은 모든 정치 일반에 공통적으로 적용되는 것이다. 왕건은 훈요 제8조를 특히 후백제 지역에서도 불만 있는 사람들에게만 적용하라는 애매한 의미로 남겼던 것이 아니었을 것이라고 생각한다. 왕건의 훈요십조 가운데에는 거란을 '금수'라고 표현 하는 등 구체적이고 단호한 용어가 사용된다. 이러한 사정으로 볼 때 훈요 제8조에 명시된 지역은 왕건에게 아주 특정하게 불만족스러운 인상을 남긴 지역이었을 것으로 추정하고 싶다. 그리고 그 시기가 후삼국통일과정 때가 아닌 궁예에서 왕건으로 정권이 교체되던 그 어떤 시기였을 것이라는 주장이 필자의 견해이다. 왕건이 가장 어려웠던 정치적 시기는 아마도 그 무렵이었을 것이다. 그리고 필자는 그 시기의 상황을 설명하는 과정에서 위치비정을 재검토하였다.

[추기] '車峴以南 公州江外' 지역의
목천 일대설에 대한 반응과 제보

필자가 주장한 바와 같은 위치비정은 현재 통설로 되어 있지 않다. 여전히 학계의 통설은 광역의 후백제 지역이며, 필자와 같은 논지는 이 이화의 저서에서 여러 설을 소개하면서 잠시 비친 적이 있을 뿐이다. 그런데 2008년, 독자라고 하는 손제민씨로부터 귀중한 제보를 받았다. 그 내용은 '차현'은 현재의 안성과 음성 사이의 '수레티'를 말하여, '공주강 외'는 공주강의 북쪽을 의미하므로 '차현 이남 공주강외' 지역은 청주 일대를 지칭한다는 것이다. 그리고 그러한 내용이 있는 블로그를 알려 주었기에 그곳에 게재된 내용의 일부를 여기에 수록해 둔다.

<손제민의 제보>

○ 훈요십조(訓要十條) 제8항의 차현고개(車峴) 공주강(公州江)위치와 위작 론 2008/08/07 <http://blog.chosun.com/casy/3220308>

(전략)
훈요십조 제8항 원문을 보면:
원문 : 其八曰, 車峴以南, 公州江外, 山形地勢並趨背逆, 人心亦然, 彼下州郡 人, 參與朝廷, 與王侯國戚婚姻, 得秉國政, 則或變亂國家, 或銜統合之 怨, 犯蹕生亂, 且其僧屬官寺奴婢, 津驛雜尺, 或投勢移免, 或附王侯宮 院, 奸巧言語, 弄權亂政, 以致灾變者, 必有之矣, 雖其良民, 不宜使在 位用事

여기서 문제가 되는 車峴以南, 公州江外의 지역은 어디인가?.

한자를 보면 車峴의 峴은 볼見에 뫼山이 옆에 붙어있는 고개/재 峴자로 산이 보이는 높지 않은 지역를 뜻하는 글자다. 嶺이란 거느릴領에 뫼山을 머리에 이고 있는 글자로 산들을 거느리고 있는 높은 지역을 뜻하는 글자다. 구릉지와 산이 많은 우리나라는 고개나 재가 많으며 한 지역에서 다른 지역으로 가는 종적개념으로 지역의 높낮이에 따라서 峴와 嶺를 선택하여 사용했다.

峴을 사용한 예를 보면, 한양에 있는 大峴/阿峴/梨峴/紅峴/車峴/雲峴/藥峴/餠市峴/瓦署峴/西學峴/綠礬峴/論峴, 개성의 泥峴/銅峴/不朝峴/朱雀峴, 성남의 金峴/走川峴/陽峴/書峴, 인천의 葛峴/橘峴/三呼峴, 다산 정약용의 고향 남양주 馬峴처럼 지역내에서 마을과 마을을 연결해주는 구릉지 같이 높이가 낮은 고개에서 사용되었고, 嶺을 사용한 예를 보면 鐵嶺/寒溪嶺/陳富嶺/彌矢嶺/大關嶺/花折嶺/鳥嶺/秋風嶺/車嶺/六十嶺처럼 높고 험준한 백두대간을 넘나드는 지역과 지역을 연결해주는 곳에서 사용되었다.

문제는 훈요십조를 원문 그대로 해석하지 않고 원문의 峴이란 글자를 嶺으로 바꿔치기하여 해석하는 사람이 있다는 것이다. 峴자를 嶺자로 바꿔치기하는 것도 모자랐는지 한술 더떠서 종적개념인 峴자를 산맥처럼 길다란 횡적개념인 산맥으로 왜곡하여 원문의 車峴以南을 車嶺山脈以南으로 조작함으로써 원문의 뜻이 완전히 달라지도록 만드는 사람이 있다.

車嶺山脈 명칭은 1903년 일본의 지질학자 고토분지로(小藤文次郎)가 처음 만들어 오늘날까지 사용되고 있는 용어로 일제시대 이전의 산경도나 지리서에는 없는 명칭이다.

고토분지로가 명명한 車嶺山脈은 백두대간이 오대산 부근에서 분기하

여 남서로 뻗어 충청북도와 경기도의 도계를 이루고 충북과 충남 경계지
역에서 끊겼다가 다시 충남 북부지역에 나타나 서해까지 뻗은 산맥이다.

고문서, 기록들을 보면 車峴 지명이 있는 곳은 평북 정주시, 평양시
순안구역, 황해도 은율군, 漢城府 車峴大路, 충북 음성군, 충남 연기군,
경남 산청군이고 車嶺 지명이 있는 곳은 평북 초산군, 충남 천안군, 강
원도 정선군이다.

그중 충북 음성군의 차현고개(수레티고개라고도 하며 한자로 표기하
면 車峴고개)는 지금도 사용되는 지명으로서 경기도 안성시 일죽면과
충청북도 음성군 삼성면 사이에 있다. 지금도 차현고개 표식이 남아있으
며 차현고개 주변은 삼국시대부터 군사적 요충지로 산성, 사찰 등의 유
적이 남아있다.

따라서 훈요십조 제8항에 기술된 車峴은 고토분지로가 명명한 車嶺
山脈이나 높고 험준한 충남 천안의 車嶺과 같은 지역으로 해석해서는
안된다.

다음으로 훈요십조 제8항 車峴以南, 公州江外의 公州江外는 어디이
고 錦江과 公州江은 같은 개념인가.

고지도와 조선시대 山經表 등을 보면 白頭大幹의 淸北正脈과 淸南
正脈사이에 있는 강을 淸川江이라 하고, 漢北正脈과 漢南正脈사이에
있는 강을 漢江이라 하고, 錦北正脈과 錦南正脈사이에 있는 강을 錦江
이라 하며, 洛東正脈에 있는 강을 洛東江이라 했다.

『동국여지승람』 등에 보면 금강은 지나가는 지역에 따라 옥천지역은
赤登津江, 청주 지역은 淸州江, 연기지역은 芙江, 웅진 지역은 熊津江,
부여 지역은 白馬江, 하류 지역은 古城津江으로 불렀으며 강 전체를 뜻
하는 금강과는 다른 개념이다. 웅진이란 지명이 통일신라 경덕왕 때 웅
주로 바뀌었고 태조 왕건이 웅주를 公州로 개칭하였으며 공주 지역을
흐르는 강 이름도 지명에 따라 공주강으로 개칭되었다.

한강은 지역에 따라 홍천강, 평창강, 주천강, 동강, 소양강, 북한강, 섬강, 남한강, 임진강으로 불리지만 강 전체를 뜻하는 한강과 개념이 다르고, 낙동강이 지나가는 지역에 따라 안동강, 밀양강, 영강, 금호강, 남강이라 불리지만 강 전체를 뜻하는 낙동강과 다른 개념이며, 영산강이 지역에 따라 남포강, 목포강, 사호강, 곡강, 오례강, 황룡강이라 불리지만 강 전체를 뜻하는 영산강과 다른 개념이고, 만경강이 고산천, 소양천, 탑천, 삼천과 전주시를 지나는 전주천으로 이루어져 있는 것처럼 錦北正脈과 錦南正脈 사이에 퍼져있는 강 전체를 뜻하는 錦江과 公州고을을 흐르는 公州江은 다른 개념이다.

궁예는 변란을 피해 차현고개 인근의 칠장사에서 유아 때부터 10여 세까지 보냈다. 그런 연유로 청주 지방 일대는 궁예의 고향으로서 정치적 기반이 되었으며 궁예가 청주 출신 사람들을 각별히 신임하여 중용하였고 왕권강화를 위해 청주 사람들을 철원으로 이주시켜 왕조의 기반으로 삼았다.

그러나 하루아침에 왕건 일파에게 억울하게 나라를 빼앗기고 통합되어버린 궁예의 추종세력들은 크나큰 분노와 반감을 가졌고 궁예의 정치적 고향이자 왕조의 기반이었던 청주 지방을 중심으로 임춘길, 이흔암, 선장 형제 등의 반란이 끊이지 않아서 왕건이 그 지방 호족들에게 동물의 성씨를 내리면서까지 탄압하였고 일부 세력은 후백제에 투항했다고 기록되어 있다. 또한, 청주 위쪽 차현고개 아래의 진천은 고구려·백제 멸망에 앞장선 김유신 장군이 태어나고 자란 곳이다. 기록에 의하면 고려 태조 왕건은 고구려를 멸망시킨 김유신을 안 좋게 평했다.

왕조를 찬탈하면 이전 왕조의 기반이 되었던 지역은 새 왕조에서 경계하게 되고 이전 왕조의 기반이 되었던 지역은 옛 영화를 되찾고자 틈만나면 도발하므로 왕건이 궁예의 기반이었던 청주 지방을 경계하라는 유훈을 남긴 것으로 보여진다.

태조 이성계가 고려 왕조의 기반인 개성 사람들을 많이 살상하고 과거를 못 보게 했던 기록이 있는데 같은 맥락이다.

고려 초의 기록을 보면 本州인 개성, 경기도와 배류하는 강으로 낙동강, 섬진강을 지목했는데 그 이유는 본주를 등지고 남쪽으로 흐른다는 이유에서였다. 청주강(미호천·무심천 – 청주강 – 부강)은 충북 음성군 부용산에서 발원하여 남쪽으로 흐르다가 충남 연기군에서 전북쪽에서 오는 지류와 합류하여 부강을 이루고 공주 지역으로 흘러가서 공주강을 이룬다. 고려 초의 풍수에 따르면 청주강은 본주와 배류한다.

또한, 훈요십조 원문 公州江外의 江外를 충청 지역에 남아있는 지명과 대조해 보면 금강 위쪽을 충청북도 청원군 강외면[江外面]이라 하고 금강 아래쪽을 충청북도 청원군 강내면[江內面]이라 하고 있다.

따라서 위와 같은 내용들을 가지고 훈요십조 제8항의 車峴以南, 公州江外를 그대로 해석하면 차현고개 아래와 공주고을을 감싸고 흐르는 공주강 위쪽 지역을 말함이니 지도를 보면 지금의 청주 지방이 된다.

훈요십조 제8항의 표기 방식으로 朴達峴以南　安東江外라 하면 박달고개 이남과 안동 고을을 흐르는 안동강과의 사이인 단양, 영주, 예천을 말하는 것이며 소백산맥 이남과 낙동강 이남 전체를 뜻하지 않는 것과 같다.

그러나 훈요십조의 원문 車峴以南, 公州江外을 해석하면서 차현고개를 차령산맥 이남으로 왜곡하고 공주강은 금강으로 왜곡하여 원문의 뜻과는 전혀 다른 뜻이 되도록 만드는 사람이 있다.

그런 사람이 주장하는 방식으로 해석하여 車峴以南을 차령산맥 이남으로 해석하면 충청도 이남 전체와 경상도 서부지역이 포함되고 車峴以南을 빼고 公州江外을 금강지역 전체로 해석하면 금강은 크게 전북과 충북에서 발원한 지류(몇몇 고지도는 충북에서 발원한 금강지류를 더 굵고 길게 표시했고 조선왕조실록에도 청주강이라 표기)가 충남에서 만나서 금강이 형성되므로 전북에서 발원한 지류로 보면 충청도 중·남부와 전라도, 충북에서 발원한 지류로 보면 충청도 동부와 경상도로 삼남지방 대부분이 해당된다. 그러나 훈요십조 제8항에서 차현이남을 빼고 공주 강만을 해석하는 것도 명백한 오류이다. 만약 태조 왕건이 오늘날의 충청도 중·남부와 전라도를 지칭하고 싶었다면 복잡하게 車峴以南 公州 江外라 하지 않고 간단히 公州江以南이라고 했을 것이다.

(하략)

제6장 철원 지역의 궁예 전승과 고려 재건에 대한 평가

　이번 장은 한 지역에서 구비전승된 기억들을 어떻게 왕조사 또는 통사와 접목시킬 수 있는가에 대한 필자의 고민을 정리한 것이다. 필자는 상당한 기간 궁예와 철원, 그리고 포천을 비롯한 여러 지역에 남아 있는 궁예 관련 구비전승에 관심을 가져왔다.[1] 이러한 작업은 이미 다른 분야에서 상당한 진척이 있었다.[2] 그러나 학문분야의 특성상 이를 역사의 재구성으로까지 연결하지는 못했다고 여겨진다.

　따라서 궁예와 관련된 구비전승을 지역별로 구분하여 그 특징을 검토하고, 그 가운데 궁예의 최후와 관련된 내용을 모아 정사류와 비교 분석하여 궁예와 궁예 정권의 최후에 대한 새로운 면모를 밝혀보고자 한다.[3] 미리 언급하자면 궁예의 최후와 관련된 구비전승을 통하여 궁예·왕건의 정권 교체기 상황을 구성해보고자 하는 것이다.

　구비전승을 사료로써 인용하는 것이 다소 부담가는 작업이지만,[4] 이

---

1) 이재범, 2006, 「역사와 설화사이」『강원민속학』 20.
2) 유인순, 2006, 「전설에 나타난 궁예왕」『태봉역사문화유적보고서』, 한림대학교 산학협력단.
3) 궁예의 최후와 관련된 설화의 역사적 복원이 유인순에 의하여 시도된 바 있다. 그는 관련설화들을 모아 '왕위 찬탈과 탈출, 복권을 위한 항쟁'이라는 장에서 처음 시도하였다(유인순, 위의 논문, 177~179쪽).
4) 본격적인 시도라고 할 수는 없으나, 지방의 구술자료가 보완적인 측면에서 이용된 사례는 보인다. 윤용혁(2000, 『삼별초의 대몽항쟁』, 일지사)은 '사료에는 보이지 않는 삼별초의 宋徵'의 존재를 인정하고 있으며(183~185쪽), '망바위'를

러한 시도를 통하여 다른 분야에서도 중앙의 정사류 자료와 향토의 구술
자료가 상호 소통을 통하여 객관성을 갖는 역사상을 구축할 수 있기를
바란다. 무리한 시도임을 알지만, 이러한 작업이 구비전승에 대한 사료
로써의 가치를 인정하는데 일정한 기여를 할 수 있기를 바란다.

1. 궁예 관련 구비전승의 분포와 특징

먼저 궁예 관련 구비전승의 분포지역을 살펴보도록 하자. 궁예 관련
구비전승의 분포지역은『삼국사기』나『고려사』등 정사류에 수록된 설
화적 내용들과 다른 내용을 전하는 지역만 대상으로 하고자 한다.

궁예와 관련된 설화가 가장 많은 곳은 철원이다. 이곳은 궁예가 대궐
을 지어 거주하였던 곳을 고궐리라고 하였던 것을 비롯하여 관련된 지
명, 설화가 많다. 그 이외의 지역으로는 포천, 안성이 궁예 관련 설화가
많다. 이러한 궁예 관련 자료를 집성한『태봉역사문화유적보고서』에 수
록된 내용을 대상으로 분석해 보면, 궁예 관련 구비전승과 관련된 유물·
유적은 현재 행정구역상 경상남북도를 제외하고 전국 각지에 흩어져 있
다.『태봉역사문화유적보고서』에 따르면 궁예관련 유물 유적은 6개도
23개 시·군에 분포되어 있다.[5]

그러나『태봉역사문화유적보고서』에는『삼국사기』나『고려사』와 같
은 정사류에 나타나는 설화와 관련된 지역들도 포함하고 있으므로, 현지
의 구술이나 읍지 등에서만 찾아 볼 수 있는 대상은 상대적으로 줄어들
게 된다.『태봉역사문화유적보고서』에는 유적의 일람표와 함께 유적 개

삼별초군이 망을 보던 장소(214쪽의 주 30), 배중손의 최후 항전지를 남도성으로
간주하고 있다(216~217쪽). 배중손의 죽음에 대해서도 '구전적인 현지인들의
믿음이 오히려 사실에 가깝지 않을까?'(229쪽)라는 언급은 시사하는 바가 크다.
5) 한림대학교 산학협력단, 2006,『태봉역사문화유적보고서』, 209~210쪽.

황을 소개해 두었으므로 이를 근거로 현지 구술 및 읍지에 소개된 내용을 보면 몇 가지 특징을 찾을 수 있다.

우선, 궁예 관련 설화는 시기와 지역에 따라 각각 달리 나타난다는 점이다. 그 까닭은 궁예의 활동지역이 한 곳에 머물러 있지 않았기 때문이다. 보고서에 요약된 표에 따르면 설화의 양적 분포는 철원, 포천, 평강, 안성의 순이다. 다른 지역은 1, 2건 정도이다.

그런데 궁예의 출생과 관련된 설화는 어느 지역에서도 보이지 않는다. 『삼국사기』에 외가에서 태어났다고 하는 것이 전부이다. 구체적인 장소가 어디인지는 알 수 없다.[6] 이와 관련된 설화는 다른 지역에서도 찾아볼 수 없다.

궁예 관련 설화는 그의 성장기부터 나타난다. 그의 성장기와 관련된 설화는 안성 지역에서만 찾아진다. 정사류에서는 모호한 부분이다. 단지 그가 10여 세에 찾아간 '세달사는 지금의 흥교사'라고만 밝히고 있어서 여러 이론들이 제기되고 있다.[7] 그렇지만 안성에 비정한 예는 없다. 그런데 설화상으로는 안성에서 상당한 예가 발견된다.

안성의 설화 가운데는 궁예가 피해서 처음 왔다고 하는 곳이 있다. 이곳과 가까운 곳에 진골인 궁예가 살았다고 해서 붙여졌다는 진촌리가 있고, 마주 보는 곳에 있는 강촌리는 궁예의 처 강씨 부인이 태어났다고 한다. 이곳에서 쌍미륵사 방향으로 가다보면 왕자골이 나온다. 그리고 칠장사는 궁예와 그의 유모가 50여 일을 걸어 와서 살았다고 하는 곳이다.[8]

---

6) 5월 5일에 외가에서 출생하였다고 한다. 그 때 지붕 위에 긴 무지개와 같은 흰빛이 하늘에까지 닿았는데, 일관이 아뢰기를 "이 아이가 중오일에 태어났고 나면서부터 이가 있습니다. 또 광염이 이상하였으니 장래 국가에 이롭지 못할 듯합니다. 기르지 마옵소서"하였다(『삼국사기』 권50, 열전10 궁예전).

7) 신호철은 10여세까지의 성장지가 청주였을 것으로 추정하고 그 지역과 연관된 활동을 하였다고 한다(신호철, 2003, 「고려 태조의 후백제 유민정책과 '훈요 제8조'」『이화사학연구』 30, 137~154쪽). 충청북도 청주 정북동 토성은 궁예가 이용했던 곳으로 알려져 있다.

칠장사의 명부전 뒤에 있는 궁지는 궁예가 활을 쏘는 연습을 하였던 곳
이라고도 한다. 굴암사도 궁예가 어린 시절을 보냈던 곳으로 알려져 있
다. 그 밖에도 안성의 국사암에는 궁예미륵이라고 불리는 삼존불이 있
다. 이 일대에서는 이 미륵이 궁예와 그의 두 아들인 신광보살과 청광보
살이라고 한다. 이처럼 안성에서만이 궁예의 성장기와 관련된 설화가 나
타난다.

　한편 궁예의 전성기와 관련된 설화는 여러 곳에서 산견된다. 다른 지
역보다도 철원에 전성기 때의 지명이나 유적이 많은 것은 당연하다. 먼
저 궁예도성과 어수정이 있다. 어수정은 궁예가 물을 먹었다고 하여 붙
여졌다. 그러나 엄밀히 말하자면 궁예도성과 어수정은 설화가 아니라
사실이다. 아직 발굴을 하지는 않았지만, 이 일대가 궁예도성이라는 사
실은 의심의 여지가 없다. 다음으로 볏가리소는 궁예의 군사들이 물을
길어 먹었다고 하는 곳이다. 그리고 군사들의 양식을 쌓아 두었다고 하
는 군량동이 있다. 이 밖에도 철원에는 그의 전성기를 의미하는 지명들
이 남아 있다. 궁예바위는 명성산 정상 부근에 있는데, 이곳에서 궁예가
궁예도성을 쌓는 것을 감독하였다고 한다. 마명동은 궁예왕 때 군사에
사용할 말을 먹이던 곳으로 말울음이라는 데서 유래한 지명이다. 무금
동은 궁예가 군사용으로 무기를 제작하였던 곳이라고 한다. 또한 성모
루는 궁예왕 때 군마 사육과 훈련장으로 사용하기 위한 토성이 있던 곳
이라고 한다. 장수나들은 궁예왕 당시 장수들이 말을 타고 가며 훈련을
하였던 곳이라 한다. 장수들이 나들던 곳이라 하여 이러한 지명이 붙었
다고 한다. 활텃개는 궁예왕 때 활을 쏘던 곳이라고 한다. 철원은 전성
기를 알려주는 명승지도 있다. 양천은 궁예가 遊觀했던 휴식처로 알려
져 있으며, 북관정은 궁예가 즐기던 정자이다. 동막동은 궁예의 군영이

---

8) 현재 세달사 부근으로 영월 일대로 왔을 것으로 추정하고 있다(장준식, 1999, 「세
　달사의 위치에 대한 고찰」『문화사학』 11·12·13합호).

있었던 곳이다.

평강군에는 사청산이 있다. 궁예가 무예 훈련장으로 사용하였다는 곳이다. 또한 문과장이 있는데, 궁예가 과거를 실시했다고 하는 곳이다. 우리나라에서 과거의 최초 시행은 고려 광종 대라고 하는데, 궁예왕 때 가능했는지 여부는 알 수 없다. 그것이 어떻든 궁예왕 때 문과를 실시했다는 설화가 있는 것은 흥미롭다. 전쟁만 했던 것이 아니라 내치가 활발했었다는 표현이다. 완이정은 궁예가 기생들이 악기 연주하는 것을 보고 '빙그레 웃었다'고 하여 붙여진 지명이다. 전중평은 궁예의 적전이라고 한다.9) 적전은 왕이 몸소 농경을 했다는 장소이다.

포천군에도 궁예의 전성기와 관련된 지명이 있다. 남창동은 궁예가 군대를 거느리고 공격할 때 사용할 군량미를 비축하였던 곳이다. 강원도 양구에는 군량동이 있는데, 궁예가 맥국을 정벌할 때 군량을 운송하는 길이었다고 한다.10) 파주의 금파리에는 성지가 있는데, 궁예왕이 철원에서 피신하여 거주하면서 쌓은 성이라고 하며, 한편으로는 궁예 혹은 왕건의 이궁이었을 것이라는 추정도 있다. 이 부근의 치마대는 궁예가 군사를 독려했다는 곳이다. 연천에는 미래가 있다.11) 궁예는 조수의 영향을 이용하여 수운을 고려했는데, 여러 명이 힘을 모아 배를 밀며 언덕을 넘어 다녔다고 한다. 이때 '밀어!'라고 하여 밀어고개라고 했던 것이 미래고개로 바뀌었다고 한다. 경기도 풍덕에는 임해관이 있다.12) 이곳은 궁예의 수군기지가 있었다고 한다. 그리고 왕건이 전라도에 수군을 거느리고 갈 때 이곳에서 수리를 했다고 한다. 충청북도 청주 정북동 토성은 궁예가 이용했던 곳으로 알려져 있다.

궁예의 전성기와 관련있는 지명으로 여겨지는 지역들은 대개 철원을

---

9) 한림대학교 산학협력단, 2006, 『태봉역사문화유적보고서』, 308~310쪽.
10) 한림대학교 산학협력단, 위의 책, 303쪽. 『輿地圖書』 강원도 양구 고적.
11) 한림대학교 산학협력단, 위의 책, 221쪽.
12) 한림대학교 산학협력단, 위의 책, 230쪽.

중심으로 포천, 평강, 파주, 연천, 풍덕 등지로 그의 전성기 활동무대인 한반도의 중부지역에 널리 분포되어 있다. 그리고 이 지역들의 공통점은 철원을 중심으로 일정한 거리에 있는 지역이라는 점이다.

한편 각 지역들도 특징이 있다. 철원은 궁예왕의 도읍지답게 궁예도성을 비롯하여 정자가 있기도 하지만, 군사시설이 주를 이루고 있다. 이에 비하면 평강은 문과장, 적전 등 궁예가 통치자로서 실질적인 정책을 펼쳤던 흔적을 말해주는 것들이 있다.

이와 함께 포천, 철원과 평강에는 궁예와 왕건이 전투를 했다는 흔적을 남기고 있는 지명이 많아서 이채롭다.[13] 그리고 이 세 지역의 전투와 관련된 지명들은 특징을 갖는다. 포천 일대에 남아있는 지명은 전투의 과정을 알려주는 반면, 철원에 남아있는 것들은 궁예의 피신과정을, 그리고 평강의 지명들은 궁예의 최후와 관련이 있다.

이처럼 포천, 철원 및 평강 일대에 궁예의 최후와 관련된 설화가 많다는 것은 당연하다 할 것이다. 『고려사』에 따르면 궁예는 궁예도성의 남쪽에 있는 월하리 왕건의 사저에서 바로 공격을 개시한 왕건의 공격으로 순식간에 무너졌다. 이때 1만 명이 넘는 사람들이 궁 앞에서 궁예를 몰아내기 위해 준비하고 있었다고 한다. 그러므로 궁예가 최후를 맞게 된 지역이 철원 일대였음은 당연하다 할 것이다. 후삼국시대 궁예왕은 이 지역을 수도로 삼고 명칭도 '철원경'이라고 하였다.[14] 자연스럽게 이 일대가 주요한 전투장으로 변하였을 것이다. 그러므로 지명과 관련하여 이 지역이 궁예와 왕건이 전투를 하였을 것이라는 추정은 지극히 자연스럽다.

그러나 이 일대에 있는 궁예와 관련된 지명을 근거로 역사를 재구성하는 것은 매우 위험스러운 일로 간주되어 왔다. 중앙에서 편찬한 사서나 지리지에서는 전혀 나타나지 않는 내용들이라서 무시되어 왔던 것이

---

13) 전투와 관련된 지명들의 구체적 내용은 이번 장의 뒷부분에서 소개하기로 한다.
14) 이재범, 2005, 「궁예정권의 철원정도시기와 전제적 국가경영」『사학연구』80.

다. 관찬사서에 없다고 해서 1,000년 이상 구비전승되어 온 이야기가 전부 무시되어 왔던 것이다. 이 점은 단군설화를 비롯하여 『삼국유사』에 수록된 설화를 역사사료로서 취급하는 것에 비하면 궁예 설화는 상당히 편파적인 취급을 받아왔다.[15] 그런데 궁예 설화는 누군가의 조작으로 보기에는 몇 가지 점에서 일정한 역사적 진실을 말한다고 할 수 있는 특징이 있다. 궁예 관련 설화의 특징은 집중성과 구체성, 그리고 통일성이다. 먼저 집중성이란 지역적으로 같은 시기의 설화가 집중되어 있는 것을 말한다. '성장기=안성', '전성기=철원', '전투=포천', '최후=평강'이라는 마치 도식적이라고 할 수 있을 정도로 자료가 지역적으로 집중되어 있다. 다음 구체성은 전투와 관련된 구체적인 명칭 또는 전투 방식, 이동로 등을 이해할 수 있는 근거를 제공한다는 의미이다. 마지막으로 통일성은 지역과 시기가 통일되어 있다는 뜻이다. 단지 여기서 의문이 생기는 것은 어떻게 하여 그렇게 생생한 전투기사들이 마치 의도대로 작성한 것처럼 현재까지 구전될 수 있었을까 하는 점이다.

정사류의 내용들은 문자의 형태로 처음부터 편찬자의 의도가 보관이 가능한 상태에서 내려왔다. 그 보존이 크게 문제가 되는 것은 아니다. 그러나 입을 통하여 나오는 것은 보존이 매우 어려울 것으로 여겨진다. 그럼에도 불구하고 이 지역에 이러한 내용들이 구비전승되어 오고 있다는 것

---

15) 김두진이 "『삼국유사』에 실린 설화는 생생한 역사적 진실을 전한다. 설화로 된 사료는 전승되는 과정에서 신이한 신앙이 더 첨가되기도 했지만, 원래의 모습 중 탈락되는 면도 있었다. 그것은 고대의 역사적 개별사실이 고려 중기사회에서 불필요하게 되었거나 또는 처음 작성될 당시에 윤색된 면이다. 『삼국유사』에 실린 설화가 구체적 역사사실을 직접 알려주는 데에는 부족할지라도 작성자에 의해 윤색된 부분은 전승되는 과정에서 탈락되면서 역사적 진실을 거침없이 드러내준다. 실성왕이 고구려 군사들에게 살해되었다거나 또는 진지왕이 국인에 의해 폐위되었더라고 함은 물론 『삼국사기』 등의 사서에 언급되지 않았지만, 그것이 역사적 진실이다"라고 한 것이 참고된다(김두진, 2001, 「삼국유사 소재 설화의 사료적 가치」 『구비문학연구』 13).

은 이 지역에서 무엇인가를 상징적으로나마 후대에 알려야 한다는 일종의 의무감 같은 의식의 전승이라고 할 수 있을 것이다. 더욱이 그 내용은 마치 계획적으로 저술이라도 한 것처럼 통일된 것을 가지고 있다면, 구비전승이라고 하여도 어느 정도의 역사적 진실성을 부여할 수 있지 않을까?

2. 정사류와 구비전승의 비교를 통해 본 궁예 정권의 최후

구비전승으로 궁예의 역사를 재조명하려는 노력은 이미 있었다.[16] 구비문학 분야에서 이미 있었는데 다소 필자와 견해를 달리 하는 부분이 있다. 따라서 정사류에 소개된 내용과 구비전승을 비교하여 궁예의 최후를 구성해 보고자 한다.

1) 정사류에 기록된 궁예의 최후

정사류에 나타난 궁예의 최후는 갑작스러운 것으로 표현된다. 『삼국사기』 견훤전과 연표에는 궁예의 최후가 예기치 못했던 사건으로 서술되고 있다.

  A-1. 정명 4년 무인(918)에 철원경 사람들의 마음이 홀연히 변해 우리 왕건을 추대해 왕위에 오르게 하였다. 견훤이 이 말을 듣고는 가을 8월에 일길찬 閔郤을 보내 축하를 표하고, 이어 공작선과 지리산의 대나무 화살을 바쳤다.[17]

  -2. 6월에 궁예의 휘하 인심이 홀연히 변하여 왕건을 추대하니 궁예는 도망하다가 아랫사람에게 피살되고, 왕건은 즉위하여 연호를 칭하였다.[18]

---

16) 유인순, 2006, 「전설에 나타난 궁예왕」 『태봉역사문화유적보고서』, 한림대학교 산학협력단.
17) 『삼국사기』 권50, 열전10 견훤전.
18) 『삼국사기』 권12, 신라본기12 경명왕 2년 ; 『삼국사기』 권31, 연표(하).

위의 두 기사는 모두 궁예가 철원경의 인심이 변하여 갑자기(忽變) 몰려나고, 왕건이 추대에 의하여 왕위에 올랐음을 말하고 있다. A-1과 A-2의 내용이 차이가 있다면 A-2의 내용에는 궁예를 죽인 자가 부하라는 내용이 더 있다는 정도이다.

이러한 상황 설명은 『삼국사기』 견훤전과 연표를 답습한 『삼국유사』에도 거의 같은 내용으로 소개되어 있다.

> B-1. 정명 4년 무인(918) 철원경의 衆心이 갑자기 변하여 우리 왕건을 추대하였다. 훤이 이를 듣고 사신을 보내어 축하하였다. 그리고 공작선과 지리산 죽전 등을 보냈다.[19]

> -2. 후고구려 태조 무인(918) 6월에 궁예가 죽고, 왕건이 철원경에서 즉위했다.[20]

그리고 『삼국사기』 궁예전에는 궁예가 몰려나게 된 동기를 비교적 상세하게 설명하고는 있지만, 궁예의 몰락 원인이 궁예가 강씨 부인을 죽인 이후로는 의심이 많아지고 갑작스럽게 분노하는 일이 많아져, 여러 벼슬아치와 장수들이나 아래로 일반 백성에 이르기까지 무고하게 도륙하는 일이 자주 일어나 부양과 철원 사람들이 그 고충을 견디지 못한 것에 있다고 기록하고 있다.

그리하여 918년에 발견된 이른바 「왕창근 고경문」을 근거로 하여 왕건과 그의 휘하 장수들이 쿠데타를 일으킨 것으로 기록하고 있다. 왕건의 일파는 자신들의 이익보다는 부양과 철원의 衆心을 반영하였다는 표현이다.

여기에 가담한 사람들은 고경문을 번역한 宋含弘 등과 洪術(洪儒),

---

19) 『삼국유사』 권2, 기이(하) 후백제 견훤전.
20) 『삼국유사』 권1, 왕력.

白玉衫(裵玄慶), 能山(申崇謙), 卜砂瑰(卜智謙) 등이었다. 송함홍 등은 고경문의 번역을 거짓으로 꾸며 궁예에게 보고하였고, 홍술 등은 6월에 왕건에게 찾아가 혁명을 권하고 있는 것이다. 이때 왕건은 이를 거절하며 다음과 같이 말한다.

> C. 나는 충성과 순직으로 자처하거니와 지금 왕이 비록 사납고 나라가 어지러우나 감히 두 마음을 가질 수는 없다. 대저 신하로서 임금자리에 갈마드는 것은 이야말로 혁명일 것인 바, 나에게 실로 그런 덕이 없는 터에 감히 은나라 탕왕과 주나라 무왕의 일을 본받겠는가?[21]

왕건의 이 사양은 본인의 뜻을 전달한 것일 수도 있을 것이다. 그러나 한편으로는 거사를 하기 위한 명분을 민심에 의한 것이라고 하기 위한 처사라고 할 수도 있다. 왕건이 거사에 참여하기 위한 명분은 부인 유씨의 발언이었다.

> D. 어진 이가 어질지 못한 이를 치는 것은 예로부터 그리하여 왔습니다. 지금 여러분의 의논을 들어보니 저조차도 오히려 분이 치밀어 오르거늘, 하물며 대장부로서야 이를 나위가 있겠습니까? 이제 여러 사람들의 마음이 홀연히 변한 것은 천명이 돌아왔기 때문입니다.[22]

부인 유씨는 혁명은 衆心을 얻은 천명이라고 하여 갑옷을 왕건에게 건네며 거사를 강요한다. 결국 이러한 과정을 거쳤음에도 불구하고 거사는 918년 6월에 갑자기 일어난 것으로 되어 있다. 그리고 그 전개과정도 전광석화와 같다. 부인 유씨의 발언이 끝나자마자 여러 장수들이 왕건을 붙들어 옹위하고 문을 나서고 있는 것이다. 사전의 모의도 없이 6월의 어느 날 밤에 바로 거사에 들어가게 된 것이라고 기록하고 있다. 이때의 상황을 구체적으로 검토해 보도록 하자.

---

21) 『삼국사기』 권50, 열전10 궁예전.
22) 『삼국사기』 권50, 열전10 궁예전.

E. 앞서 인도하는 이에게 "왕공께서 이윽고 정의의 깃발을 들었다"라고 외치
게 하였다. 이리하여 앞뒤에서 분주히 달려나와 따르는 이들이 그 얼마인
지 알 수도 없었으며, 게다가 먼저 궁성 문밖에 도착해 북을 두드리고 떠
들어대면서 기다리는 사람들이 1만 명이었다. 그리하여 왕(궁예)이 이 말
을 듣고 어찌할 바를 모르다가 급기야 변장을 하고 산림 속으로 도망해 들
어갔는데, 얼마 안 있어 부양의 주민들에게 살해되었다.[23]

위의 내용에서처럼 『삼국사기』 궁예전에서는 궁예에 대하여 일반 백
성들에 이르기까지 많은 사람들이 이미 민심을 저버렸음을 암시하고 있
다. 더욱이 궁예가 자신의 근거지인 '부양민'들에 의해 살해되었다고 하
여 왕건이 衆心을 얻었음을 강조하는 필법을 구사하고 있다.[24]

그렇다면 『삼국사기』에서 이토록 衆心의 획득과 천명을 강조하는 까
닭은 무엇이었을까? 그리고 그토록 『삼국사기』에서 강조했던 궁예의 실
정에 대한 구체적인 내용과 진면목은 과연 무엇일까?

『삼국사기』 궁예전에 수록된 궁예의 실정에 관한 기사를 검토해 보도
록 하자. 실제 『삼국사기』에는 왕건의 거사를 衆心의 忽變이라고 하였
지만, 궁예의 실정에 관하여 상당히 일찍부터 거론해 오고 있다. 그러나 그
내용을 구체적으로 검토해 보면 궁예의 실정이라기보다는 『삼국사기』
찬자의 논평이거나 궁예와 견해를 달리 하는 일부 사람들의 견해라는 사
실을 알 수 있다. 이와 관련된 내용을 살펴보도록 하자.

F-1. 천복 원년 신유(901)에 善宗이 스스로 왕을 일컫고 사람들에게 이르기를
"지난날 신라가 당에 군사를 요청해 고구려를 깨뜨렸던 까닭에 평양의
옛 도읍이 피폐해 풀만 무성하게 되었으니, 내가 반드시 그 원수를 갚으

---

23) 『삼국사기』 권50, 열전10 궁예전.
24) 조선시대에 편찬한 『고려사』에는 '궁예는 암곡으로 도망하여 이틀 밤을 머물렀는
데 허기가 심하여 보리 이삭을 몰래 끊어 먹다가 뒤이어 부양민에게 살해당한 바
가 되었다'라고 하여 거사 이틀만에 백성에게 살해된 것으로 서술하고 있다(『고
려사』 권1, 태조세가 정명 4년 6월 을묘조).

리라"라고 하였다. 대개 그가 태어났을 때 버림받았던 것을 원망했던 까닭에 이런 말을 했던 것이다. 한번은 남쪽을 돌아다니다 홍주의 浮石寺에 이르렀을 때 벽에 신라왕의 모습이 그려져 있는 것을 보고 칼을 뽑아 쳤는데, 그 칼자국이 아직도 남아 있다.[25]

-2. 천우 2년 을축(905)에 새 수도로 들어가 관궐과 누대를 수축하는데 한껏 사치를 다하였다. … 선종은 세력이 강성함을 스스로 자만했으며, 아울러 집어삼키려는 뜻으로 나라 사람들에게 신라를 '滅都'라 부르게 하고, 무릇 신라에서 오는 이들은 모조리 죽여 버렸다.[26]

-3. 주씨의 후량 건화 원년 신미(911)에 연호 성책을 고쳐 수덕만세 원년이라 하고, 국호를 태봉으로 고쳤다. … 궁예는 직접 불경 20권을 지었는데, 그 내용이 요망하여 하나같이 바른 도리에 어긋나는 것들이었다. 때로는 단정하게 앉아서 이를 강설하니 승려 釋聰이 이르기를 "모두 요사스러운 말이요 괴이한 이야기로 가르침 받을 만한 것이 못된다"라고 하였다. 선종이 이 말을 듣고 노하여 쇠몽둥이로 쳐죽였다.[27]

-4. 건화 4년 갑술(914)에 연호 수덕만세를 고쳐 정개 원년이라고 하였다. 왕건을 백선장군으로 삼았다. 정명 원년(915)에 부인 강씨가 왕이 그릇된 일을 많이 하는지라 정색을 하고 간하자, 왕이 미워해 말하기를 "네가 다른 사람과 간통을 하니 웬일이냐"라고 하였다. 강씨가 "어찌 그와 같은 일이 있겠습니까"라고 말하자, 왕은 "내가 신통력으로 보았다"고 하면서 뜨거운 불로 쇠방망이를 달구어 음부에 집어넣어 죽였으며, 그녀의 두 아들에게까지 화가 미쳤다. 이후로는 의심이 많아지고 급작스럽게 분노하니, 여러 벼슬아치와 장수들이나 아래로 일반 백성에 이르기까지 무고하게 도륙을 당하는 일이 자주 일어나, 부양과 철원의 사람들이 그 고충을 견디지 못하였다.[28]

궁예의 실정에 대한 내용은 위의 네 기사이다. 공교롭게도 궁예가 연호나 국호를 바꾸거나, 도읍을 옮긴다는 등 국가의 어떤 개혁의지가 보

---

25) 『삼국사기』 권50, 열전10 궁예전.
26) 『삼국사기』 권50, 열전10 궁예전.
27) 『삼국사기』 권50, 열전10 궁예전.
28) 『삼국사기』 권50, 열전10 궁예전.

이는 행위가 있을 때마다 궁예에 대한 실정의 내용이 나온다.

F-1의 내용은 궁예가 신라에 대하여 부정적인 생각을 하고 있다는 것이다. F-2도 신라에 대한 궁예의 생각이다. F-3은 궁예의 불교에 대한 비판이다. F-4는 부인 강씨를 죽인 일이다.

그런데 위의 네 기사는 모두 특정인의 생각을 반영하고 있다. 특별히 衆心의 반영은 보이지 않는다. F-1의 내용은 궁예가 신라 왕실로부터 버림받았기 때문에 고구려를 세웠다고 했는데, 앞 문장과 명분상 맞지 않은『삼국사기』찬자의 말이다. F-2는 궁예가 신라를 병탄할 목적으로 신라에서 귀부하려는 사람들을 모두 죽이라고 했다는 것으로『삼국사기』찬자의 평이다. 궁예가 F-3의 내용 가운데 '요망하여 바르지 못하다'는 평도『삼국사기』찬자의 것이다. 그리고 궁예의 불교에 대해서도 석총을 인용하여 '요사스럽고 괴이하다'고 평하고 있다. F-4의 내용은 부인 강씨와의 관계를 설명하고 있다. 부인 강씨가 말한 궁예의 그릇된 일이란 무엇이었을까?

위의 F-1~4의 궁예와 관련된 사항은 전부『삼국사기』찬자의 논평만 있을 뿐이다. 구체적으로 궁예의 어떤 처사가 실정인지는 말하지 않고 있다. F-1에서는 이미 관련없는 서술을 찬자가 하고 있는 것을 지적하였다. F-3에서도 불경의 어떤 내용이 요망한 것인지에 대한 구체적인 지적이 없다. 마찬가지로 강설의 어떤 내용을 석총이 요사스럽다고 했는지 밝히지 않고 있다. F-4에서도 마찬가지다. 강씨 부인이 말한 비법의 내용이 무엇인지 언급이 없다.

이처럼 궁예에 대한『삼국사기』찬자의 논평은 구체적인 내용은 없고, 부정적인 논평만 있을 뿐이다. 궁예에 대한『삼국사기』찬자의 평은 선입견에 의한 것이라고 할 수 밖에 없다. 그 선입견은 바로 신라에 대한 반역이었다고 할 수 있을 것이다. 다음은『삼국사기』권50의 말미에 있는 찬자의 궁예와 견훤에 대한 논평이다.

　　신라의 운수가 다하고 올바른 도리를 잃어 하늘이 돕지 않고 백성들도 붙
지 않았다. 그러자 뭇 도적들이 그 틈을 타서 마치 고슴도치 털처럼 일어났는
데, 그 가운데 가장 강한 자는 궁예와 견훤 두 사람 뿐이었다. 궁예는 본래
신라의 왕자였는데 도리어 제 나라를 원수로 삼아, 심지어는 선조의 화상까지
도 베어버리기에 이르렀으니 그 어질지 못함이 아주 심했다. 견훤도 역시 신
라의 백성에서 일어나 신라의 국록을 먹으면서 불칙한 마음을 품고 나라의
위태함을 다행히 여겨 도읍을 침략하고 임금과 신하들을 마치 새나 짐승 죽
이듯 했으니, 참으로 천하에서도 가장 악한 자였다. 그러므로 궁예는 자기 신
하에게 버림을 받았고, 견훤은 자기 자식에게서 재앙을 입었다. 모두 스스로
취한 것이니 또 누구를 탓하랴. 비록 項羽나 李密 같이 뛰어난 재주를 가진
자도 한나라와 당나라가 일어나는 것을 막지 못했으니, 하물며 궁예나 견훤
같이 흉악한 자가 어찌 우리 태조에게 대항할 수 있었겠는가?[29]

　　위의 내용으로 보면 『삼국사기』 찬자의 궁예와 견훤에 대한 비판은
그들이 취해 온 신라에 대한 반역에 관한 것 뿐이다. 궁예는 신라의 왕
자로서, 견훤은 신라의 백성으로서 신라에 반기를 들었다는 것이다. 그
이면에는 왕건이 신라의 정통을 이었다는 것을 묵시적으로 이야기하고
있다.

　　그러나 여기에는 『삼국사기』 찬자들의 의도가 있다. 왜 왕건이 신라
의 장수가 되지 않고 궁예의 장수가 되었는지에 대한 설명은 없다. 그리
고 신라의 정통을 지키려면 왜 신라에 투항하지 않고 신라를 고려에 병
합했는가 하는 것에 대한 설명은 없다. 이 논평은 단지 고려의 통합을
당위화하려는 의도에서 지어진 것으로 보아야 할 것이다. 결국 이 논평
에 따르면 왕건의 혁명에 대한 명분은 궁예의 반신라정책을 명분으로 한
것일 뿐 다른 내용은 보이지 않는 것이다.

　　지금까지 정사류에 소개된 왕건의 궁예 축출과정에 대하여 살펴보았
다. 『삼국사기』 찬자들은 궁예의 실각이 그 지역민들에 의한 衆心을 잃

---

29) 『삼국사기』 권50, 열전10 견훤전 ; 『삼국유사』 권2, 기이 후백제 견훤.

어서 발생한 것으로 의식화하려고 했다. 『삼국사기』를 통해 궁예의 실정에 관한 내용을 구체적으로는 알수 없다. 사치스럽다거나 불경의 내용이 요망스러웠다는 것은 당시인들의 객관적 평가가 아니라 특정 인물과 집단에 의해 조작되었다고도 할 수 있는 평가에 불과한 것이었다. 그런데도 『삼국사기』 찬자들은 백성을 학대한 궁예를 천명에 의하여 백성들이 심판한 것으로 서술하고 있다. 연표에서는 궁예가 부하에게 살해되었다고 하였음에도 불구하고 열전에서는 구태여 '부양과 철원 사람들이 두려워 떨었다'는 내용이 등장하고, 궁예가 '부양의 주민들에게 살해'되었다는 점을 강조한 것은 그러한 의도에서였을 것이다.

2) 궁예의 최후와 관련된 구비전승

철원에 있는 궁예 관련 설화 가운데 궁예의 최후와 관련된 것이 있다. 궁예의 최후에 대하여 정사류에는 백성에게 맞아 죽은 왕으로 비참하게 기록하였다. 그리고 이에 대한 사관의 평가도 나쁜 짓을 한 사람은 죽어야 한다는 도덕적 논리이다.

그러나 현재까지 남아 있는 기록은 왕건의 입장에서 서술한 것만 있을 뿐, 궁예 측의 기록은 전무한 실정이다. 그런데도 정사류의 기록에 대하여 의심을 갖는 경우는 없다.[30] 그것이 어떻든 한국사학계에서의 통설은 정사류의 인용에서 크게 벗어나 있지는 않다. 궁예의 역사를 복원하는 측면보다는 정사류의 평가를 따라 왕건이라는 위대한 군주를 낳기 위한 과도적 인물이라고 한다. 궁예 측의 자료가 없는 한 왕건 중심의 자료만으로 당시의 실상을 그린다는 것은 다소 생각해 볼 점이 있다. 이러한 면에서 궁예 관련 설화는 궁예 측의 입장을 다소 대변하는 자료

---

30) 유인순이 '궁예왕에 대한 신화성의 부정과 훼손이야말로 승자의 횡포가 절정을 보이는 것'이라고 한 내용 참고(유인순, 2002, 「궁예왕 전설과 역사소설」, 『강원문화연구』 21, 80쪽).

라고 생각해 볼 수 있다.[31]

설화에 나타난 궁예에 대한 정서는 궁예를 악의적으로 서술하고 있지 않다. 설화에서는 궁예의 실정에 대해서 궁예 본인보다는 그의 부인에게 책임을 돌리려 한다. 다시 말하면 이 지역의 구비전승은 정사류에서는 궁예의 잘못으로 돌리려는 것을, 그의 부인에게 돌리고 궁예를 감싸자는 의도이다. 앞에서 살펴 본 바와 같이 정사류에서는 궁예가 자신의 부인이 간음을 하였다고 뒤집어 씌워 그녀의 소생인 두 아들과 함께 죽였다[32]고 하였지만, 설화에서는 그의 부인이 폭정을 하였다는 것이다.

> G. 그 여우(강씨 부인)가 썩은 사람의 고기를 좋아하는데, 임금님은 여우에게 반하여 여우가 하라는 데로 하여 억울하게 죽이기를 많이 하였다. 그것도 아주 잔인하게 죽였다고 한다. 결국은 송파에서 가져온 삼족구에 의해 여우가 죽게 되었다.[33]

이 설화의 내용으로 미루어보면 철원 지역에서는 궁예의 잔인함이 아니라 그 부인의 잔인함이 죽임의 원인으로 되어 있다. 물론 그 부인은 사람이 아닌 구미호라고 하였지만, 이 지역 사람들은 궁예의 포학함을 인정하기 보다는 다른 대상에서 찾고자하는 것에서 궁예에 대한 일종의 연민을 보이고 있다.

왕건 일파의 입장을 옹호하기 위하여 『삼국사기』나 『고려사』와 같은 정사류가 편찬되었다면, 철원의 정서에서는 궁예에게 연민을 보이는 것

---

31) 궁예왕 관련 문헌과 구비전설들을 정리하다 보면, 역사는 냉혹함 그 이상의 횡포까지 발휘하고 있다는 사실 앞에 경악하게 된다. 문자 사용유무로 계층이 엄격히 구분되던 시절, 지배층인 식자들에 의해서 기록된 역사는 그들의 기득권 유지를 위해 상대적으로 문자를 사용하지 못하던 피지배 계층의 증언을 무시하거나 변조시키기는 여반장이었던 것이다(유인순, 2002, 「궁예왕 전설과 역사소설」, 『강원문화연구』 21, 79~80쪽).

32) 궁예가 자신의 부인과 아들을 죽인 이유를 정치적인 데서 찾고 있다(조인성, 1991, 『태봉의 궁예정권 연구』, 서강대학교 박사학위 논문).

33) 최웅·김용구, 1998, 『강원전통문화총서 - 설화』, 국학자료원, 487~489쪽 요약.

이 당연한 일이라 할 수 있을 것이다. 실제로 이 일대에서는 궁예왕이 도움을 주는 영험한 존재로 인정되기도 한다.[34]

종래에는 『삼국사기』나 『고려사』 등 관찬 사서가 아니면 일종의 미신이나 황탄한 지어낸 이야기라고 하여 사료로써의 취급이 무시되어 왔다. 그러나 관찬 사서는 왕을 중심으로 할 수밖에 없다는 일정한 한계가 있다. 그렇다면 구비전승에 의한 자료는 지방이라는 지역적 특성을 부각시킨다는 한계는 있지만, 나름대로 그 지역의 정서를 알려 준다는 점에서는 일정한 진실성을 인정해 주어야 하지 않을까?[35]

구비전승에 따르면 정사류에 나타나는 바와 같이 궁예는 왕건 일파에 의하여 하루 만에 궁궐을 비우고, 쫓겨난지 이틀 만에 부양민들에게 살해당한 것이 아니다. 정사류에 쓰여 있는 기사는 다분히 의심스럽다. 백성들이 어떻게 하여 맞아 죽은 사람이 궁예라는 것을 알았을까? 정사류의 기사는 궁예를 백성들로부터 잔혹하게 버림받은 것으로 그렸기에, 민심을 얻기 위하여 만들어 낸 것으로 여겨진다. 이러한 보도의 통제는 이 시기에는 현대보다 훨씬 용이했을 것이다.

궁예는 울음산(명성산)에 성터를 쌓고 상당한 기간 동안 왕건과 전투를 했다고 한다. 과연 울음산에서 있었던 기간은 얼마 동안이었을까? 울음산에서의 궁예와 왕건의 대치상황을 통하여 그 윤곽을 파악할 수 있으리라고 본다.

---

34) 유인순, 2006, 「전설에 나타난 궁예왕」 『태봉역사문화유적보고서』, 한림대학교 산학협력단, 163~183쪽.
35) 철원과 포천 일대에 남아 있는 많은 구비전승들 가운데 궁예의 최후와 관련된 이 전승들을 과연 일고의 가치도 없는 것으로 치부해야 할까? 아니면 이들을 정사류에서 의도적이건 아니건 간에 누락할 수밖에 없었던 시대적 한계의 소산으로 보아야 할 것인가? 단정적으로 말할 순 없지만, 기록 아닌 구비전승으로 1,000년 이상을 전해 온 이야기의 진실은 어디에 있는 것일까? 더욱이 이 지명들의 구체적인 위치까지 현재 전해지고 있다. 여기에 담긴 역사적 진실은 무엇일까?

H. 궁예는 보개산성에서 패하자 자신을 따르던 군졸들과 함께 밤중에 궁성을 빠져나와 지금의 한탄강과 군탄리를 경유하여 명성산에 은거했다고 한다. 이곳에서 진을 치고 재기의 기회를 노린 것이다. 왕건은 이곳에서 궁예와의 전투에 상당히 고전하였던 것으로 보여진다. 이 지역이 험해서 왕건은 창과 활만으로는 도저히 공격을 하기가 어려웠다고 한다. 이때 백발 노인이 밤에 밭을 갈면서 자신의 소를 왕건에게 비유하여 "왕건 태조 같이 미련한 놈의 소야. 이렇게 돌아가야지, 그걸 허우적거리고 네가 넘어갈거야. 바위돌이 이렇게 있으니까."라고 암시를 주었다는 것이다. 그러면서 명성산의 형상이 소이니 정면 공격은 뿔로 막아서 성공하지 못하므로 후면 공격을 하라고 하여, 왕건은 비교적 평탄한 후면 공격을 하여 전투를 승리로 이끌었다.[36)]

위의 내용으로 보면 상당한 기간 동안 울음산에서 궁예는 왕건군의 포위를 견딘 것으로 여겨진다.[37)] 그리고 마침내 궁예는 자신을 따르던 병사들을 해산시킨다. 궁예는 자신의 승리만을 위하여 최후의 일인까지 죽여가면서 정권을 유지하려던 인물은 아니었던 것으로 여겨진다. 하여튼 궁예는 명성산성에서 상당한 기간을 왕건과 대치 상황에 있었던 것은 틀림없다.[38)]

구비전승은 비교적 단편적으로 확인되는 내용들의 정리는 가능하지만, 그렇지 않은 경우는 선후를 가리기가 매우 어렵다. 특히 궁예가 어떻게 하여 도성에서 나와 남쪽인 포천 일대에서 왕건과 대치하게 되었는지

---

36) 최웅·김용구, 1998,『강원전통문화총서 - 설화』, 국학자료원, 1998, 489~490쪽.

37) 울음산 전설은 철원 사람들이라면 누구나 다 잘 알고 있는 전설인데, 몇몇 작가들은 몰랐거나 외면해 버려 '유감스러운 일'이라고 표현하기도 한다(유인순, 2002,「궁예 왕 전설과 역사소설」『강원문화연구』21, 108쪽). 철원의 대표적 설화 중 하나라는 표현으로 생각하여도 좋을 것 같다.

38) 조현설은 '명성산은 궁예와 왕건의 최대 접전지였을 텐데, 그러한 역사적 사실이 허구화되어 전승되고 있다'고 지적한다(조현설, 1995,「궁예이야기의 전승양상과 의미」『구비문학연구』2, 163쪽).
유인순은 '보개산성과 명성산성에 있는 대궐터는 왕건에게 배신당한 고통과 치욕을 되씹으며 왕건군과 일시 대결하던 장소이고, 운악산성(일명 궁예성터)의 대궐터는 왕건군과 반년 이상에 걸친 혈전을 벌이던 곳이었다.'라고 했는데(유인순, 위의 논문, 177쪽), 그 기간 설정의 근거를 잘 알 수가 없다.

에 대한 설명도 많은 어려움이 따른다. 마찬가지로 명성산과 같이 오랫동안 거점으로 이용하였던 지역에는 여러 설화가 중복·착종되어 있는 것 같다. 따라서 이 지명들을 지역별·시기별로 정리하여 일정한 역사적 사실을 재구성하여야 할 것이다.

　이미 앞에서 언급했지만 포천, 철원 및 평강의 궁예 최후와 관련된 설화는 일정하게 분류가 가능하다. 먼저 지역적으로 공통되는 것들이 있다. 이를 지역적으로 정리해 보면 다음과 같다. 먼저 포천시 영북면 일대의 지명을 살펴보자.

> Ⅰ-1. 여우고개, 호현동(狐峴洞) : 산정호수 남쪽에 있는 마을이다. 여우가 자주 나타났다고도 하고 궁예의 군사와 왕건의 군사가 이곳에서 눈치를 보면서 여우처럼 엿보았다고 하여 붙여진 이름이라고 한다.[39]

> -2. 망봉 : 산정호수 좌우에 있는 두 개의 산봉우리이다. 궁예가 이 봉우리에 망원대를 높이 쌓고 적의 동정을 살피기 위하여 망을 보았다고 한다. 지금도 그 흔적이 남아 있다. 왕건의 부하 신숭겸에게 궁예는 대패하였다고 하며 궁예의 군사가 망을 보던 곳이라고 하여 망봉이라 부르게 되었다.[40]

> -3. 야단골, 야전골 : 다대울 동남쪽에 있는 골짜기이다. 왕건의 군사가 궁예의 군사를 쫓아 이곳에 이르렀을 때 망봉에서 망을 보는 궁예의 군사를 내려오라고 야단을 친 곳이어서 붙여진 이름이라고 한다. 또는 벼락이 야단스럽게 많이 치는 곳이라 하여서 생긴 이름이라고도 한다. 다른 유래로는 궁예가 왕건에게 패하여 철원 북방으로 패주하여 갈 때 이곳에서 왕건 군사의 급습을 받아 싸우게 된 곳이라 하여 야전골이라고도 불리게 되었다고 한다.[41]

---

39) 포천문화원, 2006, 『포천의 지명유래집』, 510쪽.

40) 포천문화원, 위의 책, 219쪽.

41) 포천문화원, 위의 책, 511쪽. 또 城東里山城도 포천에서 철원 지역으로 가기 위해서는 반드시 거쳐야 하는 곳이다. 성은 많이 붕괴되었으나 일부 석벽이 남아있고 성의 높이가 7m에 이르는 곳도 있다. 『전국유적목록』에서는 이 산성이 궁예

-4. 항서받골 : 산정호수 아래 있는 골짜기이다. 궁예와 왕건의 결전에서 왕
   건이 궁예로부터 항복을 받은 곳이라 해서 항서받은 골이라 부르다가 항
   서받골이 되었다고 한다.[42]

-5. 가는골[敗走골] : 경기도 포천군 영북면 산정리. 궁예의 군대가 왕건의
   군대에게 패하여 지나간 길이라고 한다. 한자로는 패주골이라고 하는데,
   이후 음운변화를 일으켜 '파주골'로도 불리게 되었다.[43]

-6. 정승바위 : 삼형제바위 남쪽에 있는 바위이다. 태봉국 궁예왕이 피신할
   때 정승이 이 바위에서 망을 봤다 하여 정승바위가 되었다고 한다.[44]

-7. 사실골고개 : 호현동에서 이동면 도평리와 장암리로 넘어가는 고개이다.
   왕건에게 쫓긴 궁예가 명성산에 주둔하고 있었다. 왕건이 군사를 이끌고
   이곳에 이르렀을 때 궁예의 군사가 모든 사실을 밝히고 왕건에게 투항하
   였다고 하여 사실골고개라 부르게 되었다.[45]

-8. 사실골 : 사실골고개 정상 남쪽에 있는 왕건에게 쫓긴 궁예가 명성산에
   주둔하고 있었다. 왕건이 군사를 이끌고 이곳에 이르렀을 때 궁예의 군
   사가 모든 사실을 밝히고 왕건에게 투항하였다고 하여 사실골고개라 부
   르게 되었다.[46]

-9. 궁예왕굴, 궁예침전 : 울음산 위에 있는 굴이다. 궁예왕이 왕건의 군사에
   게 쫓기어 은신하던 곳이어서 붙여진 이름이라고 한다. 약 40여 명이 들
   어갈 수 있는 자연 동굴이다.[47]

가 왕건에게 쫓길 때 하루 저녁 숙영하기 위하여 강북에서 일렬로 서서 돌을 전
달해 쌓았다는 일화를 소개하고 있다(한림대학교 산학협력단, 2006, 『태봉역사
문화유적보고서』, 225쪽).
42) 포천문화원, 2006, 『포천의 지명유래집』, 511쪽.
43) 유인순, 2006, 「전설에 나타난 궁예왕」『태봉역사문화유적보고서』, 한림대학교
   산학협력단, 177쪽.
44) 포천문화원, 위의 책, 547쪽.
45) 포천문화원, 위의 책, 514쪽.
46) 포천문화원, 위의 책, 510쪽.
47) 포천문화원, 위의 책, 514쪽.

다음은 포천시 화현면 일대의 설화들이다.[48] 이 설화들도 궁예와 왕건의 군사들 간에 벌어진 전투 상황을 알게 하는데 도움을 준다.

J-1. 강사골(화현면 우시동)은 왕건의 반역으로 왕위에서 물러난 궁예가 격전을 벌였던 곳인데, 이 일대에 강한 군사들을 배치하였다고 한다. 강사골이라는 지명은 '강한 군사(强師)'에서 유래된 것이다.[49]

 -2. 벌앞골 : 운악산 동북쪽에 있는 골짜기이다. 궁예가 왕건의 군사가 오는지 안오는지 보라고 하던 곳이라 하여 붙어진 이름이다. 보라골의 변음으로 생각되며 큰 벌앞골과 작은 벌앞골이 있다.[50]

 -3. 화평장터, 태평장터 : 영선동 서쪽에 있는 마을이다. 궁예와 왕건이 투석전을 벌일 때 운악산 높은 곳에서 신선이 불을 비춰준 이곳에 장이 서게 되었다. 신선의 세계는 우리 인간이 동경하는 평화의 이상향이기에 그 불빛이 닿은 곳이어서 붙여진 이름으로 생각된다.[51]

 -4. 피나무골 : 달인동 동쪽에 있는 골짜기로 궁예의 군사와 왕건의 군사가 크게 육박전을 벌인 곳이라고 한다. 그때 군사들의 피가 흐르고 튀어서 나무마다 온통 붉게 물들었다고 하여 피나무골이 되었다.[52]

 -5. 아랫지재(坪村) : 윗말 북쪽 벌판에 있는 마을이다. 지치재라는 고개 밑에 있는 마을이어서 지재(芝峴)라 부르게 되었다고 한다. 태봉국 궁예가 왕건에게 쫓기다가 투석전을 벌인 느릅내라는 곳에 쌓인 돌이 고개를 이루었다고 한다. 이 고개 위쪽을 윗지재, 아래쪽을 아랫지재라 불러 오다가 왜정 때 윗지재를 상촌으로도 부르고 아랫지재는 벌판에 있다고 하여 평촌으로 부르게 되었다.[53]

---

48) 기본적으로 『포천의 지명유래집』에서 추출하였다. 원문을 그대로 인용하려고 했으나 필요한 경우에 약간의 가감을 하였다.
49) 한림대학교 산학협력단, 2006, 『태봉역사문화유적보고서』, 210쪽.
50) 포천문화원, 2006, 『포천의 지명유래집』, 586쪽.
51) 포천문화원, 위의 책, 584쪽.
52) 포천문화원, 위의 책, 588쪽.
53) 포천문화원, 위의 책, 601쪽.

-6. 윗지재(上村) : 두문동 남쪽에 있는 마을이다. 지치재라는 고개 밑에 있
　　는 마을이어서 지재(芝峴)라 부르게 되었다고 한다. 궁예가 왕건에게 쫓
　　기다가 투석전을 벌인 느릅내라는 곳에 쌓인 돌이 고개를 이루었다고 한
　　다. 이 고개 위쪽을 윗지재 또는 上村으로도 부르고 있다.

-7. 설원골 : 운악산 남쪽에 있는 큰 골짜기이다. 궁예의 군사가 나라가 망했
　　다고 서럽게 울어서 붙여진 이름이라고 한다.[54]

　위에서 언급된 지역의 지명 가운데는 비슷한 내용들이 있다. 지역은 다르
지만 각각 같은 기능을 수행했을 것으로 여겨지는 지명들로 전투시 대치상
황을 알려 주는 여우고개(I-1)나 벌앞골(J-2)과 같은 관측 및 탐색과 연관이
있는 지명이 있다. 그리고 전투가 진행되었음을 알게 하는 야전골(I-3)이나
화평장터(J-3) 같은 지명이 나온다. 한편 전투가 치열했음을 알게 해주는 피
나무골이 있다.(J-4)[55] 그리고 전투 중에 투석전을 벌였음을 확인할 수 있는
지명도 있다.(J-5, 6) 또한 전투의 결과를 알게 해주는 항서받골이 있다(I-4).
　그런데 영북면과 화현면은 상당히 떨어져 있다. 영북면과 화현면 사이
에는 영중면과 일동면 등이 있다. 그럼에도 불구하고 영중면과 일동면 등
지에는 전투와 관련된 지명이 나타나지 않는다. 유달리 영북면과 화현면
은 두 지역이 상당히 떨어져 있음에도 불구하고, 전투 관련 지명이 많다.
따라서 두 지역이 비슷한 상황에 처해 있었던 것이라고 생각할 수 있다.
그러므로 영북면과 화현면에 전투 관련 지명이 있다는 것은 실제로 전투
가 있었음을 의미한다고 보아야 할 것이다. 이러한 현상이 나타나는 이유
는 영북면에 명성산성이 있고, 화현면에 운악산성이 있기 때문이다.
　다시 말하면 보개산성에서 일시 머물렀던 궁예는 왕건군에게 쫓겨 명

---

54) 포천문화원, 2006, 『포천 지명유래집』, 586~587쪽.
55) 화평장터 전투에서 군사들이 흘린 피가 마을의 나무에 스며들었다고 해서 전해
　　지는 유래이다. 피나무골에서는 비오는 날이면 '아이구 아퍼'하고 고목에서 비명
　　소리가 들린다고 한다(유인순, 2006, 「전설에 나타난 궁예왕」『태봉역사문화유
　　적보고서』, 한림대학교 산학협력단, 179쪽).

성산성과 운악산성을 장악한 뒤 이곳을 근거로 자신의 힘을 유지하려고 하였던 것 같다. 그러나 왕건군은 계속하여 이 지역을 공격하였다. 그 접전 장소가 운악산성 일대에서는 화평장터였고, 명성산성 일대에서는 야전골이었다. 이 총공세에서 마침내 궁예군은 패퇴하고 만다. 설화의 순서상 먼저 전선이 붕괴된 곳은 운악산성이었던 것 같다. 피나무골의 설화는 거의 전멸에 이른 궁예의 군사적 상황을 설명하고 있다. 아마도 운악산성에서의 전투에서 패배하자 잔류병사들과 명성산성에서 합세하여 궁예는 최후의 일전을 불사하였던 것 같다. 항서받골이라는 지명이 명성산성 부근에 있는 것으로 보아 그러하다.

결국 궁예는 항서받골에서 항복을 하고 왕정랑을 건너 북향하게 되었던 것으로 추정된다.[56] 이 과정을 운악산성 전투 또는 명성산성 전투로 불러도 좋을 것 같다. 이 양 전투에서 패퇴한 궁예는 이후 평강 방향으로 밀려갔던 것으로 추정되며, 궁예의 퇴각로는 철원의 동부지역이었던 것 같다. 명성산성에서 패퇴하여 평강 방향으로 향하였던 것으로 추정되는 것이다. 철원군에 남아있는 관련 설화를 찾아보면 다음과 같다.

> K-1. 개적봉 : 강원도 철원군 갈말읍 지포리. 궁예왕이 왕건에게 패주하여 피신하였다는 유래가 있다.[57]
>
> -2. 군탄리(軍歎里) : 강원도 철원군 갈말읍. 궁예가 왕건의 군사들에게 쫓겨 鳴聲山(울음산)으로 갈 때 이곳을 지나며 恨歎했다고 하여 유래가 되었다. 군탄리는 명성산에서 오성산으로 가는 방향에 있다.[58]
>
> -3. 느치고개 : 강원도 철원군 동송읍 군탄리. 궁예가 왕건에게 쫓겨 시루메

---

56) 궁예왕 일행은 가는골을 지나 왕정랑(경기도 포천)을 건너 북행을 시도하였다. 문혜리 앞쪽에 있는 한탄강의 지류를 건너는데 왕이 바지를 걷고 물을 건넜다고 해서 이런 이름이 붙었다(유인순, 2006, 「전설에 나타난 궁예왕」『태봉역사문화유적보고서』, 한림대학교 산학협력단).

57) 한림대학교 산학협력단, 2006, 『태봉역사문화유적보고서』, 211쪽.

58) 한림대학교 산학협력단, 위의 책, 214쪽.

고개를 흐느껴 울며 넘었던 고개라고 한다. 눌치고개라고도 한다.[59]

-4. 왕재고개 : 강원도 철원군 동송읍 이길리. 왕정고개와 같이 옛날 궁예가
   왕건에게 쫓겨 명성산에서 먹실쪽으로 넘어 평강 방면으로 도주하기 위
   해 궁예가 넘어 갔다는 고개이다.[60]

-5. 시루메고개 : 강원도 철원군 동송읍 군탄리. 개적봉에서 쉬면서 한숨을
   돌린후 시루메 고개를 넘어가며 흐느껴 울었다고 한다.[61]

-6. 한잔모텡이 : 강원도 철원군 동송읍 군탄리에 있는 골짜기. 왕건에게 쫓
   겨 달아나던 궁예왕이 개적봉에서 쉬면서 한숨을 돌렸다는 골짜기이다.
   일설에는 한숨을 돌린 것이 아니라 한숨을 쉬었기 때문이라고도 한다.[62]

위의 내용들은 한결같이 궁예의 군사가 슬퍼하면서 패주하는 모습만을
그리고 있다. 특이한 현상은 철원에서 찾아볼 수 있는 지명설화는 느치와
같이 흐느낀다거나, 시름에 잠겼다거나(시루메고개), 한숨을 쉰다거나 하
는 등 패잔병의 모습만을 그리고 있다. 이들 지명이 명성산성에서 가까운
지역에 있는 것으로 보아 북으로 패퇴하면서 남긴 흔적들로 보인다.[63] 왕
건군의 추격전으로 궁예군이 패퇴하여 가는 상황을 알려주는 것이다.

포천 일대에서의 전투에서 패하여 북으로 향한 궁예는 평강군에 이르
렀던 것으로 여겨진다. 평강군에 남아 있는 지명설화를 보면 다음과 같다.

L-1. 翁主浦 : 평강. 패한 궁예왕의 옹주가 자살한 곳이다.[64]

---

59) 한림대학교 산학협력단, 2006, 『태봉역사문화유적보고서』, 218쪽.
60) 한림대학교 산학협력단, 위의 책, 228쪽.
61) 한림대학교 산학협력단, 위의 책, 226쪽.
62) 한림대학교 산학협력단, 위의 책, 234쪽.
63) 춘천시의 삼악산 성지에도 궁예의 최후와 관련 있는 설화가 있다. 궁예의 패잔병
   들 일부가 임시 이용하였던 것으로 추정해 볼 수 있을 것이다. 이 지역 설화에
   따르면 궁예는 왕건에게 쫓겨 샘밭 - 삼한골을 거쳐 이곳에 이르러 피신처로 사
   용하였다고 한다(한림대학교 산학협력단, 위의 책, 224~225쪽).
64) 한림대학교 산학협력단, 위의 책, 228쪽.

-2. 甲棄川 : 강원도 평강군에 있다. 궁예는 왕건의 반역으로 왕위에서 쫓겨
  나 왕건군과 격전을 벌였으나, 힘에 부치자 달아났는데 이곳에서 무거운
  갑옷을 벗어던지고 도주하였다고 한다. 궁예는 이 일대에서 배가 고파,
  보리이삭을 먹다가 부양의 주민들에게 살해되었다고 한다. 삼방과 안변
  의 경계에 궁예의 무덤이 있다.[65]

-3. 劍拂浪 : 강원도 평강군에 있다. 궁예왕이 왕건의 군대와 직접 격전을
  하다가 칼을 내던진 곳이라고 한다.[66]

-4. 돌터미 : 궁예를 축출한 왕건은 삼방 일대의 백성들에게 궁예를 잡으면
  큰 상을 내리겠다고 하였다. 그리하여 백성들은 궁예를 찾아 돌팔매를
  하였는데, 멀고 가까운 것을 가리지 않고 돌을 던져 궁예를 맞추었다고
  한다. 돌팔매는 궁예가 죽은 뒤에도 그의 시신 위로 계속 행해졌다. 그렇
  게 하여 돌이 더미로 쌓이게 되었고, 여기에서 돌터미라는 동네이름이
  생겨났다.[67]

위의 내용에서와 같이 평강에 있는 지명과 그 유래는 궁예의 마지막을 보
여 주고 있다. 궁예는 이곳에서 갑옷을 벗어 던져 버리거나(L-2), 칼을 버린다
(L-3). 아마도 왕건의 군사가 추격전을 전개하였던 것으로 여겨진다.[68] 그리
고 궁예의 옹주도 자살을 한다(L-1). 마지막 희망이 사라진 상황을 보여준다.

그리고 궁예가 백성들이 던진 돌에 맞아 죽었다고 하는 설화(L-4)도
있다.[69] 궁예가 부양(평강)인들에 의하여 죽임을 당했다는 『고려사』의

---

65) 한림대학교 산학협력단, 2006, 『태봉역사문화유적보고서』, 210쪽 ; 『輿地圖書』
  강원도 평강 고적.
66) 한림대학교 산학협력단, 위의 책, 211쪽.
67) 한림대학교 산학협력단, 앞의 책, 218쪽.
68) 유인순은 평강 지역에서의 궁예 설화가 왕위찬탈 이전인지 이후인지 불분명하지
  만, 항쟁과 후퇴와 항복을 거친 뒤 찾아간 태봉국의 '마지막 보루·영원한 휴식
  처'라고 하였다(유인순, 2006, 「전설에 나타나나 궁예왕」『태봉역사문화유적보
  고서』, 한림대학교 산학협력단, 179쪽). 그러나 설화가 보여주는 내용은 왕건군
  의 추격으로 인해 궁예군이 싸우지 않고 평강으로 퇴각하는 상황이다.
69) 이 내용은 『고려사』의 내용과 맞아 떨어진다. 그러나 이 부분은 최남선의 『풍악

내용과 같다. 그러나 『고려사』와 이유가 다르다. 『고려사』의 내용을 참고해 보자.

> M. 궁예는 암곡으로 도망하여 이틀 밤을 머물렀는데, 허기가 심하여 보리이삭을 몰래 끊어 먹다가 뒤이어 부양인에게 죽임을 당하였다.[70]

위에서와 같이 『고려사』에는 궁예가 백성들의 보리이삭을 끊어 먹다가 죽었다고 하여 왕건의 선동으로 백성들이 돌을 던졌다고 하는 것과는 내용이 다르다. 이처럼 평강에서의 지명설화는 궁예가 죽음을 맞았거나 재기가 불능해진 지역이 이곳이었음을 상징하는 것이라고 할 수 있을 것이다.

이와 같이 궁예와 관련된 전투설화는 궁예의 최후가 왕건에 의해 단숨에 전복된 것이 아니었음을 보여주고 있다. 실제로 왕건이 궁예를 축출한 뒤 일어난 일련의 정치적 사건은 궁예·왕건 정권교체기의 상황이 매우 복잡했음을 알려준다.

> N-1. 熊州와 運州 등 十餘州가 반란을 일으켜 백제로 귀부하였다.[71]
>
> -2. 伊昕巖은 활쏘고 말 타는 것이 없고 다른 재주도 없고 식견도 없었다. 이익을 탐하고 벼슬에 욕심이 많은 자로서 궁예를 섬겨 교활한 방법으로 등용되었다. 그리고 궁예 말년에는 군사를 거느리고 웅주를 습격 점령하고 있었는데, 왕건이 즉위하였다는 소식을 듣고 마음 속에 야심을 품고 부르지도 않았는데 자진하여 왔는 바, 그 휘하의 병사들은 대부분이 도망쳤으며 웅주는 다시 백제의 영토로 되었다.[72]

기유』에 소개된 바 있는 것처럼 삼방에서 자살하였다는 설화도 있으므로 단정 짓기에는 무리다.

70) 『고려사』 권1, 태조 원년 8월 계해조.
71) 『고려사』 권1, 태조 원년 8월 계해조.
72) 『고려사』 권127, 열전40 반역1 이흔암전.

위의 내용을 보면 왕건의 정권 획득 이후에 일어난 일련의 반왕건 행위가 있었음을 알 수 있다. 김순식과 같은 경우는 오랫동안 왕건에게 귀부하지 않았다.[73] 이러한 상황은 정사류에 기록된 민심이 일순간에 바뀌어 왕건을 왕으로 추대하였다는 내용에 의구심을 갖게 한다.[74]

그보다는 오히려 설화상의 내용에서 보는 바와 같이 왕건의 공격으로 시작된 전투가 상당한 기간 전개된 뒤에 궁예의 패배로 귀결되었던 것으로 추정하는 것이 오히려 역사적 진실에 가깝지 않을까? 위의 설화들을 근거로 궁예의 최후를 복원하면 다음과 같다.

처음 전투는 궁예도성을 선공한 왕건에 의해서였을 것이다. 이미 앞에서 말한 바와 같이 왕건과 그의 추종세력이 궁성 앞으로 몰려갔던 것으로 추정된다. 그런데 이 공성전에서 선공한 왕건의 군대가 그다지 큰 성과를 거둔 것 같지는 않다. 만약 왕건의 군대가 압도적이었다면, 궁예의 군사는 북쪽으로 올라갔을 것이다. 그러나 공성전에서 힘이 부친 궁예는 재기를 위해 보개산성[75]을 거쳐 남쪽의 산성으로 이동하였던 것 같다.[76] 그 일대가 포천군 영북면과 화현면으로 이 지역에는 각각 명성

---

73) 『고려사』 권92, 열전5 왕순식전.
74) 이재범, 1995, 「태조즉위시의 사회동향에 관한 일고찰」 『부촌 신연철교수 정년기념논총』, 일월서각.
75) 보개산성은 궁예와 관련된 많은 설화가 있다. 성 이름도 궁예왕대각대성지라고 불리기도 했다. 성 안의 태궐터, 우물 등이 다 궁예가 사용하였던 것이라고 한다. 그러나 문헌상 궁예가 축조하였다는 사실은 찾을 수 없다. 단지 이곳에서 궁예와 왕건의 군대가 접전하였다는 전설은 있다. 보개산성을 명성산성과 비교해 보면 궁예는 명성산성으로 가지 말고 보개산성에서 결전을 벌였어야 했을 것으로 추정하고 있다. 산성규모도 보개산성이 크고 석축의 규모 등 전략·전술면에서 우수하기 때문이다. 일부에서는 궁예가 왕건에게 배신당한 고통과 치욕을 되씹으며 일시 대결하던 장소로 보고 있다(이재범, 2006, 「철원일대의 궁예관련 성곽 재검토」 『태봉역사문화유적보고서』, 한림대학교 산학협력단, 115~116쪽). 궁예는 보개산성에 잠시 머물렀다가 명성산으로 간 것으로 추정하기도 한다(유인순, 2006, 「전설에 나타난 궁예왕」 『태봉역사문화유적보고서』, 한림대학교 산학협력단, 177쪽).
76) 처음 이동경로를 그렇게 보고자 하는 이유는 국수봉과 북바위와 같은 설화가 이

산성과 운악산성이 있다. 궁예는 이 두 성을 거점으로 왕건군과 상당 기간 대치하였을 것이다.

이 산성 공략에서 왕건이 고전하였음은 앞의 설화를 통하여 잘 알 수 있다. 그러던 중 왕건은 후사면으로 기습을 하여 활로를 열고 궁예의 군대와 대접전을 펼쳤던 것 같다. 처음에 운악산성이 함락되고 다시 명성산성에서 집결하여 사력을 다한 전투가 진행되었을 것이다. 마침내 승기를 잡은 왕건은 철원 일대를 경유하여 평강으로 패주하는 궁예를 추격하게 된다. 그리하여 궁예는 마침내 평강에서 재기불능의 상태에 처하게 되어 무기를 버리고 갑옷도 버린 채 최후를 맞게 되었던 것 같다.

이와 같이 궁예 관련 설화는 궁예의 최후에 대하여 정사류 사서를 달리 해석해야 할 근거를 제공한다. 궁예 관련 설화대로라면 궁예·왕건 정권 교체는 한국사 최대의 내전이었다. 궁예의 최후는 궁예도성에서 시작하여 보개산성을 거쳐 명성산성과 운악산성을 거점으로 전개되었던 전쟁의 결과였다. 그 전쟁의 기간이 어느 정도였는지, 규모는 어떠했는지에 대한 구체적인 설명을 할 수는 없다. 그러나 정사류 사서에서 소외하거나 은폐하려고 했던 내용을 추상적으로나마 살펴 볼 수 있는 자료라고 여겨진다. 비록 구비전승이자 비문서 자료라는 한계는 있으나, 그 상징성이 내포하는 역사적 의미가 무시되어서는 안 될 것이다.77)

일대에 남아 있기 때문이다. 필자와 유인순 등도 그렇게 여기고 있다. 국수봉(경기도 포천군 관인면. 궁예가 도읍이 있는 철원에서 왕건에게 쫓거나 고남산으로 도망을 갔다. 그런데 왕건이 그곳까지 추격해 오자 배가 고파서 그 산에서 국수를 먹었기 때문에 그러한 지명이 생겼다고 한다), 북바위, 북암동(관인면)은 하랑골 북동쪽에 있는 큰 바위로 궁예가 왕건과 싸울 때 이 바위에서 북을 쳐 군사를 움직였다고 하여 지어진 이름이다(포천문화원, 2006,『포천의 지명유래집』, 554쪽). 이 일대에서 정규군이 전투를 하였던 것으로 추정할 수 있다.

77) 왕건은 궁예를 축출하고 일련의 내부 수습을 위한 정치정비를 한다. 한편으로는 전 왕의 세력을 제거하는 데 고심하게 된다. 그리고 919년 정월에 개주로 옮겼다. 도읍을 개주로 옮긴 이유는 여럿 있겠지만, 무엇보다도 철원경에 있는 궁예 지지세력의 반왕건정세를 견디기 힘들었기 때문으로 파악된다. 당시 철원지역의

3. 결론

구비전승을 통하여 궁예의 역사를 살펴보았다. 그 가운데서도 지명설화를 중심으로 궁예의 최후를 재구성하여 보았다. 먼저 궁예와 관련된 설화들의 분포상황과 그 특징을 찾아보았는데, 몇 가지 특징을 확인하였다. 우선 설화의 분포가 지역적으로 집중되어 있으며, 그의 활동시기와 관련된 지역에 한정되어 있다는 집중성을 들 수 있다. 안성은 그의 성장기, 철원과 평강은 그의 전성기와 패퇴기, 포천의 영북면과 화현면은 궁예와 왕건의 전투시기에 관한 것이 집중적으로 나타난다. 그렇기 때문에 조작의 형태로 보기는 어렵다.

다음으로 궁예 관련 설화의 구체성이다. 특히 궁예와 왕건과의 전투상황은 매우 상세하다. 비록 구비전승이라고는 하지만, 후사면의 평탄한 지형을 찾아 기습을 하였다는 이야기를 전할 정도로 구체성을 갖는다. 그리고 고대 전투의 대표적인 양상인 투석전에 대한 상황도 전달하고 있다. 이러한 점에서 몇몇 사실을 이해할 수 있다.

마지막으로 통일성이다. 궁예의 성장기에서부터 태봉의 멸망까지 지역적으로 중복된 이야기는 나오지 않는다. 재단사에 의하여 맞추기라도 한 것처럼 지역과 시기에 따라 전승되어 온 이야기가 중복되지 않는다. 성장기의 안성, 전성기의 철원과 같이 설화가 지역적으로나 시간적으로 겹치지 않고 있다. 이러한 점에서 궁예와 관련된 설화에서 일정한 역사적 진실성을 규명할 수 있을 것으로 여겨진다.

이러한 정서를 알려주는 내용은 거의 찾아 볼 수 없다. 특히 정사류에서는 위대한 왕 '태조'를 만들기 위한 서술로 일관되어 있어서 마치 궁예가 모든 신민들로부터 하루아침에 쫓거나 비참하게 사망하는 것으로 서술하고 있다. 그러나 이 지역 설화를 통하여 궁예에서 왕건 교체기의 실상에 좀 더 근접할 수 있을 것으로 생각한다.

이러한 특징을 바탕으로 궁예의 최후를 재구성하여 보았다. 그 결과 처음에는 궁예가 궁예도성을 급습한 왕건군의 선공으로 도성을 탈출하여 포천군 관인면 방향으로 이동하였던 것 같다. 그리고 이곳에 있는 보개산성에서 일시적으로 왕건군과 대치하였다가, 다시 패퇴하여 운악산성이 있는 포천시 화현면의 명성산성이 있는 영북면 일대로 밀려 났던 것으로 추정된다. 그러나 이곳에서도 마지막의 혈전에 이르기까지 전투를 전개한 결과, 많은 군사를 잃고 명성산성만을 거점으로 상당한 기간을 저항하였던 것으로 여겨진다. 그렇지만 이곳에서 배후를 기습당하여 항서받골에서 항복을 하고, 패주골을 거쳐 평강으로 이동하였던 것으로 여겨진다. 그러나 왕건군은 궁예를 계속 추격하여 평강 일대에서 섬멸전을 전개하였던 것으로 추정해 볼 수 있다. 궁예는 전투 중에 사망하였거나, 아니면 자결을 하였을 수도 있다. 그러나 그 뒤에 이 일대의 주민들은 궁예 묘를 세워 돌보아왔다.

구비전승을 통해 본 궁예의 최후는 왕건과의 처절한 전투로 끝이 났다. 한국사 최대의 내전이라고 할 수 있는 전투였다. 그리고 여기서의 궁예는 실덕하여 주민들로부터 배척당한 군주만은 아니었다. 오히려 궁예를 추종했던 상당히 많은 세력들이 있었음을 알려주고 있다. 한편으로는 애정과 연민이 있는 인물로 인정되고 있다. 그의 무덤은 근대에 이르기까지 보존되었던 흔적이 있다. 따라서 지금까지 우리의 역사인식이 지나치게 일방적이었다는 것도 알 수 있게 되었다.

구비전승을 통하여 궁예와 왕건 정권 이행기의 상황을 재구성하여 보았다. 그 결과 궁예의 최후는 실덕한 왕으로서 마치 민중 봉기와 같이 일시에 무너진 것이 아니라 왕건군과의 치열한 전투를 거쳐 멸망한 것으로 나타났다. 구비전승을 통하여 한국사 최대의 내전이라고 할 만한 사실을 알게 된 것이다. 단지 구비전승을 사료로 인정하기를 거부하는 한국사학계의 정서상 선뜻 받아들이기 어려운 점이 있을 것이다.[78] 보다

엄정한 현지답사와 고증을 통하여 궁예에서 왕건으로의 정권 교체 과정
이 구체적으로 밝힐 수 있기를 바란다.[79] 구비전승의 역사성에 대한 재
고에 대한 기대와 함께 질정을 바란다.

---

78) 유인순은 '역사의 기록은 과연 믿을 만한 것인가. 궁예왕에 관해서만은 감히 그
   렇지 않다고 말할 수 있다.'라고 하였다(유인순, 2006, 「전설에 나타난 궁예왕」
   『태봉역사문화유적보고서』, 한림대학교 산학협력단, 183쪽). 궁예에 관한 여기서
   의 역사 기록은 정사류를 말하는 것 같다.
79) 궁예와 관련된 연구물들과 자료들의 수집이 많이 진척되었으나, 앞으로도 지속
   적으로 수집 및 정리되어야 할 것이다.

제7장 궁예 정권과 왕건 정권의 역사적 연속성에 관하여

역사를 이해하는 방법에는 거시적 시각과 미시적 시각, 선악에 따른 도덕적 평가 등 다양한 해석이 있을 수 있다. 해석의 다양성에도 불구하고 역사연구로서의 실증적 연구, 또는 사실들의 연결에 의한 역사적 연속성은 유지되어야 한다. 과거의 事實들에 있어서 단절은 없었다. 그러나 과거를 이해하고 인식하는 창구인 史實에서는 단절이 발생한다. 역사에서의 단절은 과거 사실의 단절이 아니라 과거를 이해하려고 하는 현재인들에 의한 역사해석상의 史實의 단절이다.

역사해석상의 단절은 여러 유형으로 나타난다. 역사가가 선택한 특정 사실의 강조에 따라 전후의 사실과 연결고리가 끊기는 경우가 있다. 고조선의 위치를 무리하게 중국에 비정하였을 때 한군현은 한반도에서 실종되는 경우가 있다. 이러한 경우 대동강 유역에 있었던 한문화의 흔적을 설명할 수 없게 된다. 이와는 달리 선악의 도덕적 판단에 의하여 단절이 발생할 수도 있다. 자신의 판단에 의하여 선으로 규정된 실체를 강조하기 위하여 여타의 실체를 부정하여야 하는 경우이다. 이러한 예에 가장 부합되는 경우로 궁예가 해당된다. 궁예는 훌륭한 왕 왕건을 강조하기 위하여 악의 화신으로 규정되어 폄하된 대표적 예이다.

이러한 경우로 인해 궁예에 의하여 이루어진 역사적 업적은 그의 도덕적 평가와 함께 매몰되고, 그 업적은 고스란히 그를 계승한 왕건에게 돌아갔다. 도덕적 평가에 의하여 궁예는 부정되는데, 마치 중세시대 기독교에 의해 인간성이 매몰되었다고 했던 르네상스 인문주의자들의 평가와 같아지게 된다. 그러나 실제로 이러한 선악적 역사 해석은 객관적인 역사해석을 왜곡되게 인도하며, 한편으로는 역사의 단절화를 초래할 수도 있게 된다.

이러한 견지에서 궁예에 대한 왜곡된 해석은 재조명되어야 할 필요가 있다. 더 나아가서는 궁예뿐만이 아니라 한국사 전반에 걸쳐 행해진 자파 중심의 도덕적 평가에 대해서는 재해석이 요구된다. 궁예와 왕건의 정권교체 과정도 도덕적 평가가 아닌 객관적인 역사적 지평에서 바라보아야 한다는 것이다. 역사적 지평에는 절대 악인도 절대 선인도 없다. 시대적 요구와 한계 속에서 일정하게 한정된 사람들만이 있을 뿐이다. 그들의 신분 차이나 시대적 속성의 변화에 따라 한계가 달라질 수 있는 가변적 인간만이 존재하는 것이다.

그럼에도 불구하고 한국사에서는 절대화된 인간 유형들이 적지 않게 창조되었다. 인간임에도 불구하고 신격이 부여되는 경우가 있는 것이다. 대표적 경우가 궁예와 왕건이었다. 궁예는 탐학의 표상이었고, 왕건은 인의의 상징이었다. 이러한 선입견이 더해진 역사상은 인간에 대한 탐구가 아니라 영웅 찬미와 마녀 사냥으로 진행되었다.

최근 역사학계나 일반 대중적인 정서는 종전과 같은 극단적인 인간 평가에서 점차 일반화된 인간 연구로 바뀌어 가는 경향이다. 이번 장에서는 이러한 경향을 반영하여 궁예와 왕건의 역사적 연속성에 대하여 살펴 볼 것이다. 지금까지의 연구에서는 자신의 업적을 이루어 놓고서도 탐학으로 모든 것을 잃어버린 궁예를 서술하기 위해 역량을 상당히 기울었다. 그러나 이제는 이러한 입장에서 벗어나 전 시대의 궁예와 다음 시대의 왕건과의 관계 속에서 연속성과 차별성을 찾아보려고 하는 것이다.[1]

---

1) 왕건과 궁예를 연속선상에서 이해하려고 하는 연구는 김두진에서 찾아진다(김두진, 2005, 「한국문화 속에서 궁예를 생각한다」, 제4회 태봉국제학술회, 『태봉과

이러한 작업은 비단 이 시기에만 해당되는 것은 아닐 것이다. 왕조교체기, 변혁기의 역사해석에서는 언제나 발생할 수 있는 단절에 대한 연속성의 탐구가 이루어져야 할 것이라는 의도도 포함되어 있다.

1. 궁예 정권과 왕건 정권의 연속성에 대한 기존의 인식

궁예·왕건 정권의 연속성에 대하여 기존의 인식은 의로운 왕이 나쁜 왕을 당연히 축출하였다는 평가 일변도로 진행되었다. 궁예와 왕건의 사실을 전하는 가장 오랜 시기의 자료인 『삼국사기』에서부터 그렇게 표현하고 있다.

> A-1. 2년 6월에 궁예의 휘하 인심이 홀연히 변하여 왕건을 추대하니 궁예는 도망하다가 아랫사람에게 피살되었고, 왕건은 즉위하여 연호를 칭하였다.[2]

> -2. 여러 장수들이 왕건을 부축하여 호위하고 문 밖으로 나오며 외치게 하기를, "王公이 이미 義旗를 들었다"고 하였다. 여기서 전후로 달려와 따르는 자가 얼마인지 모르며, 또 먼저 궁성문으로 가서 떠들며 기다리는 자가 역시 1만여 명이었다. 왕이 듣고 어찌할 바를 몰라, 이미 미복차림으로 도망해서 산림 가운데 들어갔다가, 얼마 아니하여 斧壤民에게 해를 입었다. 궁예는 唐 大順 2년(891)에 일어나 朱梁 貞明 4년(918)까지 무릇 28년 만에 멸망하였다.[3]

궁예가 왕건에게 몰락한 당시를 알려주는 내용이다. A-1은 『삼국사기』 신라본기의 내용으로 궁예 휘하의 인심이 갑자기 변하여 왕건을 추대하

였다는 사실만을 전한다. A-2에서는 '왕공이 의기를 들었다'라 하고 있다. 이때 궁성문으로 들어가 기다리고 있던 사람들이 1만여 명이라 하고 있다. 이 일련의 평가는 역사적 원인, 결과 등에 관한 인과적 해석은 전혀 없고, 단지 不仁한 왕을 仁으로 몰아냈다는 것 뿐이다. '義'라고 하는 왕건파의 명분에 의해서만 혁명의 당위성을 밝히고 있는 것이다.

그렇다면 왕건파가 내세운 궁예의 불인 혹은 불의의 내용은 어떠한 것일까? 『삼국사기』 신라본기에서는 이렇다 할만한 내용을 찾아볼 수 없다. 이에 비하여 『삼국사기』 궁예열전에는 일반인들로서는 상상하기가 어려운 비도덕적이고 참혹한 내용들이 나온다.

그리고 그 내용은 몇 가지 유형으로 나누어 볼 수 있는데, 그 전제는 먼저 악인으로서 예정된 궁예의 운명이다. 종교적인 저주로 궁예를 그리고 있는 것이다.

> B-1. 궁예는 신라인으로 성은 김씨이다. 아버지는 제47대 憲安王 誼靖이며, 어머니는 헌안왕의 빈어로 그의 성명은 전하지 않는다. 혹은 48대 景文王 膺廉의 아들이라고 한다.[4]

> -2. 5월 5일에 외가에서 출생하였다고 한다. 그때 지붕 위에 긴 무지개와 같은 흰빛이 하늘에까지 닿았는데, 日官이 아뢰기를 "이 아이가 重午日(5월 5일, 단오)에 태어났고, 나면서부터 이가 있습니다. 또 광염이 이상하였으니 장래 국가에 이롭지 못할 듯합니다. 기르지 마옵소서" 하였다. 왕이 中使에 명하여 그 집에 가서 죽이게 하였다. 사자가 강보에서 빼앗아 누대 아래로 던졌는데 乳婢가 몰래 받다가 잘못하여 손으로 찔러 한 쪽 눈이 멀게 되었다. 안고 도망하여 숨어서 고생스럽게 길렀다.[5]

> -3. 나이 10여 세가 되자 遊戲하기를 마지 아니하므로 婢가 말하기를, "네가 나서 나라의 버림을 받은 것을 내가 차마 보지 못하여 남 모르게 길러 오늘에 이르렀는데, 너의 미친 행동이 이러하니 반드시 남들이 알게 될

---

4) 『삼국사기』 권50, 열전10 궁예전.
5) 『삼국사기』 권50, 열전10 궁예전.

것이다. 그렇게 되면 너와 나는 다 (죽음을) 면하지 못할 것이니 어찌하느냐” 하였다. 궁예는 울며 말하기를 “만일 그렇다면 내가 가서 어머니의 근심이 되지 않게 하겠소” 하고, 世達寺로 가니 지금의 興敎寺가 그 곳이다. 머리를 깎고 중이 되어 스스로 善宗이라고 하였다.[6]

-4. 천부 원년 신유(901)에 선종이 왕을 자칭하고 사람들에게 이르기를, “옛날에 신라가 唐에 병사를 청하여 고구려를 격파하였기 때문에 평양 옛 서울이 황폐하여 풀만 무성하니 내가 반드시 그 원수를 갚으리라” 하였다. 대개 그가 출생해서 버림을 받은 것을 원망하였던 까닭에 이런 말을 한 것이다. 일찍이 남쪽으로 순행하여 興州 浮石寺에 가서 벽에 그린 신라왕의 畵像을 보고 칼을 빼어 쳤는데, 그 칼날 자국이 아직도 남아 있다.[7]

B-1은 궁예가 선천적으로 신분이 낮다는 사실을 강조하려하는 내용이다. 궁예는 부모가 누구인지를 모르는 사람으로 되어 있다. 아울러 태어날 때 좋지 않은 기운이 있어 죽이지 않으면 안 되었다는 점을 강조한다.

B-2에서는 그가 태어난 날이 또 불길한 날이라는 사실을 강조하고 있다. 이러한 선천적인 운명의 저주로부터 궁예는 태어났던 것이다.

B-4는 궁예가 고구려의 고토를 회복하겠다는 의지를 말하고 있다. 그런데 열전의 찬자는 궁예의 고구려 고토회복의 이유를 ‘궁예가 어려서 버림을 받았기 때문’이라고 평가내리고 있다. 어떻게 어려서 버림을 받았기 때문에 고구려의 후계자가 되겠다고 한 것일까? 이 내용은 궁예의 반신라적 정서가 출생시부터 선천적이라는 점을 강조하기 위한 것이었다. 이어서 찬자는 궁예가 부석사에 있는 신라왕의 화상을 칼로 친 것도 이와 관련 있는 것으로 서술하고 있다.[8]

---

6) 『삼국사기』 권50, 열전10 궁예전.
7) 『삼국사기』 권50, 열전10 궁예전.
8) 부석사에 간 시기에 대하여 조인성은 904년 이후로 보고 있으며(조인성, 『태봉의 궁예정권 연구』, 서강대학교 박사학위 논문, 94쪽의 주3), 강문석은 ‘甞(일찍이)’에 주목하여 고려를 칭하기 이전으로 보고 있다(강문석, 2005, 「철원환도 이

이러한 선천적인 저주와 함께 궁예의 외모는 고약하게 그려진다. 궁예는 나면서부터 이가 있었다고 한다. 그리고 낳자마자 죽임을 피하려고 하다가 한쪽 눈마저 잃은 애꾸눈의 괴상한 외모를 갖게 되어 버렸다.

다음은 궁예가 10여 세까지 성장한 환경에 대해 설명한 글이다. B-3에 따르면 그는 10여 세까지 불안정하게 살아간다. 그러다가 궁예는 10여 세에 출가를 하게 되는데, 출가를 해서도 나쁜 인물로 그려진다. 궁예는 절에서조차 수행을 제대로 하지 않았던 것이다.

> C. 장성해서는 승려의 계율에 구애하지 않고, 기상이 활발하며 膽氣가 있었다. 일찍이 齋를 올리는데 나가 行列에 들었는데, 까마귀들이 무엇을 물어다가 그의 바리때 속에 떨어뜨렸다. 주워 보니 牙籤에 王자가 써 있으므로 비밀히 간직하여 말하지 않고 크게 자부심을 가지게 되었다. 신라는 말년에 쇠미하여 정치가 어지럽고 백성들이 흩어지며, 王畿 밖의 주현의 叛附가 서로 반반씩이 되었고, 원근에 여러 도적들이 벌떼와 같이 일어나고 개미처럼 모였다. 善宗은 어지러운 틈을 타서 무리를 모으면 뜻을 이룰 수 있으리라 하였다.[9]

C는 궁예의 장년 모습이다. 이 내용을 보면 궁예는 승려이면서도 승려가 아닌 것으로 그려져 있다. 이 내용에는 그의 사상적 경향을 살피려는 노력도 들어있으나 위의 내용만으로 그의 사상적 경향을 찾는 것은 무리다. 단지 그가 승려이면서도 속세에 뜻을 두고 있었다는 비정상적 경향을 나타내는 표현일 뿐이다.

이와는 상대적으로 왕이 된 후 궁예의 종교활동은 국왕답지 못하게 그려진다.

> D. 선종이 彌勒佛을 자칭하며, 머리에 金幘을 쓰고 몸에 方袍를 입었으며, 長子를 靑光菩薩, 季子를 神光菩薩이라 하였다. 외출할 때에는 항상 백

전의 궁예정권 연구」『역사와 현실』57, 250쪽의 주34).
9) 『삼국사기』 권50, 열전10 궁예전.

마를 타고 채색 비단으로 말갈기와 꼬리를 장식하고, 童男童女로 일산과 香花를 받들게 하여 앞에서 인도하고, 비구 200여 명으로 梵唄를 부르면서 뒤를 따르게 하였다. 또 經文 20여 권을 스스로 지었는데 그 말이 요망스럽고 모두 불경한 것이었다. 때로는 正坐하여 강설하였는데, 승 釋聰이 이르기를 "모두 邪說과 怪談으로써 가르칠 수 없는 것이라" 하니, 선종이 듣고 노하여 철퇴로 때려죽였다.[10]

궁예의 행차는 국왕의 행차임에도 불구하고 승려의 행차로 그려진다. 국왕이 말을 탈 수도 있고, 동남동녀들을 앞세울 수도 있다. 비구와 범패라고 표현했지만, 국왕의 행차에 2백여 명을 동원하여 음악을 울릴 수도 있는 일이다. 이러한 행렬이 가능했다는 것은 국왕의 권력이 강했다는 의미일 것이다. 그런데 이 사료는 궁예가 국왕임에도 승려의 흉내를 낸 것처럼, 한편으로는 국왕으로서 승려를 탄압한 것처럼 양면적으로 이해될 수 있도록 서술하고 있다.

궁예의 인간관계에서도 서술의 방향은 사뭇 다르다.

E-1. 진성왕 즉위 5년, 대순 2년 신해(891)에 竹州의 괴수 箕萱에게 귀의하였는데 기훤이 업신여기어 예우하지 아니하였다. 선종이 우울하여 스스로 안정하지 못하고 비밀히 기훤의 麾下인 元會·申煊 등과 결탁하여 친구가 되었다.[11]

-2. 사졸과 더불어 甘苦와 勞逸을 같이하며, 주고 빼앗고 하는 데 있어서도 公으로 하고 사사로이 하지 아니하니, 이로써 무리들의 마음이 그를 두려워하고 경애하여 將軍으로 추대하였다.[12]

위의 사료는 궁예의 인간됨이 친근감이 있고(E-1), 부하들에게 무사공평했다고 하는 정도로 읽는다(E-2).[13] 궁예를 나쁘게 그렸던 김부식

---

10)『삼국사기』권50, 열전10 궁예전.
11)『삼국사기』권50, 열전10 궁예전.
12)『삼국사기』권50, 열전10 궁예전.
13) 궁예와 병사들간의 관계를 의가족제적 관계로 보기도 하고(이기백, 1957, 「신라

조차 궁예를 평등주의자 내지 박애주의자로 그렸다고 하기도 한다. 그런
데 실상 『삼국사기』 찬자의 표현은 궁예를 잘 그리려고 했던 것이 아니
라 악의적으로 서술하고 있는 것이다. 신라 왕실의 후예인 그가 신분이
낮은 기훤의 부하와 친구가 되고, 전리품을 빼앗은 후 함께 나누는 위엄
이 없는 인물로 그리고 있는 것이다.

 이에 비하면 견훤에 대해서는 무척 관대한 표현을 하고 있다. 그는
어려서 호랑이의 젖을 먹었기 때문에 마을에서 신이롭게 생각하였다는
일종의 영웅전설 형태를 보이고 있다. 장성하여서는 체모가 웅대·기이
하고 지기가 활달하며 비범하였다고 한다. 防戌에 부임해서도 항상 용
기가 병사에 앞서 출세를 하였다고 기록하고 있다.[14] 견훤의 출세 과정
은 신라의 武將이 성장해가는 과정이라서 궁예와 차이는 있지만 일정하
게 긍정적인 측면을 버리지는 않고 있다. 이에 비해 궁예는 사졸과 별
다를 바 없이 천박한 신분이었음을 『삼국사기』 궁예열전 찬자는 강조하
고 있는 것이다.

 더욱이 『고려사』에서는 왕건을 '取民有道'라고 했다. 또한, 호족에
대해서는 '重幣卑辭'라고 했다. 왕건의 덕을 대단하게 기리는 말이다.
왕건의 취민유도와 중폐비사는 자신이 상위 신분임에도 자신을 낮춘다
는 표현으로 체통과 위엄을 전제로 한 표현이다. 이에 비하여 궁예는 신
분이 낮은 사람들과 친구가 되고 그들과 무사 공평했다고 하니 당시의
귀족답지 못한, 체통과 염치가 없는 인물이라는 표현이었던 것이다. 결
국 궁예는 신라 왕자이면서도 왕자답지 못한 인물로 그려지고, 그를 왕
자다운 품위를 지킨 왕건이 물리친 것은 당연한 일이라는 역모의 합리화
가 있는 것이다. 이러한 생각과 함께 다음의 사료를 보면 『삼국사기』 찬

사병고」, 『역사학보』 9, 277~278쪽) 궁예의 계율 준수를 통한 용화세계의 출현으
로 보기도 한다(조인성, 2002, 「궁예의 세력형성과 미륵신앙」, 『한국사론』 36 『역
사상 정치적 예언의 종합적 검토』, 국사편찬위원회, 27쪽).
 14) 『삼국사기』 권50, 열전10 견훤전.

자가 궁예와 왕건을 혁명으로 구분하고 있음을 알게 된다.

F. (정명 4년) 그 해 6월에 장군 弘述·白玉三·能山·卜沙貴, 이는 洪儒·배현
경裴玄慶·申崇謙·卜知謙의 少時 때의 이름이다 네 사람이 비밀히 모의하
고 밤에 왕건의 사제로 가서 말하기를 "지금 주상이 형벌을 남용하여 처자
를 죽이고 신료를 주멸하니, 창생이 도탄에 빠져 부지할 수가 없습니다. 예
로부터 昏主를 폐하고 明王을 세우는 것은 천하의 대의입니다. 청컨대 공
은 湯王·武王의 일을 행하기 바랍니다" 하였다. 왕건이 안색을 고치며 거
절하기를 "내가 충성과 純直함으로 自許하여 왔는데, 지금 (주상이) 포학
하다고 하지만 감히 두 마음을 가질 수 없다. 대저 신하로서 임금을 교체
하는 것을 혁명이라 하는데, 내가 실제 薄德으로서 어찌 감히 殷·周의 일
을 본받을 수 있으랴" 하였다. 여러 장수들이 말하기를 "때는 두 번 오지
아니하므로, 만나기는 어렵고 잃기는 쉽습니다. 하늘이 주는 것을 취하지
않으면 도리어 그 벌을 받습니다. 지금 政事는 어지럽고 나라는 위태로운
데, 백성들이 모두 윗사람 미워하기를 원수와 같이 합니다. 지금에 있어 德
望이 공의 위에 있을 사람이 없습니다. 하물며, 王昌瑾이 얻은 鏡文이 저
러한데, 어찌 칩복해 있다가 獨夫의 손에 죽을 것입니까" 하였다. 부인 柳
씨도 여러 장수들의 의논을 듣고 이에 태조에게 이르기를 "仁으로써 不仁
을 치는 것은 예로부터 그러합니다. 지금 여러 사람의 의논을 들으니 첩으
로서도 憤心이 일어나는데, 더구나 대장부에 있어서이겠습니까? 지금 여러
사람의 마음이 갑자기 변하는 것은 天命이 돌아왔기 때문입니다"하며 손
으로 갑옷을 들어 태조에게 올렸다.[15]

위의 내용으로 보면 네 장수가 왕건의 사제에 가서 왕건을 추대하고
있다. 그 원인은 궁예가 음형이 심하여 창생이 도탄에 빠졌기 때문에
'인으로 불인을 치는 것'이라고 밝히고 있다. 『삼국사기』 찬자는 궁예와
왕건을 의리와 인으로 구분하고 있다. 즉 백성을 도탄에 빠지게 한 궁예
를 축출하는 것은 의이며, 인으로 불인을 치는 것은 당연하다는 혁명사
상을 강조하고 있는 것이다.

이와 같이 궁예에게 가해진 역사 속의 해석은 무자비하다. 궁예는 무

15) 『삼국사기』 권50, 열전10 궁예전.

엇을 해도 부정적으로 될 수밖에 없도록 서술하고 있다. 이처럼 궁예는 자기의 본질과는 다르게 철저하게 왜곡되었다. 지금의 시각으로는 긍정적으로 파악할 수 있을만한 사료도 당시로서는 그를 폄하한 서술에 불과했던 것이다. 이처럼 궁예와 왕건의 역사적 연속성은 혁명을 당위화하기 위한 명분인 의와 인에 의하여 의도적인 역사적 단절을 당한 것이 후대 사가들에 의하여 다시 한 번 당하고 있었던 것이다. 『삼국사기』 찬자들의 궁예에 대한 인식은 결론적으로 다음과 같이 요약된다.

> G. 논하기를 … 궁예는 본시 신라의 왕자로서 도리어 宗國을 원수로 삼아 멸망시킬 것을 도모하여, 先祖의 畫像을 (칼로) 치기까지 하였으니, 그 不仁함이 심하다. … 그러므로 궁예는 그 신하에게 버림을 당하고 … 흉악한 인간이 어찌 我太祖에게 서로 항거할 수 있으랴? 다만 왕건을 위하여 백성을 몰아다 준 자였다.[16]

이러한 궁예에 대한 악의적인 인식은 그 이후의 사가들에 의하여 계속되었다. 특히 궁예의 비인간적인 측면이 강조되었다. 궁예의 탐학한 면을 강조하는 것은 『제왕운기』에도 표현되고 있으며,[17] 이제현은 궁예가 시기심이 많은 인물이었다고 하였다.[18]

이러한 인식은 조선시대에도 계승되어 『고려사』의 편찬시에는 더욱 궁예의 악덕한 면이나 포학함이 강조되어 그려지고 있다.

> H. 이때 궁예는 반역이라는 죄명을 덮어씌워 하루에도 백여 명씩 죽이었다. 이리하여 장수나 정승으로서 해를 입은 자가 십상팔구에 이르렀다. 궁예는 항상 스스로 말하기를 "나는 미륵관심법(彌勒觀心法)을 체득하여 부녀들의 음행까지도 알아 낼 수 있다. 만일 나의 관심법에 걸리는 자가 있으

---

16) 『삼국사기』 권50, 열전10 견훤전.
17) "世祖於羅時金城承 今寄弓裔自北原開國於是地移都鐵原郡官人以百揆因仕裔之朝太祖除元師 不戰服諸方功業昌易燧裔乃日肆虐"(이승휴, 『帝王韻紀』)
18) "李齊賢曰 … 且太祖逮世祖 仕弓裔 裔之多疑忌 太祖無故 獨以王爲姓 豈非取禍之道乎 … "(『고려사』 고려세계)

면 곧 엄벌에 처하겠다.”고 하였다. 그는 드디어 3척이나 되는 쇠방망이를 만들어 놓고 죽이고 싶은 자가 있으면 곧 그것을 달구어 여자의 음부를 찔러 연기가 입과 코로 나오게 하여 죽이었다. 이리하여 부녀들이 모두 벌벌 떨었으며 원망과 분한이 날로 심하여졌다.[19]

위의 내용은 궁예의 비정상적인 인격을 묘사한 부분이다. 이 내용은 또한 그의 탐욕과 정신분열적인 측면을 강조하고 있다. 유심히 보면 앞의 D와 그 내용이 비슷하다. 단지 『고려사』에서는 궁예의 잔인함과 비정상적인 행태가 더욱 강조되고 있는 것이다.

> I. 하루는 궁예가 왕건을 대궐 안으로 급히 불러 들였다. 그때 궁예는 처형한 사람들로부터 몰수한 금은 보물과 가재도구들을 점검하고 있었다. 그는 성난 눈으로 한참이나 왕건을 바라보고 있다가 다음과 같이 말하였다. “그대가 어젯밤에 사람들을 모아서 반란을 일으키려고 음모한 것은 웬일인가?” 왕건은 얼굴빛을 조금도 변하지 않고 태연하게 웃으면서 말하기를 “어찌 그럴 리가 있겠습니까”라고 하였다. 궁예는 또 말하기를 “그대는 나를 속이지 말라. 나는 능히 觀心을 하기 때문에 그것을 안다. 나는 지금 곧 入定하여 보고 나서 그 일을 이야기하겠다.” 하고는 곧 눈을 감고 뒷짐을 지더니 한참이나 하늘을 향하여 고개를 젖히고 있었다. 그때에 掌奏(벼슬 이름) 崔凝이 옆에 있다가 짐짓 붓을 떨어뜨리고는 뜰로 내려와 그것을 줍는 척하고 왕건의 곁으로 달음질하여 지나가면서 귓속말로 “왕의 말대로 복종하지 않으면 위태롭다.”고 하였다. 왕건은 그제야 깨닫고 “사실은 제가 모반하였으니 죽을 죄를 지었습니다.”라고 말하였다. 궁예는 껄껄 웃고 나서 “그대는 정직한 사람이라고 할 만하다.”라고 하면서 곧 금은으로 장식한 말안장과 굴레를 주었다. 궁예는 또 말하기를, “그대는 다시는 나를 속이지 말라”고 하였다.[20]

I는 역모의 흔적이 있는 왕건을 궁예가 심문하는 과정이다. 그런데 궁예는 뜻밖에도 왕건이 역모를 꾀했다는 자백을 받고 왕건을 살려주고 있다. 궁예를 비정상적으로 만들고자 하는 의도에서 지어낸 이야기일 것이다.

---

19) 『고려사』 권1, 태조세가 건화 4년.
20) 『고려사』 권1, 태조세가 건화 4년.

그리고 궁예의 비참한 죽음에 대하여 『고려사』에는 다음과 같이 표현하고 있다.

> J. 궁예가 이 소문을 듣고 깜짝 놀래어 말하기를, "왕공이 벌써 차지하였으니 내 일은 다 글렀다."하고 어찌할 줄을 몰랐다. 이리하여 그는 변복을 하고 북문으로부터 도망쳐 나가니 궁녀들이 궁안을 깨끗이 하고 왕건을 맞아들였다. 궁예는 산골로 도망하였으나 이틀 밤을 지난 후에는 배가 몹시 고파서 보리이삭을 잘라 훔쳐 먹었다. 그 후 곧 斧壤 백성에게 살해되었다.[21]

이러한 표현은 궁예를 『삼국사기』보다 훨씬 더 악독한 군주로 변화시킨 것이다.[22] 『삼국사기』에는 철원경의 인심이 갑자기 바뀌어 궁예가 축출되었다고 전한다. 그러나 『고려사』에서는 백성들의 보리이삭을 잘라먹다 살해된 것으로 그려지고 있는 것이다. 결국 궁예는 자신의 백성에게 살해된 악덕한 군주로 표현되고 있다.

> K. 정사일에 다음과 같은 조서를 내렸다. "이전 임금(궁예)은 우리나라 정세가 혼란할 때에 일어나서 도적들을 평정하고 점차 영토를 개척하였으나, 전국을 통일하기도 전에 대번 혹독한 폭력으로 하부 사람을 대하며 간사한 것을 높은 도덕으로 생각하고 위압과 모멸로써 요긴한 술책을 삼았었다. 부역이 번거롭고 과세가 과중하여 인구는 줄어들고 국토는 황폐하였다. 그럼에도 불구하고 궁전은 굉장히 크게 지어 제도를 위반하고 이에 따르는 고역은 한이 없어서 드디어 백성들의 원망을 불러일으켰다. 이러한 형편에 함부로 연호를 만들고 왕으로 자칭하였으며 처자를 살육하는 등 천지에 용납할 수 없는 죄를 지어 죽은 사람에게나 살아 있는 사람에게 다 원한을 맺었으며 결국은 정권을 전복당하였으니 어찌 경계할 바가 아니랴.[23]

이 내용은 왕건이 자신의 혁명을 당위화하기 위하여 발표한 것인데,

---

21) 『고려사』 권1, 태조세가 정명 3년 6월 을묘조.
22) 『삼국사기』 견훤전에는 철원경의 인심이 갑자기 바뀌었다고만 표현되어 있다.
23) 『고려사』 권1, 태조 원년 하6월 정사조.

그 내용 가운데 궁예치세를 혹독한 폭력, 부역의 번거로움, 인구의 감소, 궁전의 호화로움, 연호를 만들고 왕을 자칭, 처자 살육 등으로 표현하고 있다.

그러나 왕건의 혁명 이후 고려의 영토와 인구는 더욱 감소한다. 이미 잘 알려진 내용이지만, 웅주 이북의 성들이 후백제에 귀부하고, 명주의 순식 등이 반왕건화 한 것이다.[24] 따라서 위 내용은 어디까지나 왕건이 자신의 혁명, 혹은 반란[25]을 당위화하기 위한 선전용이지, 이를 궁예와 왕건 정권의 차별화를 알리는 사료로 이용하기에는 어려울 것이다.

이러한 『고려사』에서 더욱 잔인하고 악독하게 묘사된 궁예의 모습은 그 후대에도 여과없이 계승되고 있다. 『고려사』 이후에 간행된 관찬, 사찬 사서들에서는 『고려사』의 궁예 관련 기사가 거의 그대로 인용되고 있으며, 궁예에 대한 평가도 그대로 전승되고 있는 것이다. 예컨대 『동국통감』에서 다음과 같이 평한 것이 대표적인 예가 될 것이다.

> L. 臣 등이 살펴보건대 "궁예는 신라의 遺孼로 宗國에서 버림을 당하고 緇流 (승려)에 자신을 의탁하였다가, 뭇 도적 가운데서 우뚝 일어나 黑壤(철원)을 몰래 점거하여 나라를 세우고 연호를 일컬으면서, 이윽고 三韓의 3분의 2를 차지하였습니다. 그러나 성품이 본래 흉악하여 끊임없이 사람 죽이기를 좋아하여, 妻子를 해치고 公卿들을 도륙하니, 백성이 모두 결단이 날 판이었습니다. 하늘은 穢德을 싫어하여 고려에 손을 빌려주니, 달아나 숨었다가 죽게 하였습니다. 아! 제 스스로 얻었다가 제 스스로 잃었으니, 누구를 탓하겠습니까?"[26]

『동국통감』의 이러한 전승은 『삼국사절요』, 『여사제강』, 『휘찬여사』

---

24) 이재범, 1995, 「고려태조 즉위시의 사회동향에 관한 일고찰」 『부촌 신연철교수 정년기념논총』, 일월서각, 473~500쪽.
25) 필자는 왕건이 906년경부터 반란을 준비하였다고 주장한 바 있다(이재범, 1992, 『후삼국시대 궁예정권의 연구』, 성균관대학교 박사학위 논문).
26) 『동국통감』 권12, 신라기 경명왕 2년(918).

등에서도 그대로 이어지고 있다.[27] 이렇게 하여 궁예에 대한 정당한 평가는 사라지고 왜곡된 모습만이 전해지게 되었던 것이다.

이러한 궁예에 대한 부정적 인식에 변화를 가져온 것은 안정복에 의해서다. 먼저 안정복은 철저하게 춘추필법과 명분론에 입각하여 자신이 역사를 기술한다는 것을 밝히고 있다. 그는 이러한 역사관에 입각하여 종전과는 다르게 궁예와 왕건과의 관계를 설정하고 있다. 안정복은 왕건의 아버지인 왕륭의 죽음에 대하여 다음과 같이 서술하고 있다.

> M. 하5월 궁예의 장수 왕륭이 죽었다.[28]

위의 내용에서 궁예는 왕건의 아버지 이름을 그대로 사용하고 있다. 『고려사』나 다른 사서에서는 왕륭을 세조라는 추존 호칭으로 쓰고 있는데 비해 안정복은 이름을 그대로 사용하며, 한편으로는 그의 신분을 궁예의 장수로 표현하고 있다.

> N. 고려 왕건은 궁예와 처음부터 군신 사이가 아니요, 다 신라의 백성으로서 어지러운 때를 틈타 까마귀떼처럼 한때 서로 만났다. 賊 궁예가 한창 포악한 짓을 하던 날, 백성이 원망하고 하늘이 노여워함에, 왕건은 세 번이나 錦城을 진무하여 위엄과 덕망이 이미 드러났다. 마땅히 궁예가 신라를 원수로 여기고 아버지의 화상을 베었으며, 백성에게 해독을 주고 포악을 자행한 죄를 폭로하고 신라왕실을 도와 추대하고 북을 치며 북진하였더라면, 大義는 밝아지고 왕업도 성취되었을 것이다. 이런 계책은 세우지 않고, 한밤중에 거사하여 창황하게 왕위에 올랐던 초라한 거동은 후세에 구실이 되었으니 애석한 일이다.[29]

궁예에 대하여 부정적인 평가를 하고 있지만, 안정복은 명분론에 입

---

27) 필법이나 평가 등에서 거의 전제하는 경향을 보인다.
28) 『동사강목』 권5(하), 정사년 효공왕 원년(897).
29) 『동사강목』 권5(하), 무인년 경명왕 2년 ; 견훤 27년 ; 궁예 18년 ; 고려 태조신성대왕 왕건 원년.

각하여 왕건의 거사에 대해서도 일단 회의를 느끼고 있다. 그는 너무나 명분이 뚜렷한 거사를 야음을 틈타 하였다는 데서 다소 명분을 흐리고 있다는 암시를 하고 있다.

안정복은 자신의 역사관에 비추어 다소 의문이 있는 부분을 성호 이익에게 질문한 내용이 『동사문답』에 남아 있는데, 그 내용 가운데 궁예와 왕건과의 관계에 관한 것이 있다. 다음의 내용들이다.

O-1. 고려 왕건의 등극에 대하여 역사책에서는 "태봉의 여러 장수들이 왕건을 세워 왕으로 삼았다."고 칭하였습니다. 저는 여기에 대해서도 의심이 없지 않습니다. 이때 신라의 정통 임금이 아직 존재해 있었는데, 궁예가 참람되어 난을 일으켰고 왕건이 그 무리가 되었으니 이 또한 뭇 도적과 같았습니다. 그러니 마땅히 "태봉의 장수 왕건이 왕이라 칭하고 궁예는 달아나 죽었다."라고 해야 될 것 같은데 어떨지 모르겠습니다.[30]

-2. 왕 태조는 분명 찬역입니다. 고려 사람이 그에 대한 말을 부드럽게 한 것은 尊諱한 때문입니다. 우리는 이미 그 臣子가 아니니 마땅히 史家의 本例를 따라, "태봉의 장수 왕건이 왕이라 칭하고 그 임금 궁예를 쫓으니 궁예가 달아나다 죽었다."고 적었으면 합니다. 그 '태봉의 장수[泰封將]'라고 한 것은 신하가 됨을 나타낸 말이요, '칭했다[稱]'라고 한 것은 스스로 높임을 나타내는 말입니다. 그리고 '쫓았다[逐]'라고 한 것은 실제의 일을 기록한 것이고, '궁예가 죽었다[裔死]'라고 한 것은 궁예가 群盜임을 나타낸 것입니다.[31]

-3. 고려 왕건의 아버지인 왕륭은 맨 먼저 배반하고 궁예에게 항복했기 때문에 "궁예의 장수인 金城太守 왕륭이 죽었다[死]."고 적었으니 … 고려 왕건은 너그럽고 인자하고 도량이 큰 것이 한 고조와 같은 점이 있었으나 어디까지나 반역의 당입니다. 여러 역사책에서는 모두 "태봉의 여러 장수들이 왕건을 세워 왕을 삼았다." 하였는데, 이제 고쳐서 "궁예의 장수 왕건이 왕이라 칭하니 궁예가 달아나다 죽었다."고 하였으니, 곧 ≪강목≫에서 옳지 못하게 나라를 얻어 황제라 칭한 따위입니다.[32]

---

30) 『順菴先生文集』第10卷「東史問答」성호 선생에게 올린 편지(병자년 [1]).
31) 『順菴先生文集』第10卷「東史問答」성호 선생에게 올린 편지(정축년 [2]).

　　궁예에 대한 재평가를 한 것은 아니지만 고려의 건국을 미화하기 위하여 취했던 필법에 대하여 일단 의문을 제기하고 있다. 안정복은 왕건의 고려 건국을 찬역이라고 하여(O-2), 종전의 의로운 혁명왕이라는 왕건 미화 일변도에서 보다 객관적인 입장을 취하고 있음을 알 수 있다. 그리하여 왕건이나 그의 아버지 왕륭을 모두 궁예의 장수로 표현한 것은 사실상 당연한 것이라고 할 수 있는 것이다.

　　이와 같이 궁예에 대한 잘못된 생각은 처음 『삼국사기』에서부터 시작되어 『고려사』에서 하나의 정형으로 자리매김을 하게 된다. 이때 강조된 내용은 음행, 부친의 화상을 칼로 침 등 인륜과 도덕에 관련된 것이었다. 그리고 이후 안정복이 의문을 제기할 때 까지 궁예에 대한 일방적인 왜곡은 이어져 왔다.[33]

2. 궁예 정권과 왕건 정권의 연속성에 관한 사례

　　앞에서 궁예에 대한 후대 사가들의 곡필이 크게 행해졌음을 살펴보았다. 그리하여 결과적으로 우리는 궁예에서 왕건으로의 역사는 어떤 연관성이 없다고 인정하여 왔다. 그러나 이러한 인식은 앞에서 본 바와 같이 궁예를 빌미로 왕건의 혁명을 합리화하려는 후대 사가들의 폄하를 답습한 것이었다. 실제 왕건은 궁예의 훌륭한 역사적 추종자였다. 정책면에서는 반궁예를 부르짖었지만, 왕건은 실질적으로 궁예의 계승자였다.

---

32) 『順巖先生文集』 第10卷 「東史問答」, 정산 이병휴에게 준 편지(무인년).
33) 안정복 이후 많은 사람들에 의하여 궁예는 재평가되어 왔다. 궁예를 종전의 사서와는 다른 긍정적인 면으로 그린 인물은 신채호이다. 그는 '일목대왕의 철퇴'라는 소설에서 자주적인 인물로 그리고 있다.

1) 국호의 계승

왕건은 궁예를 축출하고 바로 국호를 바꾸었다. 궁예는 국호를 처음에 고려[34]라 하였다가 마진·태봉으로 바꾸었다. 왕건이 정권을 잡은 뒤 국호를 태봉에서 고려라 한 것은 새로운 조치처럼 보이지만, 궁극적으로 궁예에 대한 부정이 아니라 계승이었다.

궁예가 국호를 고려라 한 것은 고구려 계승의식을 나타낸 것이었다. 그 뒤 궁예가 국호를 고려에서 마진·태봉으로 바꾸었다고 하여 고구려 계승의식을 포기한 것은 아니었다. 마진과 태봉은 그 의미가 모두 상징적이고 포괄적이다. 마진은 마하진단의 약칭으로 대동방국이라는 의미이자 인도에서 중국을 가리키는 이름이며, 태봉은 이상향으로서 진시황이 천하를 얻었음을 선포하는 의미로 태산에서 봉선하였다는 데서 유래한다고 한다.[35]

변경된 국호의 의미는 궁예의 국가가 천하의 중심임을 선포한 것으로 볼 수 있을 것이다. 후삼국시대는 잘 아는 바와 같이 중화의 질서가 붕괴되어 여러 천자가 난립하며 중국의 정통성을 부르짖던 시기였다.[36] 이때 궁예 또한 자신의 국가를 마하진단이라고 하여 천하의 중심이라는 정통성을 계승하였음을 밝힌 것이라고 할 수 있을 것이다. 그리고 태봉은 궁예의 천하통일 의지를 내포한 국호라고 할 것이다.

그러므로 국호의 변경은 고구려 계승의식을 배제한 것이 아니다. 궁예는 고구려 계승의식을 기반으로 한 천하 중심으로서의 대동방국과 천하통일이라는 기치를 내건 것이라고 할 수 있는 것이다. 그리고 이러한 국호의 선정은 궁예의 자주적이고 원대한 포부를 나타내는 것이라고 할

---

34) "辛酉稱高麗"(『삼국유사』 왕력 후고려)
35) 맥브라이드 리차드, 2005, 「궁예는 왜 자신을 미륵불이라고 칭했는가?」, 제4회 태봉국제학술회, 『태봉과 철원정도 1100주년의 역사적 의미와 재평가』, 철원군·태봉국철원정도기념사업회.
36) 72천자의 시대라고 하였다.

수 있다.

그러나 지금까지 궁예가 고려에서 마진·태봉으로 국호를 변경한 것은 궁예의 괴팍한 정신적 병리현상으로 이해되어 왔다. 아울러 궁예가 '고려'라는 국호를 포기한 것은 고구려 계승의식을 저버린 배반적인 행동으로 이해하는 경우도 있었다. 이러한 배경에서 왕건이 고려를 국호로 택한 것은 지극히 온당한 처사로 여겨졌고, 고구려 계승의식을 왕건만이 이어왔던 것으로 해석해왔다.

그러나 궁예의 국호 변경은 고구려 계승의식의 포기가 아니라 이를 기반으로 천하의 중심으로 자리 잡고자 하는 선으로 이해되어야 할 것이다. 그렇다고 할 때 왕건이 국호를 고려로 하고 도읍을 철원에서 송악으로 이도한 것은 왕건 중심 세력이 자신들의 지지기반이 있는 지역으로 중심지를 이동한 것일 뿐, 근본적으로 궁예가 지향했던 고구려 계승의식을 바탕으로 한 통일천하로의 지향을 거부한 행위는 아니었다.

한편 궁예가 고구려 계승을 표방하면서도 마진이나 태봉으로 국호를 변경할 수밖에 없었던 이유에 대해서도 설명이 필요하다. 궁예가 국가를 처음 설립할 때는 고구려의 고토라고 할 정도로 한강과 임진강 북쪽 대부분이 강역에 해당되었다. 그런데 그가 마진·태봉으로 국호를 변경할 때는 강역이 넓어져서 신라 지역의 일부는 물론이고 백제의 중심부였던 공주 등 금강 일대의 지역이 궁예의 판도에 들어왔다.[37] 아울러 전라도의 서·남해지역도 궁예의 판도에 포함되었다.

따라서 고려라고 하는 소극적 지역개념을 가진 궁예의 국호는 확대된 영토의 지역적 정서를 다 포함하기에는 무리가 따랐다. 그러므로 궁예가 고려와 같은 특정 국가 계승의식을 표방하는 국호를 사용하기에는 곤란이 따랐을 것이다. 궁예는 이를 포괄하기 위하여 마진·태봉과 같은 추상적인 개념을 국호에 도입했던 것으로 보아야 할 것이다.

---

37) "공주장군 홍기가 귀부해 왔다."(『삼국사기』 권50, 열전10 궁예전)

이에 비해 왕건은 고려 국호를 다시 사용하게 된다. 이러한 조치는 물론 고구려만의 계승의식임을 명백히 하는 것이었다. 그리고 그 결과는 종래 비고구려계로서 궁예에게 동조하였던 세력들의 이탈을 초래하게 되었던 것 같다. 왕건이 국호를 고려로 제정함과 동시에 종전에 궁예에게 복속되었던 백제 지역은 반란을 일으키고,[38] 명주 일대의 김순식 등도 등을 돌리게 된다.[39] 왕건은 궁예로부터 정권을 탈취하는 데는 성공했지만, 민심을 회복하는 데는 실패하였던 것이다. 그 까닭은 고려라고 하는 국호의 영향 때문이었다. 이러한 점에서 볼 때 궁예와 왕건이 국호 고려를 채택한 경위의 이면에 있던 사정은 크게 다를 바가 없었다는 데서 역사적 계승의식의 차이가 현저하다고 보여지지는 않는다.

2) 자주적 연호의 사용

고려가 궁예 정권의 충실한 계승자라는 근거는 자주적 연호의 사용에서도 살펴 볼 수 있다. 주지하다시피 궁예는 연호를 여러 차례 바꾸어 채택하였다. 무태, 성책, 수덕만세, 정개로 바꾸어 나간 것이다. 기록상으로 볼 때 궁예의 연호 변경은 국호의 변경과 무관하지 않다. 그리고 궁예의 연호는 중국이나 기타 다른 지역 및 다른 시대에서 찾아 볼 수 없는 독특한 명칭이다. 연호는 천자국에서만 사용한다는 점에서 독특한 궁예식 연호는 궁예 정권이 자주적인 천자국을 표현한 것으로 받아들여야 할 것이다. 이 무렵 중국의 여러 나라들은 각각 연호를 사용하고 있었다.

이러한 자주적 연호의 사용은 신라에서나 후백제에서는 찾아보기 힘든 현상이다. 신라는 법흥왕[40] 때 최초로 연호를 썼으나 진덕여왕 4년

---

38) "웅주 이북의 30여 성이 반부백제하였다."(『고려사』 권1, 태조)
39) "오랫동안 굴복하지 않았다."(『고려사』 권92, 열전5 왕순식전)
40) 이때의 연호가 건원이다.

이후 중국의 연호를 빌려썼고, 후백제는 정개라고 하는 자주적 연호를 사용하였을 것이라고 하나 확실하지 않다.[41]

이러한 시대적 분위기에서 궁예는 자주적 연호를 사용하였는데, 왕건 또한 즉위와 함께 자주적 연호 天授를 사용할 것을 선포한다. 이러한 행위는 궁예 정권의 계승이라는 차원에서 이해가 가능하다. 왕건은 얼마 후 중국으로부터 책봉을 받고 중국식 연호를 사용하게 된다.[42] 그런데 중국식 연호의 사용은 왕건의 탁월한 외교정책과 관련하여 해석하는 것이 일반적이다. 그러나 이러한 이해는 사실 궁예 때 해오던 자주적인 외교노선의 포기를 선언하는 것이었다. 왕건은 즉위 초에 자주적 연호를 사용함으로써 궁예 정권의 역사성을 일정 기간 계승하고 있었다. 이에 대해서는 이미 안정복이 지적한 바가 있다.

> P. 연호를 세우고 해[年]를 적는 것은 천자의 직분인데 제후로서 이를 참람되이 행하였으니, 禮에 넘치고 분수를 어김이 더할 수 없이 심한 것이다. 이후로 태봉이 이를 본받아서 연호를 참칭하였고, 밝고 통달하였던 고려 태조까지도 개국 초에 이 폐단을 답습하였으니, 이것은 法興王이 이를 啓導한 것이다." 라고 하였다.[43]

위의 내용을 보면 안정복은 궁예의 연호 제정이 천자의 행위를 흉내내는 참람된 것이지만, 왕건 또한 일정 기간 이를 계승하였음을 밝히고 있다. 이 무렵인 당말오대 시기 동아시아 일대의 여러 나라들은 자주적인 표현의 하나로 연호를 제정하였다. 가까운 예로 거란도 연호를 제정하였다.[44] 궁예의 연호 제정은 이 시기 이 지역의 아주 자연스러운 정서였던 것이다. 아울러 왕건도 왕이 된 후 바로 연호를 개정하였다. 왕건으

---

41) 편운화상탑비의 조각에 정개라는 연호의 명칭이 보이고 있다.
42) 후당의 연호를 사용하게 된다.
43) 안정복, 『東史綱目』 第3(上).
44) 神策을 제정한다.

로서는 개정이 아닌 제정이었겠지만, 궁예 정권의 연장선에서 보게 되면 개정이었다. 이때 왕건이 개정한 연호는 天授였다. 천수란 하늘로부터 받았다는 것인데, 그 의미는 자신의 왕위등극이 천명이라는 것을 알리고자 하는 데서 비롯되었다고 해석되고 있다.

그 뒤 왕건은 어떤 연유에서인지 천수를 버리고 중국 후당의 연호를 채택하고 있다. 이 점에 대하여 현재까지의 어떤 연구에서도 이를 부정적으로 또는 구체적으로 밝히려고 한 예를 볼 수 없다. 오히려 현실에 민감히 대응하려고 했던 정치적 수완 정도로 이해하려 한다. 그것은 어떻든 왕건이 왕위에 오르고 바로 중국의 연호를 채택하지 않았던 것은 궁예의 정치적 정체성에 대한 일련의 계승을 의미하는 것으로 보아야 마땅할 것이다. 이러한 점에서 동시대의 견훤과는 비교된다. 견훤은 자신의 왕위를 정당화하기 위하여 중국으로부터 책봉의 형식을 빌어 정당성을 인정받고자 하였다.[45] 그러나 왕건은 먼저 자주적인 연호를 제정하여 명분을 취하고자 하였다는 점에서 궁예의 연속선상에 있었다고 여겨지는 것이다. 만약 왕건이 궁예의 자주적인 연호 제정에 부정적이었다면, 자신이 왕위에 오른 뒤 바로 중국으로부터의 책봉을 서둘렀어야 했을 것이다. 그러나 자주적인 연호 제정을 우선하였다는 점에서 중국에 대한 의식이 궁예의 연장선상에 있었다고 보아도 좋을 것이다.[46]

3) 정치체제의 계승

관계 혹은 관등은 관리들의 위서관계를 표현하는 것으로서 국가의 정

---

45) 그가 받은 책봉은 왕호가 아니었다.
46) 실제로 왕건은 궁예의 연호 사용을 탐탁치 않게 여겼던 듯 하다. 그러나 즉위 후 바로 폐지할 수는 없었던 듯하다. 그가 원년 6월 정사일에 내린 조에 '함부로 연호를 만들고 왕을 칭하였다(竊號稱尊)'는 표현이 있다(『고려사』 권1, 태조 원년 6월 정사조). 이를 보면 왕건은 연호 사용이나 왕호 사용에 불만이었으나 이를 일정기간 고수하였던 것으로 보인다.

치체제와 밀접한 관련을 갖는다. 궁예 정권의 특성 역시 관계를 통해 살필 수 있다. 궁예 정권의 관계는 기록상 두 차례 나타나는데, 이 두 번의 관계는 모두 9등이다. 9등은 왕건에게 계승된다. 궁예가 설치한 관계 중 『삼국사기』에 기록된 것이 정광·원보·대상·원윤·좌윤·정조·보윤·군윤·중윤이다. 이 관계는 고려 초의 9등 관계인 대광·대승·대상·원보·원윤·좌윤·정조·정위·보윤 등으로 이어진다.

> Q. 건국 초기에 벼슬 등급은 문관, 무관으로 나누지 않고 공통으로 大舒發韓, 舒發韓, 夷粲, 蘇判, 波珍粲, 韓粲, 閼粲, 一吉粲, 級粲이라고 하였는데 이것은 신라의 제도였고 또 大宰相, 重副, 台司訓, 輔佐相, 注書令, 光祿丞, 奉朝判, 奉進位, 佐眞使라고도 하였는데, 이것은 태봉의 제도였다. 왕건은 태봉의 임금(궁예)이 제 마음대로 제도를 고쳤기 때문에 백성들이 익숙하게 알지 못한다 하여 모두 신라의 제도를 따르고 다만 그 이름과 뜻이 알기 쉬운 것들만 태봉의 제도를 따랐으며 이내 大匡, 正匡, 大丞, 大相이라는 벼슬 이름을 썼다.[47]

위의 내용을 보면 왕건은 자신이 정권을 장악한 뒤 새로운 제도적 장치를 둔 것이 아니라 종전의 것을 답습한다고 천명하였다. 그 가운데는 태봉의 제도를 답습한다는 내용이 들어있다. 실제로 고려 초의 관계에는 궁예에 의하여 제정된 관계명이 많이 발견되고 있다. 제도적 측면에서 궁예와 왕건과의 연속성을 찾아볼 수 있는 분야이다.

정치운용에 있어서도 왕건의 궁예 계승은 계속된다. 왕건이 내세운 대민 정책의 최대 구호는 取民有道였다. 그런데 이 취민유도는 문자로 정립되지는 않았지만, 이미 궁예의 통치이념에 가장 근본으로 되어 있었다. 궁예는 이미 자신의 부하들과 동고동락하면서 생활을 하였다는 기록이 『삼국사기』에 전하고 있다. 또한 궁예의 휘하가 600명에서 3,500명으로 불과 2년 만에 급증하였다고 하는 점을 궁예의 민중적 기반에서

---

47) 『고려사』 권77, 백관2 문산계.

찾고자 하는 경향이 강하다. 이러한 점은 궁예 당시의 시대적 과제가 골품제의 타파, 백성들의 질곡으로부터의 해방 등 현실적 과제였던 점을 알게 해 준다. 왕건 또한 취민유도로 상징되는 일련의 대민정책을 정치의 기본으로 삼고 있었던 점에서 새로운 시대에 대한 인식을 함께 하였다는 것을 알 수 있고 이것은 두 사람의 유사한 점이다.

그리고 관제 및 관직으로서도 왕건은 궁예를 답습하였다. 그 연속성에 대하여『고려사』백관지에는 다음과 같이 기록하고 있다.

> R. 고려 왕건은 나라를 세운 첫 시기에 신라, 태봉의 제도를 참작하여 관청을 설치하고 직무를 분담하여 모든 사무를 처리하였다. 그러나 그 관직의 명칭에는 간혹 方言을 섞어 쓴 것도 있었다. 이것은 국가 창립의 바쁜 시기였기에 미처 고칠 겨를이 없었던 때문이다.[48]

왕건이 국초에 태봉의 관제를 그대로 인정하고 운용하였다는 의미이다. 실제로 왕건이 궁예의 행정체계를 계속하여 답습한 예는 여럿 찾아진다. 우선 왕건 집권 초의 최고 정무기구라고 할 수 있는 광평성도 그러한 예에 속한다. 왕건이 태봉의 제도를 그대로 따랐다고 하는 경우만을 참고로 해 보자.[49]

> S-1. 尙書省은 태조 때에 태봉의 제도를 그대로 따라서 廣評省을 설치하고 百官을 통솔하게 하였는데 侍中, 侍郞, 郞中, 員外郞이 있었다. 태조 때에 또 內奉省이 있었는데, "三國史"에는 "내봉성이 곧 지금의 都省이다"라고 하였지만 도성이 변천되어 온 내력은 이와 다르다. 성종 원년에 광평성을 고쳐서 御事都省으로 하였고 14년에 尙書都省으로 고쳤다.[50]

> -2. 三司는 중앙과 지방의 돈과 곡식의 출납 회계에 관계되는 사무를 맡았다. 태조 때에 태봉의 調位府를 고쳐서 三司라고 불렀다. 현종 5년에 무

---

48)『고려사』권76, 백관1.
49) 강문석, 2004,「철원환도 이전의 궁예정권의 성격」, 한양대학교 석사학위 논문.
50)『고려사』권76, 백관1 상서성.

신의 요청에 의하여 삼사를 폐지하고 都正司를 설치하였다가 14년에 다시 삼사를 두었다.[51]

-3. 刑曹는 법률, 소송, 상언(범죄자에 대한 심의)에 관계되는 정사를 맡았다. 왕건은 태봉의 제도를 따라서 義刑臺를 설치하였다가 나중에는 刑官으로 고쳤는 바, 여기에 御事, 시랑, 낭중, 원외랑이 있었다. 성종 14년에 尙書刑部로 고쳤다.[52]

-4. 禮文館이 詞命을 짓는 일을 맡았다. 태조 때에는 태봉의 제도를 그대로 따라서 元鳳省을 두었다가 나중에 學士院으로 고쳤는데, 여기에 翰林學士가 있었다. 현종 때에 翰林院으로 고쳤다.[53]

-5. 小府寺는 공예품과 工技·寶藏에 관한 일을 맡아 본다. 태조 때에 태봉의 제도를 그대로 따라서 物藏省을 설치하였는데, 여기에 令·卿이 있었다. 광종 11년에 寶泉으로 명칭으로 바꾸었고 그 후에 小府監으로 고쳤는 바, 여기에는 監·少監·丞·注簿가 있었다.[54]

위의 예를 보면 고려 초의 관부가 상당수 태봉의 관제를 답습하고 있음을 알 수 있다. 특히 『고려사』에는 고려 최고의 관부라고 할 수 있는 상서성이 태봉의 광평성[55]과 계통을 같이 하고 있음을 기록해 두고 있다. 대체로 고려의 중앙관제가 당의 3성 6부를 모방하여 성종 때 완비된다는 것이 통설이지만, 구체적인 기구별로 보았을 때는 태봉의 관제에서 이미 완비된 제도적 장치가 보이고 이를 그대로 운용하는 사례가 적지

51) 『고려사』 권76, 백관1 삼사.
52) 『고려사』 권76, 백관1 형조.
53) 『고려사』 권76, 백관1 예문관.
54) 『고려사』 권76, 백관1 소부사.
55) 이에 관해서는 일정한 연구가 진행되었다. 이태진, 1972, 「고려재부의 성립」, 『역사학보』 56 ; 이기백, 1977, 「귀족적 정치기구의 성립」, 『한국사』 5, 국사편찬위원회. 그리고 조인성, 1991, 『태봉의 궁예정권 연구』, 이재범, 1995, 「고려태조 즉위시의 사회동향에 관한 일고찰」, 『부촌 신연철교수 정년기념논총』, 그리고 최근에 강문석, 2004, 「철원환도 이전의 궁예정권의 성격」, 한양대학교 석사학위 논문도 자신의 견해를 피력했다. 구체적인 소개는 본고와는 다소 거리가 있기 때문에 여기서는 밝히지 않겠다.

않음을 위의 사례에서 확인할 수 있다.

먼저 광평성은 성종 대까지 명칭이나 기능이 그대로 유지되고 있었음을 알 수 있다. 의형대도 일정 기간 명칭과 기능이 변함없이 운용되었다. 예문관도 상당 기간 명칭과 기능이 태봉 때와 마찬가지로 지속되었다. 소부시도 광종 11년까지 태봉 관제의 명칭인 물장성으로 이어졌다. 이처럼 궁예 관제는 왕건 이후의 왕들에게까지 많은 영향을 미치면서 상당한 기간 동안 폐지되지 않고 고려의 관제를 정비하는데 일정한 역할을 하였다. 이러한 점에서 궁예 정권과 왕건 정권의 연속성은 더욱 확연해 진다고 할 수 있을 것이다.

4) 대외정책의 계승

왕건은 궁예의 거란정책을 답습해나갔다. 훈요십조에는 거란을 금수의 나라라고 했지만 처음에는 궁예와 마찬가지로 거란에 대하여 우호적인 관계를 유지한다.

일반적으로 궁예는 대외관계에 대하여 폭넓지 못하였다고 한다. 특히 남조와 활발한 교류를 하였던 견훤과 비교하여 더욱 대외관계의 무능함이 강조되었다. 이에 비해 왕건의 대 중국 외교활동이 기민하고 능동적으로 진행되었다는 점을 들어 이를 그의 탁월한 외교능력으로 보기도 한다.

그러나 궁예와 관련된 대외관계를 알려주는 사료는 많지 않아 단정할 수 없지만 궁예의 외교관계도 상당히 성숙한 일면을 보인다. 궁예의 외교관계는 거란과 활발했던 것 같다.[56] 『자치통감』 등에는 그와 관련된 자료가 있다. 그런데 왕건의 초기 외교관계는 거란과 긴밀하게 진행된다. 궁예가 취했던 대거란과의 친교를 단절하지 않고 답습하고 있는 것이다. 왕건이 거란과의 단교를 설정하고 금수의 나라로 선포한 것은 왕

---

56) 이재범, 2003, 「고려 태조대의 대외정책」 『백산학보』 67, 711~734쪽.

건이 거의 사망할 시기에 이르러서이다. 아마도 발해의 대규모 유민을 받아들인 다음에 발해 유민들의 대 거란 정서를 참작하여 그러한 조처를 취했거나, 발해 유민들의 강요에 의하여 취해진 조처로 보인다. 왕건이 궁예 정권의 대외정책 기조를 그대로 유지하였다는 근거는 『자치통감』, 『요사』 등 중국측 사료에서 쉽게 발견할 수 있다.

5) 사상적 측면

종교·사상적 측면에서도 궁예와 왕건을 극단적인 대립적 관계로 설정하는 것을 재고해 보아야 할 것이다. 양자의 극단적 관계를 설명하는 예로 대표되는 것이 逈微와 釋冲의 죽음이다. 이에 대해서 종래에는 궁예의 미신적 불교가 저지른 만행이라고 이해되었으나, 최근에는 여러 연구자들이 종파의 차이로 이해하려는 경향으로 선회하였다는 점에서 바람직하다고 생각된다. 그러나 종교나 사상 등의 관념을 표면에 내세운 집단의 근본에는 현실적인 정치권력이 내재하고 있다는 점을 감안하면 궁예와 왕건의 사상적 갈등은 정치적 이해의 갈등으로 치환하여 비교할 필요가 있다. 특히 여기에는 현재 남아 있는 나말여초 여러 선사들의 비문을 검토 대상으로 할 때 종래의 해석과는 다른 결과를 얻을 수 있다.

현재 남아 있는 선사들의 비문은 대체로 20여 개 정도로 파악되고 있다. 더구나 마멸이 심하여 완전하게 판독이 가능한 것은 많지 않다. 게다가 현존하는 비문들의 주인공들은 전부 정치적 성향이 친왕건적인 인물들이다.[57] 선사들 가운데는 친궁예적인 인물들도 전혀 없지는 않았을 것이지만 고의성의 유무를 차치하더라도 현재는 전혀 찾아볼 수 없다. 그리고 친궁예적인 내용의 비문은 전부 인멸된 상태이다. 따라서 현전하는 비문들의 내용은 왕건을 추앙하는 것이 일색이지만, 그 가운데 선사

---

57) 이재범, 2005, 「나말려초 선사비문 연구현황」 『역사와 현실』 56.

들의 행적을 통하여 궁예의 불교와의 관계 등 종교·사상적 추이를 추적
할만한 단서는 찾을 수 있다.

전라남도 곡성군의 태안사 광자대사 윤다의 경우에는 신라 효공왕의
부름에 응하지 않았고, 왕건에게도 흔쾌히 협조하지는 않았던 것으로 보
인다. 이는 자신들의 처지가 종교적 중립을 지켜야 하였기 때문보다는 정
치적 추이를 지켜보아야 했었던 사문의 고민으로 이해된다. 이러한 예에
서 보듯이 당시의 종교·사상계를 정치적 고려 없이 순수한 관념세계의
차이로만 이해하기는 곤란하다. 다시 말하면 같은 종파라고 하여도 정치
적 이해에 따라 檀越의 향배를 달리 했을 것이라는 것이다. 그러므로 형
미, 석총 등을 비롯한 일련의 승려에 대한 궁예의 가혹행위는 종교·사상
적 측면에서보다 정치적 측면에서 고려되어야 할 것으로 여겨진다.

최성은은 발삽사 치성광여래상을 회화사적으로 밝혀 궁예와 왕건의 종
교·사상적 차이를 구명하고자 하였는데,[58] 확실한 근거를 얻기에는 어려
운 점이 적지 않다. 그러나 이를 정치적 측면에서 접근하면 종교·사상계의
대립도 생각의 차이에 의한 것일 뿐 아니라 정치적 이해관계도 있는 것으
로 추정할 수 있다. 이 점에서 궁예의 사상적 계승자가 왕건이라고 할 수는
없지만 사상적으로 큰 갈등을 유발하지는 않았을 것으로 여겨진다. 물론
궁예가 경을 스스로 지어 이를 읽은 승려가 반발하자 죽였다는 점에서 사
상적 갈등이 전혀 없었던 것은 아니지만, 그것은 궁예와 기존 불교 종단과
의 차이이며 궁예와 왕건의 사상적 차이와 직결된다고 할 수는 없을 것이
다. 팔관회를 왕건이 계승하고 있는 것을 보면 더욱 그러하다.

　T. (918) 11월에 유사가 아뢰기를 "전주(궁예)가 매년 중동(11월)에 팔관회를
　　크게 열어 복을 빌었으니 빌건대 그 제도를 따르십시오"하고 하니 왕이
　　그를 따랐다. … 그리하여 구정에 윤등 1좌를 설치하고 향등을 사방에 두
　　루 늘어놓았으며, 또 2개의 채붕을 지으니 각각의 높이가 5丈이상이었으

---

58) 최성은, 2001, 「궁예 태봉의 불교조각 시고」『태봉의 역사와 문화』.

며, 앞에서 백희와 가무를 뽐내었는데 (가운데) 사선악부와 용봉상마차선
은 모두 신라 때의 고사였다. 백관들은 도포를 입고 홀을 들고 예식을 거
행하였는데 구경하는 자들이 도성을 메웠다. 왕이 위봉루에 행차하여 이
를 관람하였는데, 해마다 상례로 삼았다.[59]

위의 내용은 팔관회를 궁예가 행하던 데로 하자는 건의를 왕건이 그
대로 받아들이고 있는 내용이다.

3. 결론

궁예의 왜곡된 모습은 후대에 그려진 모습이었다. 그리하여 거의 모
든 혁명의 쟁취자들에 의하여 前시대의 평가가 이루어지듯이 궁예는 크
게 왜곡된 모습으로 그려졌고, 반대로 왕건은 여러 면에서 혁신적인 인
물로 평가되어 왔다. 그러나 왕건의 혁신이라고 할 만한 내용을 검토한
결과 다음과 같은 의미임을 알게 되었다.

왕건의 혁신이란 명분상이고 구호적인 것이며, 변화된 내용은 정치를
담당하는 사람들의 변화에 그쳤다. 그러나 모든 것을 개혁할 수 있을 만
큼 왕건의 세력은 크지 않았다. 왕건이 궁예를 개혁한 것보다는 오히려
계승한 내용이 더 많음을 알게 되었다.

궁예가 내세웠던 고구려 계승의식도 왕건에게 이어졌다. 일정 기간
자주적인 연호를 채택한 것도 유지되었다. 제도적인 측면에서는 9관등
의 관계를 유지하고, 광평성 체제를 계승하였다. 대외관계에 있어서도
왕건은 상당 기간 궁예의 노선을 따라 친거란적 외교를 유지한다. 물론
서민의 경제를 경감시키는 등 전 시대와 다른 부분은 나타나지만, 왕건
은 궁예가 이루어 놓은 상당 부분의 역사성을 계승하였다.

---

59) 『고려사』 권69, 예지 가례 잡희 중동팔관회의.

왕건이 궁예와 차별화되는 점이 있다면 신라를 아우르기 위하여 신라적 요소도 내포하였다는 정도일 것이다. 물론 이러한 일련의 계승은 연호를 바꾸기 시작하는 시기부터는 달라지기 시작한다. 그러나 그러한 현상은 왕건이 궁예를 개혁하고자 하는 의지에 의해서라기보다는 주변의 환경에 대처하기 위하여 수행한 것으로 보아야 할 것이다.

그러나 이러한 여러 유사점에도 불구하고 왕건이 궁예를 축출할 수밖에 없었던 근본적인 원인은 어디에 있었던 것일까? 그 이유를 이제 궁예는 민중들을 배반하였고, 왕건은 위민하였기 때문이라고 해서는 안될 것이다. 왕건이 궁예 정권을 전복하자 많은 지역들이 이탈하였기 때문이다. 그러므로 왕건이 현전하는 관찬 사서의 서술처럼 만인들로부터 환영을 받았던 것도 아니다. 그럼에도 불구하고 왕건이 궁예를 전복하지 않으면 안되었던 이유는 무엇이었을까? 그 이유는 궁예 집단과 왕건 집단의 정치적 이해관계에서 찾아야 할 것이다.

왕건의 궁예 축출은 새로운 사회에 대한 이상의 차이, 궁예 정권과 왕건 정권과의 본질적인 정권의 성격 차이 등에서 비롯되었다고 볼 수 있다. 궁예 정권의 연장선상에 있는 왕건 정권이 지독한 정치적 폭력으로 정권을 바꾸었다는 것은 그만큼 양자간의 정치적 이해에 대한 갈등이 커졌기 때문이라고 생각할 수밖에 없다. 이러한 점에서 왕건의 고려 건국은 왕건의 추종자들이나 후대의 사가들에 의하여 평가된 내용, 즉 진정한 새로운 시대로의 지향에서 비롯되었다고 보기에는 어려울 것 같다. 새로운 왕조가 성립되었다고 하는 점은 분명하지만, 새로운 왕조의 성립 자체가 새로운 사회의 건설을 의미하는 것은 결코 아니다.

또한, 새로운 정권의 수립이 바로 그 순간부터 새로운 사회로의 도약으로 되는 것도 아니다. 그런데도 지금까지의 이해방식은 새 왕조의 개창은 바로 새로운 시대의 도래였다. 특히 궁예와 왕건의 정권교체는 아무 주저없이 새로운 세계로의 변화를 의미하는 것으로 받아들여졌다. 그렇지만 양 정권은 차별성보다는 오히려 왕건의 궁예 계승이 하나의 특색이라고 할 정도로 유사성을 보이고 있다. 이러한 점에서 궁예 정권의 연장선에서 왕건 정권을 이해하여야 할 것으로 여겨진다.

맺음말

　지금까지 고려 태조가 되는 왕건의 건국과정과 고려의 국가로서의 의미를 재해석해 보았다. 그동안 한국사에서 왕건은 가장 의롭고 '착한' 군주로 인식되어 왔다. 그 이유는 왕건이 축출한 군주였던 궁예가 한국사상 가장 의롭지 못하고 '나쁜' 군주였기 때문이다. 물론 왕건은 그 자체로서도 뛰어난 군주임에는 틀림없다. 분열되었던 신라 말의 혼란을 수습해 나갈만한 역량이 있었기 때문이다.

　그러나 그가 특히 다른 군주에 비하여 탁월함을 인정받는 것은 바로 '착한' 군주라는 점 때문이다. 그리고 이러한 '착한' 인상은 궁예를 '나쁜' 군주로 만들어 놓은 데서 비롯된다. 실제로 궁예의 '나쁜' 점에 대하여 살펴보면, 그 이면에는 궁예가 강력한 중앙집권적 전제주의를 실현하고자 했던 데 대한 반대급부적 인식이 깔려 있음을 알게 된다. 그런데 이러한 정치적 갈등을 도덕적으로 또는 선악으로 치환시켜 놓은 것이 『삼국사기』나 『고려사』의 역사적 평가였다. 그러므로 어느 정도 이 시기의 객관성을 확보하기 위한 역사적 평가는 이러한 도덕적 평가로부터 벗어나야 한다.

　이러한 관점에서 궁예·왕건 정권 교체기의 사회동향을 고찰하면 궁예가 나쁘다거나 왕건이 좋다거나 하는 평가가 아닌 일련의 역사적 전개를 살펴볼 수 있다. 그 역사적 전개는 왕건의 공적이 과장될 것도 없고, 궁예를 미화시킬 것도 없는 연속되는 일련의 역사적 과정이 되는 것이다.

　그러한 일련의 과정을 문헌이나 구비전승 등 가능한 자료들을 엮어 재구성한 것이 필자의 노력이자 연구성과로 지금까지 논의하였던 내용을 간략히 정리함으로써 이에 대한 나름대로의 결론을 내려보고자 한다.

송악 출신의 왕건이 자신의 군주인 궁예를 몰아내고자 한 계획은 상당히 오랜 기간 진행되었다. 그 시작은 궁예가 송악을 버리고 철원 정도를 선포한 904년 이후의 어느 시기라고 여겨진다. 그리고 반역의 동기는 궁예가 마진이라고 하는 통일왕국을 꿈꾸면서 왕건이 생각했던 고구려의 부활이라는 꿈이 무산되었기 때문이다. 왕건은 궁예와 함께 화려한 고구려의 부활을 예상했으나, 궁예의 마진 선포로 왕건의 꿈인 고구려는 사라지고, 자신은 마진의 관료가 되는 것으로 만족해야 하는 것이 왕건으로서는 못마땅했던 것이다.

궁예의 휘하에서 자신의 활동이 활발했다고 하더라도 결국 마진의 후삼국통일이 이루어지면 고구려의 부활은 의미가 없어지는 것이다. 그리고 궁예의 친위세력이라고 할 수 있는 청주세력의 철원으로의 사민도 철원에 근거가 없는 왕건으로서는 자신의 입지를 공고히 하는 데 부정적 요소로 작용하였다. 결국 왕건이 택할 수 있었던 것은 반역이었고, 그 명분은 고려의 재건으로 나타날 수밖에 없었다.

이미 궁예의 태봉 시기가 되면 한반도의 3분의 2 이상이 태봉의 영역에 포함이 되어 후삼국의 통일을 목전에 두고 있었다. 실제 이 시기의 후백제는 중국과 통교하던 서해안의 항구마저 태봉세력에 의하여 봉쇄되어 있었다. 서해안의 제해권이 태봉에게 있었기 때문에 후백제의 통교는 섬진강에 의존하여야 했고, 그러한 실상은 섬진강과 보성강의 분기점으로 현재 전라남도 곡성군의 '압록'이 후백제를 상징하는 이름으로 될 만큼 후백제의 세력은 위축되어 있었다.

왕건의 반역은 한반도가 궁예에 의하여 거의 통일이 되어 갈 즈음에 일어난 것이다. 그러므로 그 결과는 한반도의 통일 대신 분열을 초래했고, 정치적 실력자들은 다시 지방의 호족으로 변하였다. 왕건도 마찬가지로 태봉의 고위직 관료에서 송악의 호족으로 돌아갔다. 왕건이 송악으로 돌아가면서 취한 조치는 철원경을 東州로 고친 것이었다. 이 조치는 신라의 변방 세력으로 돌아간다는 것을 표방하였기에 반궁예 친신라 노선을 지향하는 비슷한 성향의 호족들을 규합하고자 하는 의도가 있었다.

그러나 그것이 어떻든 한반도는 다시 호족들이 발호하는 사회로 돌아갔다. 그렇다고 하여 사회의 발전과 관계가 있다고는 할 수 없다. 통일이 좋은가 아닌가의 문제는 사회발전과의 공식적인 관계는 아니다. 통일된 정부를 원하는 시대가 있고, 그렇지 않은 시대가 있을 뿐이다. 통일은 국가의 발전이고 분열은 퇴보라는 식의 이해를 요구하는 것이 아니다. 왕건의 반역으로 인한 호족들의 자기 정체성 확립은 오히려 개성있는 향토의식으로 발전되어 갔던 것으로 보아야 할 것이다. 그러므로 이 시기에 발현되었던 지역주의의 본질은 호족들의 활발한 자기인식의 발로였으며, 또한 이 시대에서의 다양성 표출이라는 점에서 의미를 찾을 수 있다고 여겨진다.

왕건의 반역으로 궁예의 노선을 추종하던 호족들은 바로 반왕건의 기치를 들었다. 반왕건은 바로 반고려 친태봉 노선이라고 할 수 있을 것이다. 그 가운데서도 가장 반왕건적 성향이 강했던 지역은 백제적 성향이 강했던 청주·공주 지역이었다. 공주장군 이흔암은 왕건을 응징하기 위하여 바로 철원경으로 가기도 했다. 비록 실패로 끝나긴 했지만 많은 호족들이 반왕건의 기치를 내걸었다. 명주에서는 김순식이 왕건에게 응하지 않았다. 한편 고구려 부활을 꿈꿨던 많은 세력들은 친왕건화 하였다.

이와 같이 왕건의 반역으로 중앙집권화에 따른 정치체제를 지향하던 세력들이 몰락하고, 지방분권적 지향의 호족들이 점차 세력화해 가기 시작했다. 한반도내 정치적 세력의 재편성이 이루어진 것이다. 이러한 틈을 타서 후백제의 상대적 위상이 높아졌다. 후삼국시대에는 태봉에 눌려 이렇다 할 존재가 아니었으나, 이제 태봉이 무너지고 다시 호족들의 시대가 되자 후백제는 국가로서는 작았지만, 호족으로서는 큰 세력으로 변모하게 된 것이다. 궁예 몰락 후 후백제가 왕건과 동등한 위치에 처할 수 있었던 것은 왕건이 태봉의 왕이 아닌 송악의 호족으로 위치가 바뀌었기 때문이었다.

송악의 호족으로서 대등한 위치의 호족들을 규합한다는 것은 왕건으로서는 벅찬 일이었다. 따라서 왕건이 자신도 살고 상대방도 함께 살면서 고구려의 부활을 이루기 위해서는 자신을 낮추고 상대를 올리는 수밖에 없는 것이 필연적 방법이었다(重幣卑辭). 또한, 백성들에게는 어질게 대할 수밖에 없기도 했다(取民有度). 이 방법만이 자신이 고구려를 지키면서 상대방과 대항할 수 있는 유일한 방법이었던 것이다.

이처럼 왕건이 자신을 낮출 수밖에 없었던 까닭은 왕건의 지략에도 있었지만, 당시 현실적으로도 왕건은 내세울 것 없는 인물이었기 때문이다. 따라서 북방에서 고려를 압박하던 거란족과의 관계나 발해의 유민과의 관계도 상황에 따라 유연하게 대처할 수밖에 없었다. 그러므로 왕건의 발해 유민 포섭은 동족의식에서 행해진 것으로 이해할 것이 아니라, 힘없는 고려가 대등한 입장에서 발해 유민들과 연합을 꾀한 것으로 보아야 하는 것이다. 마찬가지로 거란에 대해서도 처음부터 적대적이었던 것이 아니라 발해 유민이 고려에 대거 들어오자 그 이후에 극단적인 적대관계로 들어가게 된 것으로 보아야 한다는 것이다. 그리고 그러한 고려의 유연한 정책은 절대 강자가 없었던 호족들의 시대라는 사회적 배경에서 이루어질 수밖에 없는 것이었다.

한편 왕건에 대해서는 가장 적대적인 세력들의 본거지인 철원경에서의 왕건에 대한 인식은 어떠한 것이었을까? 『삼국사기』나 『고려사』에는 이 지역에서 왕건을 따르는 세력들이 많았다고 하였지만, 결국 왕건은 이 지역에서 자신의 통치권을 행사하지 못하고 송악으로 돌아가고 말았다. 그 사실은 비록 궁예와 그의 추종세력을 몰아내긴 했지만, 이 일대의 호족들과 일반민들의 반대에 부딪쳤음을 의미하는 것이라고 할 수 있을 것이다. 실제로 이 일대에서 궁예와 관련된 설화들의 분포상황과 그 특징을 찾아보면 그러한 점은 어느 정도 입증된다. 그리하여 먼저 설화의 분포 지역을 살펴보면 그의 활동시기와 관련하여 일정한 지역적 분포를 보이고 있음을 알게 된다. 안성은 그의 성장기, 철원과 평강은 그의 전성기와 패퇴기, 포천의 영북면과 화현면은 궁예와 왕건의 전투시기에 관한 것이 집중적으로 나타난다.

그렇다면 궁예와 관련된 설화는 얼마나 신빙성이 있는 것일까? 비록 구비전승이라고는 하지만, 후사면의 평탄한 지형을 찾아 기습을 하였다는 이야기를 전할 정도로 구체성을 갖는 점을 보면 아주 무시해 버릴 정도는 아닌 것 같다. 또한, 궁예의 성장기에서부터 멸망까지 지역적으로 중복된 이야기는 나오지 않는다. 성장기의 안성, 전성기의 철원과 같이 설화가 지역적으로나 시간적으로 겹치지 않고 있다. 이러한 점으로 인해 궁예와 관련된 설화에서는 일정한 역사적 진실성을 규명할 수 있을 것으로 여겨진다.

이러한 궁예 관련 설화의 특징을 바탕으로 궁예의 최후를 재구성하면 『삼국사기』나 『고려사』와는 사뭇 다른 모습이다. 궁예는 처음 궁예도성을 급습한 왕건군의 선공으로 도성을 탈출하여 포천군 관인면 방향으로 이동하였던 것 같다. 그리고 이곳에 있는 보개산성에서 일시적으로 왕건군과 대치하였다가, 이곳에서 다시 패퇴하여 운악산성이 있는 포천시 화현면의 명성산성이 있는 영북면 일대로 밀려 났던 것으로 추정된다. 그러나 이곳에서도 마지막의 혈전에 이르기까지 전투를 전개한 결과, 많은 군사를 잃고, 명성산성만을 거점으로 이곳에서 상당한 기간을 저항하였던 것으로 여겨진다. 그렇지만 이곳에서도 배후의 기습을 당하여 궁예는 항서받골에서 항복을 하고, 패주골을 거쳐 평강으로 이동하였던 것으로 여겨진다. 이러한 상황에서 왕건군은 궁예를 계속 추격하여 평강 일대에서 섬멸전을 전개하였던 것으로 여겨진다. 궁예는 전투 중에 사망하였거나, 아니면 자결을 하였을 수도 있다. 그러나 그 뒤에 이 일대의 주민들은 궁예 묘를 세워 돌보아왔다.

구비전승을 통해 본 궁예의 최후는 왕건과의 처절한 전투로 끝이 났다. 이는 한국사 최대의 내전이라고 할 수 있는 전투였다. 그리고 여기서의 궁예는 실덕하여 주민들로부터 배척당한 군주만은 아니었다. 궁예를 추종했던 세력들이 상당히 많았음을 알려주고 있다. 한편으로 궁예는 애정과 연민이 있는 인물로 인정되고 있다. 그의 무덤은 근대에 이르기까지 보존되었던 흔적이 있다.

이상에서 알 수 있듯이 구비전승을 통하여 궁예와 왕건 정권 이행기의 상황을 재구성하여 보았다. 그 결과 궁예의 최후는 실덕한 왕으로서 마치 민중 봉기와 같이 일시에 무너진 것이 아니라 왕건군과의 치열한 전투를 거쳐 멸망한 것으로 나타났다. 또한 구비전승을 통하여 궁예와 왕건의 전투가 한국사 최대의 내전이라고 할 만 하다는 사실을 알게 되었다. 단지 구비전승을 사료로 인정하기를 거부하는 한국사학계의 정서상 선뜻 받아들이기 어려운 점이 있을 것이다. 하여튼 지금까지 알려진 궁예의 면모는 반궁예의 입장에 있었던 사람들의 눈에 비친 모습이었다는 사실을 확인할 수 있었다.

그리고 '위작설'의 논란도 있는 훈요십조의 제8조 관련지역이 후백제가 아니라 궁예·왕건 정권교체기에서 비롯되었다는 사실을 확인하여 보았다. 지금까지의 통설은 훈요 제8조에 나오는 '車峴以南公州江外' 지역이 후백제 지역으로 비정되는 전라도를 지칭하는 것으로 되어 있으나, 이는 왕건이 의도했던 지역과는 다르다. 즉 통설은 조선 후기 일련의 풍수지리사상가들에 의하여 직관적으로 해석된 것을 답습한 것으로써 실제 지역은 이와는 달랐다.

'車峴以南公州江外' 지역의 위치비정에 있어서 왕건이 상정한 차별지역은 종래의 통설처럼 충남 일대와 호남 전부를 아우르는 넓은 지역이 아니었다. '車峴以南公州江外'는 차령 이남과 공주 일대를 흐르는 금강만을 포함하는 좁은 지역이었다. 이 지역들은 왕건이 궁예를 내쫓고 정

권을 장악하자 '叛附'한 지역이라는 특징을 갖는다. 그러므로 이 지역인
들에 대한 왕건의 인식은 매우 부정적이었다. 이른바 '山形地勢並趨背
逆 人心亦然'이라는 표현은 그에 대한 표현의 하나였다. 이 지역에 대한
왕건의 인식 또한 부정적이어서 왕건은 이 지역이 '변사'가 많다고 하여
혐오하는 지역으로 간주하였다. 특히 목천인에게는 짐승의 성을 내릴 정
도로 가혹한 조처를 취하였다.

따라서 왕건은 물론이고 그 후대의 왕들도 이 유훈을 지켜서 이 지역
인들의 등용을 극히 제한하였다. 종전의 통설인 충남과 호남을 가르키는
것이라면 그 준수여부가 문제 되는 것이나, 웅·운주를 중심으로 한 지역
들이라면 실제로 등용된 인물들이 거의 없다고 하여도 과언이 아니다.
단지, 충주와 청주의 인물들이 다수 있지만 이 지역인들은 신라 때부터
5소경의 하나로 중시되던 지역이라는 데서 그 원인을 찾을 수 있을 것이
다. 한편 그 밖의 다른 지역은 차령 이북이거나 공주에서는 상당한 거리
에 위치한 지역이다. 공주절도사 김은부가 현종의 총애를 받아 세 딸을
왕실에 납비하였지만, 김은부의 출신지역은 공주가 아니라 안산이다. 그
러므로 충청도 지역에서도 관인으로 등용된 인물은 지역적으로 차령 이
북과 공주로부터 거리상 멀리 떨어진 지역의 사람들뿐이었다.

이와 같이 궁예·왕건의 정권 교체는 다른 정권 교체와 비교할 때 그
다지 다른 모습이 아니다. 극도로 악인이 된 궁예를 의로운 왕건이 물리
치고 낙원을 건설한 것이 아니다. 다른 정권 교체와 마찬가지로 힘에 의
한 변화였고, 변화의 뒤에는 보복과 같은 수습이 이루어진 일반적인 정
치적 변화였다. 그런데 유달리 궁예는 크게 왜곡되었고, 반면에 왕건은
더욱 도의적이고 혁신적인 인물로 평가되어 왔다. 그러나 왕건의 혁신이
라고 할 만한 내용을 검토한 결과 다음과 같은 의미임을 알게 되었다.

왕건의 혁신이란 명분상이고 구호적인 것이며, 변화된 내용은 정치를
담당하는 사람들을 자신의 편으로 바꾸는 이상의 변화에 그쳤다. 그러나

모든 것을 개혁할 수 있을 만큼 왕건의 세력은 크지 않았다. 왕건이 궁예를 개혁한 것보다는 오히려 계승한 내용이 더 많았음을 알았다.

한편 왕건에 의해 궁예가 내세웠던 고구려 계승도 이어졌으며, 일정 기간 자주적인 연호의 채택도 유지되었다. 제도적인 측면에서는 9관등의 관계를 유지하고, 광평성 체제를 계승하였다. 대외관계에 있어서도 왕건은 상당 기간 궁예의 노선을 따라 친거란적 외교를 유지한다. 물론 서민의 경제를 경감시키는 등 전 시대와 다른 부분은 나타나지만, 왕건은 궁예가 이루어 놓은 상당 부분의 역사성을 계승하였다.

왕건이 궁예와 차별화되는 점이 있다면 신라를 아우르기 위하여 신라적 요소도 내포한다는 정도일 것이다. 물론 이러한 일련의 계승은 연호를 바꾸기 시작하는 시기부터는 달라지기 시작한다. 그러나 그러한 현상은 왕건이 궁예를 개혁하고자 하는 의지에 의해서라기보다는 주변의 환경에 대처하기 위하여 수행한 것으로 보아야 할 것이다.

그러나 이러한 여러 유사한 점에도 불구하고 왕건이 궁예를 축출할 수밖에 없었던 근본적인 원인은 어디에 있었던 것일까? 그 이유를 이제 궁예는 민중들을 배반하였고, 왕건은 爲民하였기 때문이라고 해서는 안 될 것이다.

실제로 왕건이 궁예 정권을 전복하자 많은 지역들이 이탈하였다. 그러므로 왕건이 현전하는 관찬 사서의 서술처럼 만인들로부터 환영을 받았던 것도 아니다. 그럼에도 불구하고 왕건이 궁예를 전복하지 않으면 안되었던 이유는 무엇이었을까? 그 이유는 궁예 집단과 왕건 집단의 정치적 이해관계에서 찾아야 할 것이다.

왕건의 궁예 축출은 새로운 사회에 대한 이상의 차이, 궁예 정권과 왕건 정권과의 본질적인 정권의 성격 차이 등에서 비롯되었다고 볼 수 있다. 궁예 정권의 연장선상에 있는 왕건 정권이 지독한 정치적 폭력으로 정권을 바꾸었다는 것은 그만큼 양자 간의 정치적 이해에 대한 갈등이 커졌기 때문이라고 생각할 수밖에 없다. 이러한 점에서 왕건의 고려 건국은 왕건의 추종자들이나 후대의 사가들에 의하여 평가된 진정한 새로운 시대로의 지향에서 비롯되었다고 보기에는 어려울 것 같다. 새로운 왕조가 성립되었다고 하는 점은 분명하지만, 새로운 왕조의 성립 자체가 새로운 사회의 건설을 의미하는 것은 결코 아니다.

또한 새로운 정권의 수립이 바로 그 순간부터 새로운 사회로의 도약으로 되는 것도 아니다. 그런데도 지금까지의 이해방식은 새 왕조의 개창은 바로 새로운 시대의 도래였다. 특히 궁예와 왕건의 정권교체는 아무 주저없이 새로운 세계로의 변화를 의미하는 것으로 받아들여졌다. 그렇지만 양 정권은 차별성보다는 오히려 왕건의 궁예 계승이 하나의 특색이라고 할 정도로 유사성을 보이고 있다. 이러한 점에서 궁예 정권의 연장선에서 왕건 정권을 이해하여야 한다고 주장하고 싶다.

<보 론>
고려 건국기 지방세력의 변화

1. 고려 건국 전후 원주세력의 변화

1. 서론

나말여초는 한국사에서 가장 생동감 있는 시대의 하나로 재인식되어 가고 있다. 이 시기는 천년 사직 신라의 쇠미로 각 지역에서 군웅이 할거하여 독립적으로 자신의 실력을 쌓아가던 시기였다. 이러한 유형의 집단과 인물을 호족이라고 칭하고 있지만, 사실 이들은 당대의 최고가 되기를 열망하였던 영웅들이었다.

이들에게 있어서 원주는 근거지로 삼기에 매우 적합한 지역이었다. 원주는 신라 5소경의 하나로 수운과 육운이 모두 발달한 요충지였다. 이러한 시대적 추이와 원주의 지역적 중요성에 의하여 원주에 포함되는 북원 지역에서도 영웅이 출현하였다. 그가 양길이다. 양길은 한때 이 일대의 패자로서 상당한 지역에 강력한 실력을 행사하였던 인물이다. 그러나 그에 관한 관찬사서류에서의 기록은 찾아 보기 힘들다. 그에 관한 열전이 없는 것은 물론이고, 관련된 기사도 궁예나 견훤 등 당시에 국가를 칭하였던 인물들과의 관련 속에서 부분적으로 서술될 뿐이다.

한편 원주의 지정학적 위치는 멸망해 가는 신라에 있어서도 결코 소홀히 할 수 있는 지역이 아니었다. 신라로서는 원주가 지방의 정치·경제·문화의 중심지일 뿐 아니라 국방상 거점도시이기도 하였다. 따라서 왕실로부터 관심의 대상이 되었음은 물론 신라의 마지막 왕 경순왕이 고려 태조에게 귀부하러 갈 때의 통과지점일 것으로 추정되기도 한다. 한편 이곳에서 경순왕이 일정 기간 거주하였다는 설화도 있다.

북원경으로 불렸던 원주는 본시 고구려의 평원군으로 문무왕이 북원소경을 설치하고 신문왕 5년에 성을 쌓으니 주위가 1,031보였다. 경덕왕이 그대로 하였는데, 지금 원주라고 『삼국사기』에는 기록되어 있다. 원주는 당시 북원경(北原京)이라 하여 5소경의 하나로 정치, 경제는 물론 문화적으로도 매우 중요한 곳이었다. 남한강의 요충인 원주에서는 나말여초에도 많은 사람들이 활동하였을 것이다. 그러나 그들에 관해 현재 남아 있는 자료는 많지 않다. 그것도 관찬 사서류보다는 구전설화가 많은 편이다. 본고에서는 그 가운데서도 양길과 경순왕의 행적과 원주와의 관련성을 살펴보고자 한다.

2. 원주와 양길의 행적

원주와 양길과의 관계를 밝히는 데 있어서 가장 먼저 해야 할 작업은 그가 생존했던 시기와 가장 가까운 시기에 발간된 문헌을 조사하여 이를 고증하는 것이라고 생각한다. 이를 확인하기 위해 먼저 『삼국사기』에 있는 양길 관련 내용을 살펴보고자 한다.

1) 양길과 관련된 관찬사서의 기사 검토

다음은 관찬사서에 기록된 양길과 관련된 기록들이다.

A-1. 경복 원년 임자에 선종이 북원적 양길에게 가니, 길이 잘 대우하며 일을 맡겼다. 드디어 군사를 나누어 주면서 동쪽으로 가서 공략하게 하니, 이

에 그는 치악산 석남사에서 출숙하고, 주천 내성 울오 어진 등 현성을 습격하여 모두 항복받았다.[1]

-2. 훤은 은근히 반심을 품고 무리를 모아 서울 서남쪽의 주현들을 진격하니, 가는 곳마다 호응하여 그 무리가 달포 사이에 5,000여 명에 달하였다. 드디어 무진주를 습격하여 스스로 왕이 되었지만, 감히 공공연히 왕을 일컫지는 않고 자서하여 '新羅西面都統指揮兵馬制置節度督全武公等州軍事 行全州刺史兼御使中丞上柱國漢南郡開國公 식읍 2,000호.'라고 하였다. 이때 북원의 적 양길이 강성하자 궁예가 자진 투신하여 그 위하가 되니, 훤이 듣고 멀리있는 양길에게 관직을 제수하여 비장으로 하였다.[2]

-3. (진성왕) 5년 10월에 북원적수 양길이 그 부장 궁예를 보내어 100여 명의 기병을 거느리고 북원 동쪽의 부락과 명주 관할내인 주천 등 10여 군현을 침습케 하였다.[3]

-4. (효공왕) 3년 7월에 북원적수 양길은 궁예가 자기에게 두 마음을 품고 있음을 꺼려, 국원 등 10여 성주와 더불어 그를 치려 하여 비뇌성 아래로 진군하였으나, 양길의 병사가 패하여 달아났다.[4]

-5. 병진에 승령·임강의 두 현을 공취하고 4년 정사에는 인물현이 항복하였다. 선종이 '송악군은 한수 북쪽의 이름난 군으로 산수가 기이하고 수려하다'하여, 드디어 도읍으로 정하고, 공암·검포·혈구 등의 성을 공격하였다. 이때 양길은 그대로 북원에 있으면서 국원 등 30여 성을 취하여 소유하였다. 선종의 땅이 넓고 백성이 많다는 말을 듣고 크게 노하여 30여 성의 강병으로써 습격하였는데, 선종이 탐지하고 먼저 공격하여 크게 파하였다.[5]

-6. 6년에 완산의 적 견훤이 주에 거하여 후백제라 자칭하니 무주 동남쪽의

1) 『삼국사기』 권50, 열전10 궁예전.
2) 『삼국사기』 권50, 열전10 견훤전.
3) 『삼국사기』 권11 신라본기11 진성왕 5년 10월조.
4) 『삼국사기』 권12 신라본기12 효공왕 2년 7월조.
5) 『삼국사기』 권50, 열전10 궁예전.

군현이 모두 이에 항속하였다.[6)]

위에서 보는 바와 같이 양길과 관련된 기록은 『삼국사기』 이외에는 찾아 볼 수가 없다. 더욱 의문스러운 것은 『고려사』의 기록이다. 900년에 궁예가 태조에게 명령하여 광주·충주·청주 등을 평정케 하였다는 사실을 기록하면서 양길과 관련된 내용은 전혀 소개하고 있지 않다. 이에 관한 내용을 살펴보면 다음과 같다.

> B. 광화 3년 경신(900)에 궁예가 태조에게 명령하여 광주·충주·청주 등 3개 주와 당성·괴양 등 군현을 정벌하게 하여 이를 다 평정하였다. 그 공으로 태조에게 알찬 벼슬을 주었다.[7)]

위의 내용대로라면 900년 왕건은 양길의 통치 하에 있던 충주(국원) 일대를 평정하였다. 그런데 이때의 평정이 이미 비뇌성전투에서 패한 양길의 세력을 진정시키려고 한 것인지, 아니면 양길의 잔존세력을 무력으로 제압하고 평정한 것인지 잘 알 수가 없다. 그 이유는 『고려사』가 왕건의 다른 전투에 대해서는 상세하게 기록하고 있지만, 900년의 평정의 내용에 대해서는 이렇다 할 구체적 언급이 없기 때문이다. 만약 이 평정이 왕건의 군공에 의한 것이었다면, 더 상세한 기록이 남아 있었을 것으로 여겨진다.

따라서 이처럼 양길에 관한 기록이 소략한 상태로 전해지게 된 이유는 다분히 의도적인 왜곡이 있었을 것으로 생각된다. 위의 기록에서 보더라도 양길은 북원적수로 표현되고 있다. 이미 잘 아는 바와 같이 신라말의 원주는 5소경의 하나로써 북원경이라고 불렀다. 북원경은 문무왕 18년(678)에 설치되었고, 당시의 소경은 정치와 경제는 물론 문화의 중심지로서도 기능하였다. 그러므로 양길이 북원적수라고 표현된 것은 이

---

6) 『삼국사기』 권50, 열전10 궁예전.
7) 『고려사』 권1 태조세가.

일대의 세력을 장악하였다는 의미로 그 세력의 범위가 상당했다는 의미이다. A-4는 보다 구체적으로 양길의 세력 규모를 알려주는 것으로, 궁예와 비뇌성 전투를 할 때 양길의 세력은 '북원에 있으면서 국원 등 30여 성'이라고 표현하고 있다. 이를 보면 양길은 2개의 소경과 30여 성에 영향력을 미치던 대호족이었다. 이러한 대세력에 관한 내용이 거의 남아 있지 않은 이유는 의도적으로 자료를 파괴하거나 은폐하였기 때문이다.

그렇다면 과연 누구에 의하여 파괴되고 왜곡되었을까? 첫 번째로 주목되는 인물은 궁예이다. 궁예는 자신을 출세하게 하여 준 양길을 배반하고 이 일대를 확보하였다. 따라서 궁예는 양길에 대한 기록을 보존하지 않았을 것이다. 그리고 설령 남은 자료라고 하여도 왜곡하여 비난한 내용들을 많이 남기려고 하였을 것이다. 후대에 궁예 본인이 왕건에게 내쫓기고, 또 자신과 관련된 자료가 일부 조작되었던 것처럼 궁예가 양길에게 한 행위도 대동소이 했을 것이다. 따라서 비뇌성 전투의 경과 등은 그 자료를 남기지 않았을 수도 있다.

그런데 양길에 관한 내용은 그 뒤로도 그다지 찾아볼 수가 없다. 조선시대에 간행된 『동국여지승람』이나 기타 지지에서도 그 존재를 확인하기가 쉽지 않다.[8] 당시에 두 개의 소경을 확보하고 있었던 양길의 존재가 그 뒤에도 거의 전해지지 않았다고 하는 것은 그를 기억함으로써 받게 되는 불이익과도 관련이 있었을 것이다. 예컨대 지역의 강등과 같은 집단 피해를 우려했을 수도 있다.

이처럼 관찬 사서에 나타나는 양길에 관한 기록과는 달리 가문이나 지역에서는 비교적 구체적인 자료들이 언급되어 있다.

---

8) 『동국여지승람』에는 영원산성이 양길과 관련 있는 지역으로 소개되고 있다(『동국여지승람』 권46 원주목 고적조). 인물조에는 양길에 관한 별항이 없다.

2) 양길의 출신

양길의 출신에 대해서는 구체적으로 알려진 바가 없다. 이 시기에 재지세력으로 존재했던 호족들이 대체로 그 출신지역이나 연고지역과 관련있는 지명을 띠고 있으므로 양길 또한 그와 같은 예로 취급되어질 수 있다. 양길이 사서에 처음 등장하게 된 시기는 신라 하대이다. 그의 최초 호칭이 '북원적'으로 기록된 것을 보면 양길은 북원, 즉 지금의 원주 출신이거나 원주와 매우 밀접한 관련을 갖는 인물로 인정되고 있다.

양길의 생애에 관하여 알려진 바는 정사류에서 찾아보기 어렵다. 양길이 언제 태어났는지에 대해서도 알 수 없다. 그러나 양길이 궁예에게 패전한 비뇌성 전투에서 전사했다고 한다면 899(?)년 무렵이 양길이 죽은 해가 될 것이다. 그러나 출생년을 알 수 없으므로, 그의 나이를 정확히 알 수는 없다.

양길의 출신지가 어디였는지에 대해서도 잘 알 수가 없다. 『삼국사기』에는 그를 북원적수라고 하였는데, 이를 보면 양길은 원주와 밀접한 관련이 있음은 틀림 없지만, 원주를 그의 출생지라고 볼 근거는 별로 없다. 신라 말에는 '지명＋OO적수'라는 표현이 자주 나온다. '죽주적괴 기훤(竹州賊魁箕萱)'도 같은 경우이다. 이때의 지명이 출신지를 가르키는 경우도 있고, 자신의 본관을 가리키는 경우도 있다. 그런데 본관이라고 해서 반드시 출신지는 아니다. 예컨대 신숭겸의 경우 출신지는 곡성이지만, 본관은 평산이다. 한편 양길의 출신지를 충주로 볼 수 있는 근거도 있다. 『삼국사기』는 양길의 세력을 표현하면서 '북원에 있으면서 국원 등 30여 성을 취하여 소유'[9]하였다고 기록하였다. 국원은 충주이다. 그런데 충주에는 대표적인 성씨의 하나로 양씨가 나오고 있다.[10] 한편 한국인의 족보나 씨성을 다루고 있는 서적들에서 충주 양씨의 존재를 확인

---

9) 『삼국사기』권50, 열전10 궁예전.
10) 『동국여지승람』충주목 성씨조.

할 수 있으나, 양길과의 직접적인 관련성은 확인되지 않는다.[11]

　양길의 출신지와 관련하여 그의 신분에 대해서도 알려진 바가 없다. 그의 부모가 누구인지 정사류에서는 밝히지 않고 있다. 양길 정도라면 그에 관한 열전이 있을 법도 하지만, 궁예와 견훤에 가려 『삼국사기』에 수록되지 않고 있다. 마찬가지로 『삼국유사』에도 그에 관한 독립된 항목이 없다.[12] 기타 지지에서도 그러한 내용을 찾아볼 수가 없다. 양길의 후손에 관해서도 관찬사서류에서는 아무런 기록을 남기지 않고 있다. 그의 가족관계에 대해서도 전혀 알 수가 없다. 더 나아가 양길과 관련된 인물들이 누구인지도 잘 알 수가 없다. 오직 양길에 대해서 알 수 있는 내용은 양길과 궁예, 양길과 견훤과의 관련성을 통해서만이다.

　이러한 연유에서 양길은 신라 말에 형성되기 시작한 호족세력 가운데서도 농민이나 하층민 세력으로 범주화되고 있다. 신호철은 호족의 출신과 세력형성과정의 다양한 형태를 다음과 같이 소개하고 있다.

> C. 호족의 출신과 세력형성과정은 각양각색이었다. 따라서 지금까지 호족의 출신에 대해서 학자마다 다양한 견해를 제시하였다. 김철준은 「후삼국시대 지배세력의 성격」(『한국고대사회연구』, 지식산업사, 1975) 및 문인계층과 지방호족(『한국사』 3, 1978)에서 호족의 출신을 네가지 유형으로 분류하였다. 첫째는 지방 호족의 토대 위에서 신라 조정에 반기를 든 자로, 그 예로는 김주원의 후예로서 명주 지방에 세거하면 그곳 장군이라 칭한 김순식이라든가, 청주의 영군장군인 견금, 진보성의 장군 홍술, 재암성 장군 선필 등을 들었다. 둘째로 지방 호족의 기반을 가진 것이기는 하나 내륙지방의 호족과는 달리 대외무역이나 노예매매를 위주로 하던 해안지대의 해상세력으로, 예를 들면 청해진 장보고라든가, 강주의 천주절도사 권강주사

---

11) 『한국인의 족보』(한국인의 족보 편찬위원회, 2003)과 『한국족보대전』(한국씨족사연구회편, 1989, 도서출판 청화) 등에서 제주 양씨, 남원 양씨 등과 함께 충주 양씨가 확인된다. 그러나 별항으로 다루고 있지 않아서 그 세부 내용은 알 수가 없다. 위의 서적들에서는 양길을 제주 양씨에 포함시키고 있다. 그러나 이 사실을 확신하기에는 이르다고 여겨진다.

12) 『삼국유사』에는 궁예에 관한 독립된 항목이 없다.

왕봉규, 그리고 대당부역에서 등장한 왕건 세력이다. 셋째로 중앙정부에 반기를 든 지방 군사세력으로, 후백제를 건국한 견훤이 대표적인 예이다. 넷째로 초적·군도 등의 무리를 도당화한 세력으로, 죽주성 기훤이라는가 북원적 양길, 그리고 후고구려를 건국한 궁예가 그 예이다.[13]

위의 내용에 따르면 양길은 초적이나 군도의 무리에 포함이 된다. 초적은 농민들 가운데 불만세력들이 봉기한 집단을 말한다. 군도란 불량세력들이 집단으로 일반 양인을 공격하는 도둑떼들이다. 이 분류에 따르면 양길의 신분은 일반 농민이거나 그 이하일 수 있다. 아울러 호족의 성격을 '무장세력집단이나 토착적 부민집단들로 파악하고 혼란기에 있어서 경제적 기반과 토착적 기반을 갖지 못한 무장집단과 토착적 부민집단과의 결합'[14]으로 본다면 양길은 원주 출신으로 볼 수 없으며, 원주는 양길의 뿌리라기보다는 세력을 규합한 근거지일 뿐이라는 의미가 된다. 마치 상주 출신 견훤이 광주에서, 신라 왕실 출신의 궁예가 강릉이나 철원에서 세력을 확보한 상황과 비슷하게 양길도 출신지는 원주가 아닐 가능성이 커지는 것이다.

그러나 한편으로는 호족을 촌주층에서 성장한 것으로 보는 견해가 유력해져 가고 있는 것을 보면, 양길을 원주의 토착세력 출신 호족으로 볼 수도 있을 것이다. 호족의 출신을 토착적 혈족집단에서만 찾으려는 견해도 있지만,[15] 호족의 개념을 포괄적으로 파악한 신호철은 호족을 다음과 같이 구분하였다.

> D. 호족의 출신을 크게는 지방의 토착세력 출신과 중앙의 귀족출신으로 분류하고, 이를 다시 전자는 촌주출신과 이출신, 부유 자영농 출신, 해상 군진

---

13) 신호철, 2002, 『후삼국시대 호족연구』, 도서출판 개신, 35~36쪽.
14) 李純根, 1987, 「羅末麗初 '豪族' 用語에 대한 硏究史的 檢討」『성심여자대학 논문집』 19, 127쪽.
15) 浜中昇, 1992, 「신라말기·고려초기의 성주·장군에 대해서」『벽사 이우성교수 정년기념논총』, 1990, 162쪽)

세력 출신으로 나누고, 후자는 낙향 귀족 출신과 지방관 출신으로 분류하
였다.[16)

위의 분류에 따르면 양길은 중앙에서 낙향한 귀족이거나 중앙에서 파
견된 지방관 출신으로 보기는 어렵다. 그보다는 지방의 토착세력 출신일
가능성이 더 크다. 그 이유는 양길과 견훤과의 관계에서 찾아 볼 수 있
지 않을까 한다.

> E. 景福元年壬子, 이때 북원적 양길이 강하다고 하여 궁예가 스스로 그 휘하
> 에 들어가니 견훤이 이를 듣고 양길을 비장으로 삼았다.[17)

위의 내용은 양길에게 궁예가 내투하자 양길의 세력이 커지는 것을
견훤이 듣고 비장이라는 직위를 주었다는 것이다. 여기서의 비장이라는
직위는 실질적인 것이라고 보이지는 않는다. 연구자에 따라서는 이를 견
훤이 양길에 비하여 상대적으로 실력이 컸다거나, 신라 서남해 지역의
장군으로서 임명한 것으로 간주하기도 한다. 그러나 위의 내용은 견훤이
양길의 세력이 커지자 자신의 비장 밖에 되지 못한다는 비아냥조의 허례
적인 의식으로 보아야 할 것이다. 실제로 이 무렵의 견훤과 양길의 세력
을 비교하면 그다지 큰 차이가 난다고 할 수는 없을 것이다.[18) 이 무렵
견훤의 세력이 5,000여 명에 이르러 견훤이 왕위를 꿈꾸면서 도읍을 정
한 곳은 무진주였다.[19) 무진주는 주(州)로서 양길이 보유하고 있던 북원
경과 중원경에 비하면 격이 떨어지는 곳이었다. 당시에는 자신의 거주지
에 따라 신분이 달랐다. 뿐만 아니라 그 규모도 양길에 비하여 작았던

---

16) 신호철, 2002, 『후삼국시대 호족연구』, 도서출판 개신, 38쪽.
17) 是時北原賊良吉(良吉卽梁吉也)雄强 弓裔自投爲麾下 萱聞之遙授良吉職爲裨
　　將(『삼국사기』권50, 열전10 견훤전)
18) 양길의 등장 시기에 대하여 안정복은 889년으로 보고 있다(『동사강목』권5상 기
　　유년조).
19) 『삼국사기』권50, 열전10 견훤전.

것으로 여겨진다.

이 무렵 견훤이 왕을 칭할 정도라고 하였어도, 그 세력이 양길에게
미치지 못했을 것이다. 견훤은 이때 5,000명 정도로 추산되는 병력을 거
느렸다. 견훤이 무진주에서 완산주로 옮겨와 왕을 칭하였다고는 하지만
양길에게는 미치지 못하는 것이었다. 양길은 이보다 뒤의 사실이긴 하지
만, 북원과 국원 두 소경을 장악하면서 30여 성을 거느렸다고 한다. 그
리고 당시 1개 촌락이 100여 명 정도였다면 1촌을 1성으로만 보아도 양
길도 3,000명 이상을 훨씬 웃돈다. 다시 말하면 견훤이 숫자상 우위에
있을지 몰라도 양길은 소경이라고 하는 선진지역을 장악하고 있었으므
로 결코 열세라고 할 수 만은 없었다. 그의 휘하에 있던 궁예가 명주를
들어가면서 얻은 병력만 3,000명 정도였다.

그럼에도 불구하고 견훤이 양길에게 비장이라는 직을 제수하게 된 배
경은 바로 양길의 신분이 중앙귀족이 아닌 지방의 토착세력이었기 때문
에 가능했을 것으로 추정해 볼 수 있다. 만약 양길이 중앙에서 파견된
소경의 수장이었다면, 견훤이 비록 스스로 왕을 칭할만하다고 생각할 정
도라고는 해도 소경의 仕臣에게 무례한 행동을 하기는 어려웠을 것이기
때문이다.

한편 양길의 출신을 토착세력이라고 본다면, 그런 그가 어떻게 북원
경과 국원경을 장악할 수 있었을까 하는 의문이 생긴다. 이미 다 알고
있는 바와 같이 소경의 사신은 중앙에서 파견하였는데, 이러한 중앙의
세력을 배제하고 양길이 이 일대를 장악할 수 있었던 배경은 무엇이었
을까?

F. 3년에 국내 여러 주군에서 공부를 바치지 아니하여 국고가 허갈하고 국가
   의 용도가 궁핍하므로, 왕이 사자를 보내어 이를 독촉하니 이로 인하여 도
   처에 도적이 벌떼와 같이 일어났다. 이때 원종·애노 등은 사벌주(상주)에
   거하여 반기를 들었다. 왕이 나마 영기로 하여금 이를 포착케 하였는데, 영

기는 적루를 바라보고 두려워 진공치 못하고, 촌주 우련이 애써 싸우다가
전사하였다. 왕은 영을 내려 영기를 참하고 나이 10여 세 된 우련의 아들
로 촌주를 승습케 하였다.

위의 내용을 보면 신라 말의 지방 통치가 얼마나 문란해져 있었는가
를 알 수 있음과 동시에 신라 말의 난을 수습하는데 중앙에서 보낸 병력
이 얼마나 무참하고 나약한 자세로 전쟁에 임하고 있었는지를 파악하게
된다. 중앙에서 보낸 나마 영기는 사벌주의 도적들과 마주치자 적루를
바라보고 진공치 못하였고 촌주 우련이 싸우다 전사하자 영기를 참하고
10세 된 우련의 아들로 촌주를 잇게 했다. 이러한 상황은 비단 상주만은
아니었을 것이다. 북원경에서도 그러한 상황이 전개되었을 가능성이 있
다. 그러나 이때 신라에서 촌주를 잇게 하였다고 하여 신라에 충성을 계
속하였다고 볼 수는 없다. 이들은 언젠가 신라에 대하여 배반을 할 수도
있었던 것이다. 양길도 이러한 토착세력 유형의 호족이었을 것으로 추정
해 볼 수 있다.

3) 양길의 세력과 강역

양길의 세력범위는 어느 정도였을까? 이에 대해서『삼국사기』에는
'원주를 기반으로 하여 국원성과 그 주변 30여 성'이라고 하였다. 이때
의 양길은 궁예가 반란을 일으키기 전이었다. 궁예가 배반을 하여 비뇌
성 전투를 하기 이전까지 궁예는 양길의 휘하에 있었으므로 궁예의 점령
지역은 바로 양길의 점령지역이었다고 해야 바른 표현이 될 것이다.

앞에서 양길은 북원의 토착적 호족일 것으로 추정하였다. 그러나 언
제부터인가 양길은 신라에 대하여 적대적으로 변하였다.『삼국사기』에
는 한결같이 양길을 '북원적수'라고 기록하였다. 그러므로 양길은 처음
사서에 나타나는 890년대 이전 언제부터인가 반신라적 경향의 인물이었
다고 할 것이다. 그리고 이러한 현상은 이미 김헌창의 난에서와 같이 적

극적인 반신라적 성격의 사건[20]으로 이해되어도 좋을 것이다.

그런데 양길의 초기 세력을 견훤보다 미약하였을 것으로 보는 견해가 있다. 그 견해의 근거가 되는 것은 견훤이 양길을 비장으로 삼았다고 하는 『삼국사기』의 기록에 근거한 것이다. 그러나 이에 대해서는 이미 앞에서 부정적인 견해를 밝힌 바가 있다. 궁예가 기훤으로부터 예우를 받지 못하자 양길에게 향했을 무렵인 891년 경에는 양길은 중부지역에서 최대의 세력으로 부상했던 것으로 여겨진다. 궁예가 처음 투탁했던 죽주의 기훤 세력도 지금의 죽주산성 규모를 감안할 때 상당한 규모였던 것을 짐작할 수 있다. 그러나 기훤이 '궁예를 마땅치 않게 여겼다'고 하는 기록을 기훤이 궁예의 세력을 견제하기 위한 조처였다고 하는 주장이 있다. 이에 비하면 양길은 궁예를 환대하고 오히려 병력을 주었다. 이를 비교하여 볼 때 양길의 세력이나 도량이 기훤보다는 더 컸을 것으로 짐작할 수 있다. 양길은 당시 호족들 가운데 가장 세력이 강했던 인물이라고 할 수 있다.

양길의 군사력이 구체적으로 어느 정도였는지를 수치로 확인할 수는 없다. 그러나 양길이 궁예가 자신의 휘하로 오자 100여 기를 주어 정복 사업을 하게 하였다는 것으로 미루어 보아 그의 병력은 상당한 규모였음을 알 수 있게 된다. 물론 당시 양길의 신라에 대한 대응의 성향에 대해서는 관찬 사서류에 북원적, 북원적수 등으로 표기하고 있는 것으로 보아 반신라적 성향을 나타냈던 인물로 파악해야 하지만, 양길이 기훤에게 대우를 받지 못했던 궁예를 흔쾌히 거두어 자신의 기장으로 삼아 병력을 주어 정복한 것은 그 도량을 짐작케 한다고 할 것이다. 이때 양길이 궁예에게 주었던 병력은 기병 100여 기라고 한다.[21] 그런데 당시로서 이

---

20) 김헌창의 난은 국호, 연호를 각각 달리 정하여 신라와 국체를 달리 하고자 한 사건으로 파악해야 할 것이다(『삼국사기』 권10, 신라본기10 헌덕왕 14년 3월조).
21) 『삼국사기』 권50, 열전10 궁예전.

기병 100여 기는 적지 않은 병력이었다. 이러한 일면을 볼 때 양길은 도량이 넓고 상대를 믿어줄 줄 아는 지도력을 겸비한 인물이었던 것으로 여겨진다.

> G-1. 진성왕 5년 10월에 북원적의 괴수 양길이 그 부장 궁예를 보내어 100여 명의 기병을 거느리고 북원 동쪽의 부락과 명주 관할내인 주천 등 10여 군현을 습격케 하였다.[22]
>
> -2. 경복 원년(892) 임자 북원적인 양길에게 투탁하니 양길은 잘 대우하고 일을 맡겼다가 드디어 병사를 나누어 주어 동쪽으로 보내어 지역을 경략하게 하니, 이 때 치악산 석남사를 출발하여 酒泉·奈城·鬱烏·御珍 등의 縣에 가서 습격하여 항복시켰다.[23]

위의 내용을 보면 양길이 궁예에게 준 군사의 성격을 알 수 있다. 양길이 궁예에게 배속시킨 군사는 기병으로 그 규모는 처음 100여 명 정도였다. 기병은 보병보다 훈련 기간이 더 길고, 말을 구한다거나 이에 필요한 장비를 준비할 수 있어야 하는 능력이 요구되었다. 따라서 기병은 보병보다는 정예병이었다. 그렇다면 양길이 궁예에게 지원한 병력은 양길의 군사 중에서도 상당히 핵심적 위치에 있는 군사라고 하여야 할 것이다.

그리고 100여 명이라는 규모도 이들이 전문적으로 훈련된 부대였을 것이라는 추정을 가능하게 한다. 신라 말기의 촌락 인구 규모는 100여 명 정도였다. 그 가운데에는 남녀노소를 포함하였음으로 100여 명의 장정이라면 4~5개의 촌락에서 동원되어야 했을 것이다. 아울러 말의 숫자도 그러하다. 100여 기병에게 말을 주기 위해서는 5개 촌락 이상에서 말을 징발하여야 했을 것이다. 이러한 규모의 정예병을 양길이 궁예에게 주었다

---

22) 『삼국사기』 권11, 신라본기11 진성왕 5년.
23) 『삼국사기』 권50, 열전10 궁예전.

는 것은 그에 대한 신뢰나 이용 가치가 상당히 컸던 것으로 여겨진다. 따
라서 궁예의 확실한 군사활동은 양길의 휘하에서부터라고 하여야 할 것이
다. 뒤에서 언급하겠지만, 궁예의 직함이 부장이라고 한 것도 그의 본격적
군사활동이 양길 휘하에서 였을 것이라는 점과 무관하지 않을 것이다.

　궁예는 양길이 지원한 100여 기병을 거느리고 치악산 석남사[24]를 거
점으로 인근 지역을 점령해 나갔다. 궁예가 석남사를 근거지로 할 수 있
었던 배경에는 양길이 있었음을 염두에 두어야 할 것이다.[25] 이때의 주
천·영월을 중심으로 한 치악산 주변지역이 양길의 영향력 아래 있었고,
궁예는 이를 확실한 종속지로 복속시켜 나갔던 것이다.[26] 그리고 궁예
의 세력이 확장되어 감으로서 그의 영역도 더 확대되었던 것으로 보아야
한다. 한때 양길의 세력은 지금의 강원도 남부와 경상북도 북부 일대까
지 미쳤던 것 같다.[27]

　양길에 관한 기록은 『삼국사기』에는 궁예와의 비뇌성 전투를 끝으로
더 이상 나타나지 않는다. 그리고 비뇌성에 대한 위치도 현재 정확하게
알 수 없다. 비뇌성에 대해서는 위치비정에 약간의 이견은 있으나,[28] 한

---

24) 석남사의 위치에 관해서는 신종원(1994-3, 「치악산 석남사지의 추정과 현존민속」
　　『정신문화연구』 154)의 견해를 따랐다.
25) 한편 양길은 원주 이동 지역을 궁예에게 맡기고 자신은 원주 이서, 즉 국원경
　　공략에 나섰다는 주장도 있다. 양길이 국원경을 비롯한 30여 개 성을 빼앗는 구
　　체적인 과정은 사료에 기록되어 있지 않지만 아마도 894년 원주 이동 지역의 공
　　략을 궁예에게 맡기고 곧바로 자신은 이서 지역 공략에 나섰을 것으로 생각된다.
　　속설에 부론면 주포리 미륵산에 양길이 진을 쳤다는 내용이 있다. 지금과 같은
　　경로인 양안치 고개와 소태재를 넘어 국원경을 공략했을 것으로 생각된다.
26) 이재범, 2007, 『후삼국시대 궁예정권 연구』, 혜안.
27) 景福 元年 壬子(892)에 北原 賊帥 梁吉에게 가니, 吉이 잘 대우하며 일을 맡겼
　　다. 드디어 군사를 나누어 주면서 동쪽으로 가서 공략하게 하니, 이에 雉岳山 石
　　南寺에 出宿하고, 酒泉·奈城·鬱烏·御珍 등 縣을 습격하여 모두 항복받았다(『삼
　　국사기』 권50, 열전10 궁예전). 궁예열전의 울오, 어진의 위치에 대해서는 평창
　　등지로 비정하는 이견이 있다(정청주, 1986, 「궁예와 호족세력」 『전북사학』 10).
28) 안영근은 양성으로 비정하고 있다(안영근, 1992, 「나말여초 청주세력의 동향」 『박

강에 인접한 지역이라는 데는 공통점이 있다.

4) 양길의 몰락과 원주

나말여초에 원주를 중심으로 활동하였던 영웅 가운데 한사람이 양길이다. 그의 통치영역은 북원과 국원을 아우르는 등 지역적으로나 내용적으로나 당시 호족들 가운데 가장 강대하였다고 할 수 있다. 그럼에도 불구하고 정사류에 그에 관한 기록은 거의 없는데, 그가 궁예에게 패하여 그의 역사가 왜곡되고 훼손되었을 것임은 당연한 사실이라고 할 것이다. 따라서 양길의 역사를 밝힐 수 있는 자료라면 구전되는 자료도 검증을 통하여 양길의 역사를 복원하는 데 활용하여야 할 것이다.[29]

이러한 정사류의 빈약한 양길 관련 기사와는 달리 구비전승 내지 향토사 관련 자료는 좀더 찾아 볼 수 있는데, 양길의 사망시기와 장소에 대해서는 다음과 같이 말하고 있다.

> H. (양길이) 궁예의 세력이 넓어지는 것까지는 살펴보다가 개경(송악)에 도읍을 정했다는 소문을 듣고 그의 貳心에 격분하여 효공왕 3년 기미년(899)에 지금의 가평에 있는 비뇌성에서 공격을 가하다가 대패한 것까지 문헌에 있고 효공왕 4년 경신년(900) 4월에 중원의 견훤이가 전주로 내려가서 견훤산성을 쌓고 도읍을 정한 것으로 보아(원광대 마한백제문화연구소장 金三龍이 발굴한 사료에서) 그 조사 자료가 일치하므로 효공왕 4년(900)에 원주 문막읍 후용리 견훤산성에서 노르뫼(黃山) 건등산의 왕건과 전쟁이 있었다는 것을 확실히 엿볼 수 있으며 이 무렵에 양길도 죽은 것으로

영석 한국사학논총』 상). 이도학은 경기도 안성의 분행으로 추정한다(이도학, 2000, 『궁예 진훤 왕건과 열정의 시대』, 김영사).『삼국사기』에는 '三國有名未詳之分'에 수록되어 있으며 지금의 강원도 철원군 금화읍으로 추정하고 있다. 그 지역의 구전으로는 비뇌성의 위치에 대하여 조종현 비뇌성(가평군 하면 현리 산 30번지)이라는 견해도 있다.

29) 이재범, 2007, 「후삼국시대 궁예정권의 연구 - 지명설화를 통해 본 궁예정권의 최후 -」『군사』 62.

예측할 수 있는 것이다. … 견훤의 비장으로 비뇌성에서 전사(899)했거나 문막 견훤산성에서 전몰된 것으로 추측할 수 있으며 그 어디에도 無文可證을 애석하게 생각하면서 이 지방 양길 비장에 대하여는 깊이깊이 살펴 볼 과제인 것이라 하겠다.[30]

위의 내용은 구체적인 사료는 제시하고 있지 않으나, 구전과 추정으로 양길의 사망시기와 장소를 밝히려고 하였다는 점에서 주목할 만하다. 위의 내용에 따르면 양길은 899년 혹은 900년 경에 원주 문막읍 후용리 견훤산성 일대에서 사망한 것으로 추정하고 있다. 그런데 위의 내용에서 몇가지 흥미로운 점을 찾을 수 있다. 그동안 왜 견훤산성이 원주에 있는 가 하는 점은 상당히 의문시 되어 왔는데, 위의 내용에서 그 단서를 찾게 된다. 양길이 견훤의 비장이었기 때문에 견훤산성으로 불렀다는 점을 시사한다. 위의 내용대로라면 왕건과 양길이 전투중일 때 견훤은 중원에 있었고, 비뇌성 전투에서 양길이 패배하자 중원에서 전주로 간 것으로 되어 있다.

한편 이 지역에서의 양길에 대한 정서는 충의의 표본으로 일컬어지기도 한다. 그리고 그 근거를 견훤과의 관계에서 찾으려고 한다. 즉, 견훤은 어디까지나 신라의 장수였으며, 신라의 장수인 견훤으로부터 비장직을 받았으므로 양길은 신라를 배반하지 않았다고 하는 주장이다.

> I. 그런데 그때에 견훤은 북원의 양길이가 가평지방(비뇌성하)에서 패하였다는 소식을 전해 듣고 중원(충주) 땅이 위협 받을 것을 느끼고 북원의 양길의 지원병으로 원주 문막 후용리 산1번지에 전투 진지를 구축하게 되었고 (이것이 지금의 견훤산성임) 왕건은 그의 반대편인 노르뫼(황산 기슭의 문막읍 건등리 건등산)에 군진을 치게 된 것이 지금의 건등산(건이가 올랐다고 건등산임)이다.
> 그런데 그 무렵 북원의 양길은 궁예의 부하 왕건의 공격을 받고 계속 투항을 요구해오자 "신라국의 역적은 될 수 있을지언정 역도들의 충신은 될 수

30) 이용욱, 1998,『치악산』, 일정, 192쪽.

없다"고 말을 남기고 자결했다는 소식이 전해지니 견훤은 문막 후용리(後用里가 厚用里로 되었다고 함) 진지를 내어주고 중원으로 후퇴하고 다시 중원(충주), 괴양(괴산), 청주 일대를 내어주고 완산(지금 전주지방)으로 내려가 그곳에 도읍을 정하니 그때가 효공왕 4년 경신년(900) 10월이라고 한다(『삼국사기』, 『삼국유사』, 『신증동국여지승람』, 『국사사전』, 『고려사』, 『전주시지』, 『충북도지』, 『충주시지』, 『괴산군지』).

이것을 볼 때 북원의 양길은 관직이 견훤에게는 裨將이 되고 북원지방에서는 북원대장군이 되어 부폐한 관아를 습격하고 관곡을 뺏아다가 백성들에게 나누어 주고 가평 지구에서 죽령까지 수십개 군을 통치한 것으로 보아 모반을 일으켰을망정 종말에는 궁예에게도 투항하지 않고 신라를 지키는 애국심으로 자결해서 죽었다 하였으니 신라국의 명의로 죽은 양길의 민란에 대한 애국심을 다시 한번 여기서 살펴 보고 싶은 것이다.[31]

그러나 이 주장은 약간의 무리가 있다. 양길이 신라에 충의를 가지고 있었다면, 어찌하여 신라왕의 초상을 칼로 친 궁예를 휘하 장수로 묵인하였을까? 그리고 양길이 궁예가 이심을 품었다고 하여 공격하려고 했다는 사실은 양길이 자신을 왕이라고 생각하고 있었다는 반증은 아닐까? 이처럼 여러 가지 의문이 생길 수 있으나, 한편으로 중요하다고 여겨지는 것은 양길을 기억하는 지역에서 자신들의 방식으로 기억하고자 하는 것이 역사일 수도 있다고 생각하게 되는 것이다.[32]

5) 양길에 대한 원주 지역의 정서

승자의 역사가 기록으로 대변된다면, 패자나 소외된 자의 기억은 대

---

31) 이용욱, 1998, 『치악산』, 163~4쪽. 『문막읍사』(문막읍사편찬위원회, 2003, 966쪽)에는 왕건과 견훤과의 전투로 기록하고 있다.

32) 이러한 역사의식과 관련하여 필자는 몇가지 시도를 한 적이 있다. 「역사와 설화 사이」(『강원민속학』 20, 2006)와 「후삼국시대 궁예정권의 연구 – 지명설화를 통해서 본 궁예정권의 최후 – 」(『군사』 62, 2007)에서 기억으로서의 역사의 차이를 말하고자 한 적이 있다. 관찬사서가 중앙집권적 기억의 소산이라면, 지방에서의 구술사적 자료는 그 지역에서의 기억하고 싶은 역사의 전승이라는 점을 강조한 적이 있다.

체로 구술에 의하여 전달된다고 할 수 있다. 기록된 역사는 일종의 공문서와 같은 것으로, 서적의 형태로 보관되기 쉬운 방법으로 후대에 전달된다. 그러나 구술에 의한 전달은 가장 뚜렷하게 전달하고 싶은 것만이 윤색되고 내용이 가감첨삭되어 후대로 계승된다. 따라서 기록된 역사는 신뢰도가 높지만, 구술된 역사는 자의적으로 변화되었을 가능성이 많다. 그러나 기록된 역사는 기록되던 그 시간에 이미 각색되어 있었을 것이므로, 달리 보면 기억하고 싶은 것만을 기억하고자 하는 정서에서 오히려 역사의 진실성을 찾아 볼 수도 있지 않을까?[33] 이러한 의미에서 양길과 관련된 설화를 소개해 두고 싶다. 특히 지명설화는 고증이나 발굴여부에 따라서는 그 실증성이 증명될 소지가 전혀 없는 것도 아니다.

지금까지 전하는 지역설화에서는 양길의 군대가 비뇌성에서 패한 뒤 원주의 봉림산(지금의 견훤산성)에서 다시 전투를 하게 된 것으로 서술하고 있다. 이 지역에서 양길은 견훤산성 일대에 진을 치고 석정에 대비하여 많은 돌을 준비하였으며, 왕건은 강의 물을 막아 보를 쌓고 와새밭에서 풀을 베어다가 허수아비를 만들어 군진을 친 산 밑에 석회를 쌓아두고 밤에는 허수아비를 잉요하여 밤새 불을 켜두어 많은 군사가 있는 것처럼 위장하였다고 한다. 그리고 백회를 풀어 쌀뜨물처럼 보이게 기만작전을 펼쳤다고 하니, 이런 작전으로 왕건이 승리할 수 있었다고 하는 것이다.

그리하여 지금도 원주 서들 지방에는 전투와 관련된 지명이 많다고 한다. 건등산에는 왕건이 진을 쳤다고 하는 왕건진이 있다.[34] 그 산은 왕건이 올랐다고 하여 '건등산'이 되었고, 허수아비를 만들었던 와새풀밭은 '와새뜰', 등불을 켜서 떠난 곳은 '등홰니(등안이)', 백회를 섞은 곳은 '석지', 허수아비에 활을 멘 허수아비 군사를 메어나른 곳이라 하여

33) 이재범, 2006, 「역사와 설화사이」『강원민속학』 20.
34) 문막읍사편찬위원회, 2003, 『문막읍사』, 630~631쪽.

메나골(메어 나른 골), 활을 쌓은 골이라고 하여 '궁골'(현 원주시 문막읍 궁촌리), 강물은 보를 막아 세웠다고 하여 '섬강', 견훤이 진을 쳤던 산은 '견훤산성', 왕건이 그 뒷골을 뒤로 들어쳤다 해서 '뒤치골(後用里, 현 厚用里)' 산 밑으로 군량미를 쌓았다 해서 '곡창마을'이라 한다. 그리고 문막리는 못물을 막았다 해서 '물막리'가 '문막리'로 되었다는 것이다.[35] 이러한 내용들은 이야기로 전해지는 역사의 한 부분이라고 할 수 있을 것이다.

또한, 양길이 몰락한 뒤 원주에서는 그를 추종하던 남은 세력들이 고려 태조 왕건을 찾아 가는 경순왕에 대해 불만을 표시하여 훼방을 놓았다고 하는 설화도 있다. 이러한 설화는 양길을 신라의 충신으로, 그리고 원주가 충절의 고장이라는 사실을 갖추고자 하는 지역정서와 관련된 것으로 이해할 수 있을 것이다.

3. 원주와 경순왕과의 관계

1) 경순왕의 즉위와 고려로의 귀부

경순왕은 신라의 제56대 왕이자 마지막 왕이다. 이름은 溥이며, 신라 제46대 문성왕의 6대손 이찬 효종의 아들로 어머니는 계아태후이다. 경순왕은 견훤에 의하여 왕위에 올랐으나, 마침내 왕건에게 귀부함으로써 후삼국통일의 길을 열어 놓았다. 경순왕의 즉위는 경애왕 4년 11월 견훤이 신라의 서울 경주를 침략하여 경애왕을 자살하게 하면서 이루어졌다. 이때의 상황을 『삼국사기』에는 다음과 같이 기록하였다.

---

35) 이용욱, 1998, 『치악산』, 89~91쪽.

J. 11월에 갑자기 (견훤이) 왕경에 쳐들어 왔다. 왕은 妃嬪과 宗戚으로 더불어
鮑石亭에 가서 잔치하며 즐겁게 놀던 때라 적병이 닥침을 알지 못하였다.
창졸이 어찌할 바를 몰라 왕은 비와 함께 후궁으로 달려 들어가고 宗戚·公
卿大夫·士女들은 사방으로 흩어져 도망쳤다. 적병에게 사로잡힌 자는 貴
人·賤人 할 것 없이 다 놀라고 엉금엉금 기기도하여 노복이 되기를 애걸하
였으나 면하지 못하였다. 견훤은 또 그 군사를 놓아 공사의 재물을 거의
다 노략케 하고 대궐에 들어가 거처하며 좌우로 하여금 신라왕을 찾아내게
하였다. 왕은 비첩 및 사람과 함께 후궁에 숨어 있다가 군중으로 잡혀 갔는
데, 훤은 왕을 핍박하여 자진하게 하고 왕비를 強淫하고 부하로 그 비첩들
을 亂通케 하고, 왕의 族弟를 세워 국사를 權知(대리)하게 하니 이가 곧 경
순왕이었다.[36]

위의 내용을 보면 경순왕이 왕위에 오를 당시의 상황은 참혹한 지경
이었다. 연회를 하던 장소에서 살인과 강간 등 아수라장이 연출된 것이
다. 이러한 상황에서 왕이 되었으므로 경순왕으로서는 왕위에 올랐다는
것 보다는 사후 대책을 수습하는 것이 더 급선무였다. 경순왕은 왕위에
오르자마자 경애왕의 시체를 西堂에 모시고 군신과 함께 통곡한 뒤 시
호를 올려 경애라 하고 남산 蟹目嶺에 장사하였다.[37] 고려 왕건으로부
터 전왕을 弔祭하는 사신이 도착하기도 했다.

경순왕이 즉위하였던 시기는 신라의 변방이 고려와 후백제의 각축전
으로 소요가 끊임이 없었다. 전황은 신라와 고려에 유리하게만 전개되지
는 않았다. 원년 12월에 견훤이 대목군(경북 칠곡군 약목면)에 침입하여
전야의 곡물을 불태웠고, 이듬해 정월에도 고려의 장군 김상이 초팔성의
적 홍종과 싸웠으나 전사하고 말았다. 8월에는 견훤이 장군 관흔에게 명
령하여 양산에 성을 쌓았고, 또 대야성 아래에 주둔하면서 군사를 나누
어 보내어 대목군의 곡식을 빼앗아 갔고, 10월에는 다시 무곡성을 함락
시키는 등 견훤의 압박이 심하였다. 경순왕 3년에도 전황은 견훤에게 유

36)『삼국사기』권12, 신라본기12 경애왕 4년 11월조.
37)『삼국사기』권12, 신라본기12 경순왕 원년.

리하게 전개되었다. 7월의 의성부성 전투에서 고려의 장군 홍술이 전사하였고, 순주(안동 풍산)장군 원봉이 견훤에게 항복하였다.

전황이 고려에 유리하게 전환되기 시작한 시기는 고창군(안동 병산)전투 이후부터이다. 이 전투로 이 일대의 30여 군현이 고려에 귀부하기 시작하였다. 그리고 이때부터 경순왕과 고려와의 관계가 더욱 긴밀해지기 시작한다. 본격적으로 경순왕이 고려와의 연대를 시작한 시기는 5년 2월에 고려 왕건이 50여 기병을 거느리고 신라의 경기에 오면서부터이다. 이때 경순왕은 고려 태조 일행을 극진하게 모시고, 궁으로 들어와 대면한 뒤 임해전에서 잔치를 벌이기도 했다. 이때 경순왕은 고려 태조에게 "나는 하늘의 도움을 입지 못하여 화란을 발생케 하고 견훤이 불의를 자행하여 우리 국가를 침해하니 얼마나 통분한 일인지 모르겠다"고 하면서 눈물을 흘리며 울었다고 한다. 이때 고려 왕건이 머물렀던 기간이 수십일 동안이었다고 하며, 왕이 종제 裕廉으로 볼모를 삼아 거가를 수종케 하였다. 이때의 상황에 대하여 신라의 사녀들이 "전일 견씨가 왔을 때는 豺虎(승냥이와 호랑이)를 만난 것 같더니 지금 왕공(고려 태조)이 오자 부를 대한 것 같다"고 하였다는 것이다.

이와 같이 전황은 불안정하였으나, 후백제 우위의 상황에서 점차 고려 주도적인 상황으로 바뀌어 가고 있었다. 8년에는 운주계(홍성)의 30여 군현이 고려 태조에게 귀부하였다. 결국 경순왕은 9년 10월에 회의를 열어 고려 태조에게 항부하기를 군신과 함께 논의하였다. 이 논의는 상당한 어려움 끝에 결국 경순왕은 항부를 결정하였고, 왕자(마의태자)는 이를 거부하였다.

이후부터는 신라가 고려에 항복하는 절차만 남게 되었다. 경순왕은 시랑 김봉휴를 보내어 국서를 가지고 가서 고려 태조에게 귀부하겠다고 하였다. 왕자는 통곡하며 마침내 개골산으로 들어가 바위에 의지하여 집을 짓고 마의와 초식으로 일생을 마치고 말았다. 11월에 경순왕은 태조

에게 항복문서를 보내고 귀부절차를 마쳤다. 경순왕은 백관을 이끌고 왕
도를 떠나 태조에게 가면서 香車와 寶馬를 가지고 갔다. 그 길이가 30
여 리에 뻗쳤고, 이를 따르는 사람의 무리로 길이 막히고 구경꾼이 담장
을 두른 것 같았다고 한다.

그것은 어떻든 경순왕이 고려 태조에게 귀부한 사실에 대해『삼국사
기』의 찬자는 이렇게 평가하고 있다.

> K. 경순왕이 태조에 귀의함과 같은 것은 비록 마지못하여 한 일이지만 또한
> 가상하다 하겠다. 만일에 역전사수하여 왕사를 항거하다가 힘이 굴하고
> 형세가 궁함에 이르렀다면 반드시 그 종족이 복멸되고 해가 무고한 백성
> 에까지 미쳤을 것인데, 고명을 기다리지 않고 부고를 봉소하고 군현을 기
> 록하여 바치니 그의 조정에 대하여 유공함과 생민에게 유덕함이 매우 컸
> 었다. 옛날의 錢氏가 오월의 地를 들어 송에 바친 것을 蘇子瞻이 '충신'이
> 라고 한 일이 있지만, 지금 신라의 공덕은 저 오월보다 훨씬 뛰어남이 있
> 다. 우리 왕건의 비빈이 많고 그 자손도 번성하였으니, 현종은 신라의 외
> 손으로 왕위에 올랐거니와 그 후 대통을 이은 이가 모두 그 자손이었으니
> 어찌 그 음덕의 갚음이 아니겠느냐.[38)]

위의 내용에 의하면 결과적으로 경순왕의 고려 귀부는 역사적으로 의
미 있는 일이라고 한다.『삼국사기』를 편찬한 김부식의 이러한 평가는
신라의 후예이자 고려시대에도 현달한 가문으로서 어찌 보면 마땅한 평
가라고 할 수도 있다. 한편으로는 전쟁에 의하여 절손된 것 보다는 투항
함으로써 외척이나 문벌귀족으로 현달하였던 것에 대하여 다행이라는
평가를 하고 있는 것이다.

경순왕이 투항하자 고려 왕건은 교외에 나가 맞이하면서 바로 자신의
딸인 낙랑공주와 혼인을 시킨다. 12월에는 경순왕을 정승에 봉하였는데,
그 위가 태자보다 위에 있었다고 한다. 그 밖에 경순왕에게 녹 1천 석을
주었고, 그를 추종하였던 사람들에게도 우대를 하였다. 고려에 귀부한

---

38)『삼국사기』권12, 신라본기12 경순왕 9년.

뒤의 경순왕의 행적에 대해서는 잘 알려져 있지 않다. 경순왕의 묘는 경기도 연천군에 있다.

2) 경순왕과 원주

지금까지 살펴본 바와 같이 관찬사서류에서는 경순왕과 원주와의 연고는 잘 찾아지지 않는다. 이동경로와 관련된 지역도 잘 나타나지 않는다. 경순왕이 11월 갑오에 경주를 출발하여 계묘에 개경에 들어왔다고 하였다. 그러나 어떠한 경로를 통하여 들어왔는지에 대한 내용은 없다. 그러므로 경순왕이 원주를 통해서 개경에 도착했는지에 대한 내용은 알 수 없다. 경순왕이 경주를 출발하여 개경에 도착한 기간이 한달 이내인 것을 보면 가장 빠른 경로를 이용했을 것이다. 더구나 그 행렬이 30여 리에 뻗쳤다고 하는 것을 보면 진행 속도가 매우 느렸을 것임에도 불구하고 매우 빨리 개경에 도착하였다. 수레와 그 밖의 많은 일행이 가기 위해서는 대로를 이용해야 했을 터인데, 어떤 경로인지 정확히 말할 수 없다. 일반적으로 조운을 이용하여 충주나 원주에서 수로를 이용하면서 북원을 거치지 않으면 안되었을 것으로 추정해 볼 수 밖에 없는 실정이다.

그 밖에 경순왕이 고려에 투항한 이후의 활동과 관련지어 자료를 확인하여도 원주와의 직접적 관련성은 잘 찾아지지 않는다. 굳이 관찬사서에서 이 일대와의 관련성을 찾으려고 한다면 경순왕과 혼인을 한 낙랑공주가 충주 출신이라는 정도일 것이다. 『고려사』에는 "安貞淑儀公主는 神明王太后劉氏의 소생으로 신라왕 金傅가 입조함에 공주를 출가케 하였으니 樂浪公主라 칭하고 또는 神鸞宮夫人이라고도 하였다."[39]라고 하여 충주 유씨 가문임을 밝히고 있다. 충주 유씨는 고려 전기에 실력을 행사했으며, 정종·광종 등의 외척이었다. 그러나 이들과 원주와의 직접적 관련

---

39) 『고려사』 권91, 태조 안정숙의공주.

성을 밝히기는 어렵다. 충주 유씨라고는 할 수 없지만, 충주(국원) 세력은 김헌창의 난 때 북원 세력과는 노선을 달리하여 김헌창에게 동조하였다.

한편 경순왕의 사심관 활동과 관련을 지어보더라도 원주와의 연관성은 잘 찾아지지 않는다. 사심관은 '태조 18년에 신라왕 김부가 내항하였으므로 신라를 없애고 경주로 삼고 본주의 사심을 삼아 부호장 이하 관직 등의 일을 주관하게 하였다. 이해 제 공신에게도 또한 이를 본받아 각각 그 본주의 사심으로 삼으니 사심관은 이에서 비롯하였다.'[40]라고 하여 자신의 출신지역과 관련을 갖는다. 경순왕은 당연히 경주의 첫 사심관이었다.

이처럼 경순왕이 고려에 투항하는 과정에서 원주와의 직접적인 관련성을 관찬 사서에서는 찾기 어려운 실정이다. 신라의 멸망과 관련된 지역으로 『삼국사기』에서 거의 유일하게 찾아 볼 수 있는 지명은 개골산, 즉 마의태자가 들어가서 마의와 초식으로 여생을 마쳤다는 금강산 정도이다. 그밖에 경순왕이 친정이나 순수를 하였다는 기록은 찾아볼 수도 없다. 경순왕이 927년 견훤에 의하여 왕위에 오르게 된 전후 사정을 보더라도 경순왕의 행적과 원주 사이에 이렇다하게 관련이 있는 기록은 보이지 않는다. 경순왕의 묘도 경기도 연천에 있다.

그러나 천년 사직 신라의 멸망이 주는 충격이 컸던 탓인지 지역적으로 전하는 설화가 적지 않다. 그 대표적인 것 가운데 하나가 충주시 상모면의 미륵리 절터이다. 여기에는 마의태자와 관련된 설화가 있다. 즉 마의태자가 망국의 한을 품고 금강산으로 가는 길에 이곳에 들러 북쪽을 향해 석굴을 짓고 불상을 세웠다고 한다. 그때 마의태자의 동생인 德周公主는 북쪽의 송계계곡에 덕주사를 세우고 남향한 암벽에 마애불을 새겨 미륵대원 석불과 마주보게 하였다고 한다.

이러한 설화에 대해서 마의태자가 금강산으로 가면서 이 일대를 지났

---

40) 『고려사』 권75, 선거3 사심관조.

을 가능성을 배제하지 않고 있다. 그 이유는 이 지역이 鷄立嶺 (지릅재, 지릅은 麻)이 있는 곳으로 고대의 중요한 교통로였기 때문이다. 계립령 길은 계립령을 지나 미륵리, 하늘재를 넘어 갈평, 문경으로 이어진다. 그래서 이곳에는 온달장군의 공깃돌이라고 하는 바위도 있다. 아마도 온달장군이 신라의 배신으로 상실한 죽령 일대 고구려의 영토를 찾기 위하여 이곳을 지나지 않으면 안되었을 것이라는 추정과 연결된다고 할 것이다. 그러나 이곳의 유적·유물들을 바로 마의태자나 덕주공주와 연결시키기는 어렵다는 것이 현재의 통설이다. 이 절의 규모로 보았을 때 상당한 실력자가 일정한 기간을 두고 축조했기 때문일 것이라는 것이다. 즉 일시적으로 이룰 수 있는 것이 아니라는 판단이다.

이처럼 신라의 멸망과 경순왕에 대한 생각은 여러 지역에 남아 있는데, 원주 지역에도 관련설화가 있다. 관찬 사서에는 보이지 않지만, 원주에 있는 경순왕 관련설화는 경순왕이 경주에서 개경으로 가는 도중에 경과하였던 지역이라는 경과지역설화와 경순왕이 상당기간 거주하였다는 거주설화이다.

경과지역설화에 따르면 경순왕은 고려로의 투항을 반대하는 많은 지방민들의 반대에 부닥쳐 길을 갈 수가 없을 정도였다고 한다. 영주, 풍기, 제천 등 가는 곳마다 반대가 심하여 머무르기가 어려울 정도였는데, 원주에 이르러서도 이러한 사정은 마찬가지였다. 그리하여 원주의 학서암이라고 하는 곳으로 은신하였다가 양평 용문사를 거쳐 개성에 이를 수 있었다는 것이다. 그 과정에서 본래 신라의 충신이었던 양길의 추종세력들에 의해 방해를 받아 머물렀던 곳이 원주시 귀래면 주포리 신대동 현계산 동편 草菴인데, 이 초암을 鶴西菴이라고 추정하고 있다. 그리고 이 학서암을 경순왕의 고사와 관련지어 고려 초에 皇山寺로 부르고 미륵산 정상 암벽에 커다란 마애석불을 조성하려고 했던 것을 백성들의 반대로 마애석불을 제대로 만들지도 못하고 '皇山寺'도 '黃山寺'로 바꾸었다고

한다. 그런데 지금은 다만 浮屠만 二器가 황산사지 중턱에 세워져 있을 뿐이라고 전한다.[41]

한편 거주설화는 이보다 좀더 시기가 하대인 조선 후기의 학자 李圭景의 『五洲衍文長箋散稿』에 있는 「金傅大王辨證說」을 근거로 원주의 용화산 학수암, 황산사, 고자암이 경순왕과 관련이 있다고 한다. 특히 지금까지 이 지역에 구전하고 있는 설화들을 채록하여 경순왕이 상당 기간 원주에 거주하였다고 한다. 이와 관련된 설화의 내용은 다음과 같다.

> L-1. 경순왕이 여기를 와 가지고, 한 삼십칠팔년 간, 학수사라는 절을 지어 가지고 거기 계셨단 말이야. 학수사. 그래 거기 계시면서 뭐야 대한민국의 방방곡곡을 다니셨거든. 그러다 나중에 돌아가실 적에는 인제 개성, 송도라 그러지? 거기 가서 가지고 돌아가셔서 원 시체를 경주에다 모시기로 했는데 지금 현재 그 연천지방인데 거기가 고랑포라고 옛날에 파주지방이었는데 현재는 연천지방으로 바뀌어 가지고 지금 고랑포라는데 거기 모시고 있단 말이야.[42]

> -2. 미륵산이라는 유래는 옛날에는 용화산이었대. 용화산인데, 우리 세보에 보면, 경순왕께서 그 미륵을 조성했다고 이렇게 나와 있는데, 뭐 본인이 하지는 않고 누굴 시켜서 아마 했으리라 이렇게 생각을 한다고그래 인제 미륵산이라는 명칭을 나중에 붙였지. 미륵을 조성해 놓구서. 경순왕이 여기 계실 때 그때 만든거지. 그래 귀래리라는게 귀한 손님이 오셔서 그렇다는 건 경순왕이 그렇게 붙였다는 거.[43]

---

41) 『치악산』 109~113쪽. '無文可證 傳說考證'이라는 단서를 붙이고 있다. 한편 1981년에 발간된 『북원의 향기』에서는 황산사가 신라 경순왕때 창건된 절이라는 사실만 전하고 있다. 그리고 미륵불상과 황산사와 관련이 있는 것으로 추정을 하고 있다(1981, 원성군, 77~79쪽). 그 이후의 여러 고증과 민간설화의 채집 등에 의하여 경순왕과의 관련성이 점차 확증되어 가는 과정이라고 여겨진다.

42) 2005, 『강원의 설화』 Ⅱ, 강원도청, 86쪽.

43) 김용덕, 2000, 「경순왕 설화의 형성 배경과 의미 연구」 『설화와 역사』, 집문당, 360쪽.

-3. 그래 여기가 귀래면 주포1리인데, 마을 이름이 황산인데, "경순왕께서 이 산에 와 계셨다"구. 그래서 옛날에는 임금 황(皇)자 뫼 산(山)자를 썼을 거다 이거야. 그런데 이조 때 와 가지고서는 누를 황(黃)자를 쓴거야. 그래 여기 지명이 황산인데, 그 내력이 그렇게 돼서 황산이라 부르게 된거지.44)

-4. 영정도 250년 전까지만 해도 여기 모시고 있었어. 그러다가 하동 그 쪽으로 가지고 가버렸어. 여기서 안 모시고 그러니까. 지금도 하동에서는 영정을 모시고 있다고. 강원도 진부에도 있고 경상도 영주, 여수 송광사에도 있고. 또 경주에 숭혜전이 있고. 그래 금년에 여기도 원래 있던 자리였기 때문에 문화재나 종친회에서 재건, 복원사업을 하고 있는데, 아마 내년에 건립이 될거야. 영정 모시던 사당터가 있어.45)

위의 내용들을 정리해 보면 다음과 같은 사실을 알 수 있게 된다. 경순왕이 현재의 귀래면 주포1리 황산마을에서 37~8년 정도 거주하였다는 사실이다. 그리고 경순왕은 거주하는 동안에 학수사라는 절을 지었고, 미륵을 조성하였다. 그래서 용화산의 이름이 미륵산으로 바뀌었다고 한다. 그리고 황산 마을도 처음 임금을 의미하는 '皇'을 썼으나, 조선시대에 들어와 색깔을 뜻하는 '黃'으로 바뀌었고 250년전까지도 영정을 모셨던 사당이 있었다.46) 그런데 제대로 모시지 않아 영정은 하동으로 가져가고 지금은 사당터만 남아 있다는 것이다. 그리고 경순왕은 이곳을 근거지로 여러 곳을 돌아 다녔는데, 송악에서 사망하여 연천 고랑포에

---

44) 김용덕, 2000, 「경순왕 설화의 형성 배경과 의미 연구」『설화와 역사』, 집문당, 360쪽.

45) 김용덕, 위의 책, 87쪽.

46) 이에 관해서는 『輿地圖書』(原州牧 寺刹條)에 '황산사는 8칸으로 고을 남쪽 50리의 미륵산에 있다. 세상에 전해지기를 "황산사는 본래 김부왕의 영당이다"라고 하는데, 지금도 소상이 남아있다(黃山寺八間在州南五十里彌勒山中 世傳寺本金傅王影堂今有塑像).' 라고 한 기록이 있다. 이 기록은 그 뒤 『關東誌』등에 인용되었다.

모셨다고 한다.

그런데 경순왕이 살았다고 하는 지역은 인제현 김부대왕동에도 있었다고 한다.[47] 또 이 지역에는 경순왕의 무덤이 있었다는 언급도 있다.[48] 그러나 실제로 경순왕의 무덤은 현재 연천군 고랑포에 있다. 따라서 지역에 전하는 설화들은 사실과 다를 때도 있지만, 실제로는 기록되지 않은 사실을 구술로 전하기도 한다. 이러한 정황으로 미루어 볼 때 경순왕의 거주지나 무덤이 있었다고 주장하는 지역들은 여럿 있으므로 어느 지역 하나로 단정하기는 어렵다. 이러한 점으로 보아 비록 관찬 사서에서는 찾아보기 어렵지만 원주 일대가 경순왕과 어떤 형태로든 관련이 있는 것만은 분명하다고 할 것이다. 관찬 사서의 성격상 패자의 기록에 대하여 인멸, 혹은 고의적인 누락이 있을 수밖에 없기 때문이다.[49]

4. 결론

나말여초 원주는 지정학적으로 매우 중요한 위치에 있었다. 이 지역에서는 남한강의 수운을 이용하여 양길이라는 출중한 인물이 나타났다. 양길의 영역은 나말려초에 최강의 세력가로서 가장 넓은 판도를 장악하였다. 그의 세력범위는 북원경(원주)을 근거로 국원경(충주)을 비롯한 30여 성을 관할하기에 이르렀다. 이 세력은 신라의 소경을 둘이나 거느린 것으로 견훤보다 결코 열세라고 할 수 없었다. 양길은 궁예를 휘하 장수

---

47) 이규경, 1981, 『오주연문장전산고』 제20집, 민족문화추진회, 23쪽. 지금의 인제군 상남면 김부리라고 한다(전신재, 「김부대왕전설의 형성과 변모」 『강원민속학』 19, 76쪽).

48) 김부리에 종합전술훈련장이 들어서게 되어, 김부리의 마을들은 1997년에 완전히 해체되었지만 김부대왕을 모신 신당으로 알려진 대왕각은 현재에도 그대로 남아 있다고 한다(전신재, 위의 책, 76쪽).

49) 이재범, 2006, 「역사와 설화사이」 『강원민속학』 20.

로 거두어 들일 줄 아는 도량 있는 장수이기도 하였다. 비록 궁예로부터 배반을 당하고 역사의 뒤안으로 물러났지만, 중부지역을 통일하고 궁예를 배출한 영걸의 한사람이었다. 그러나 그는 패자였고, 또 그를 멸한 궁예 역시 왕건에게 패하여 양길의 기록은 남아 있는 것이 거의 없다. 그러나 그에 관한 원주의 지역적 정서는 구전설화로 그에 관한 기억을 남겨 두었다. 비록 그가 패한 역사적 인물이긴 하지만, 지역적 정서 속에서 역사적 인물로 자리잡고 있는 것이다. 궁예에게 패한 후 양길의 기록은 상당히 왜곡되거나 은폐되었을 것이다. 그러나 그 편린을 가지고서라도 양길의 강역이나 인물에 대한 평가를 어느 정도 가능하게 할 수 있는 것이다. 현재 문막 일대에는 양길과 관련된 설화, 지명들이 남아 있다.

한편 경순왕은 원주 지역과 직접적인 연관은 없지만, 현전하는 지역 설화로 보았을 때 크게 두가지 유형으로 살펴 볼 수 있다. 경순왕이 원주를 거처 갔다는 설화와 경순왕 거주설화이다. 지금까지는 관찬사서에 기록된 내용이 아니면 믿지 않으려는 경향이 강하였다. 그러나 지금은 기록되지 않은 역사에서 패자나 소외된 역사의 부분을 찾으려는 노력들을 한다. 현재 원주에 남아 있는 경순왕과 관련된 설화와 유적들은 나름대로 경순왕과 무관하다고 볼 수만은 없을 것 같다. 어떤 연유에서건 유관성이 있는 것으로 여겨진다. 현재 원주에 경순왕과 관련된 유적은 귀래리의 황산사 등이 있다. 또한, 황산사는 경순왕의 영당이었다는 기록이 있는 것으로 보아 원주와 경순왕과는 밀접한 관련이 있었다는 것은 분명한 사실이라고 하겠다.

2. 고려 건국 전후 하남 지역의 호족*

1. 서론

나말여초의 지방세력들은 신라의 통제력을 벗어나 어느 정도 독립성을 갖는 존재들이었다. 이러한 사정은 경기도 일대의 지방호족들에게 있어서도 마찬가지여서 탈신라화 과정이 진행되었는데 평(죽)산 박씨와 같은 경우는 대표적이다. 특히 평산 박씨의 경우는 고구려 국계의식과도 관련이 있어서 선조인 朴赤烏는 고구려인의 태양인 三足烏의 이칭 '적오'를 이름으로 표현하고 있으며, 우두머리를 대모달이라는 고구려 용어를 사용할 정도로 탈신라화가 진행된 상태였다.

그러나 이러한 경기도 일대 호족의 분위기로 지금의 하남 일대에 퍼진 시대적 정서는 짐작할 수 있겠으나, 대표적인 호족이 누구인지는 현재 잘 알려져 있지 않다. 단지 광주의 유력 호족이 王規이고, 왕규가 왕실과 혼인을 통하여 자신의 실력을 확대했던 점 등을 들어 그를 대표적인 호족으로 상정하고 있는 정도이다. 그렇지만 광주는 지역이 넓어서 왕규의 세력이 크다고 하여도 유일한 호족으로 상정하기도 어렵다. 또한, 나말려초의 상황은 계속되는 전투로 특수한 경우가 아니고서는 일정한 지역의 호족이 계속하여 지배력을 유지하기도 쉽지 않은 시기였다. 그러므로 하남 지역의 호족도 선뜻 단정하기에는 어려운 상황이다.

---

* 본고는 2010년 8월 27일 하남역사박물관 주최로 개최된 '고려시대 하남 불교문화의 재조명'이라는 학술 세미나에서 필자가 발표한 내용의 요지를 기본으로 작성된 것이다.

특히 고려 전기 경기도 지역의 호족들을 보면 그 규모가 만만치 않았고, 대부분 중앙의 문벌귀족으로 되어가는 과정에 있었다. 파평 윤씨, 시흥 강씨, 이천 서씨, 인천 이씨, 양천 허씨, 안산 김씨 등이 모두 그러하다. 때로 이들 가운데에는 왕실을 능가할 정도의 세력을 떨쳤던 가문도 있다. 마찬가지로 하남 지역도 경기 일대에서 상당히 비옥한 토지와 뛰어난 자연환경을 지닌 곳으로 이곳에 기반을 둔 커다란 지방세력을 상정하는 것은 어렵지 않다. 그리고 이러한 추정은 현존하는 하남 일대의 유적과 유물이 근거를 제공한다고 할 수 있다. 그러나 문헌상으로 잘 나타나지 않을 뿐이다.

본고에서는 현재 남아 있는 하남 일대의 문화 유적과 유물을 통하여 고려 전기 하남 일대의 세력가가 누구였는가를 살펴보고자 한다. 이러한 검토는 하남 일대의 정치적 세력의 변화를 통하여 당시의 문화계에 까지 영향을 미쳤던 호족의 존재를 더듬어 가는 과정이기도 하다.

2. 하남의 역사와 불교유적 및 銘文瓦

하남의 역사와 문화는 여러 곳에서 소개되었다. 그리고 하남시의 홈페이지나 기타 여러 경로를 통해서 쉽게 접할 수가 있다. 그러나 본고에서 서두에 다시 하남시의 역사와 문화에 대한 약사를 언급하고자 하는 것은 현재 하남시의 공간성만으로 소급해서는 그 역사를 제대로 추정할 수 없기 때문이다.

『하남의 역사와 문화』에 '지금의 하남시는 1980년 12월 1일부로 광주군 동부읍으로 승격되었고, 1989년 1월 1일부로 하남시로 개편되었다. 하남시는 광주군의 동부읍, 서부면 전체와 중부면 일부가 분리되어 오늘에 이르고 있다. 하남의 경계를 보면, 북쪽으로 한강과 맞닿아 있고,

서쪽으로는 서울의 강동구와 송파구에 접한다. 남쪽으로는 성남시와 광주시 중부면에 접하며, 동쪽으로는 검단산과 마주친다.'라고 소개되어 있다.

위의 내용으로 본다면 하남시는 광주에서 분리되어 나온 새로운 행정구역으로, 광주의 팽창에 따라 취해진 조치라고 생각할 수가 있다. 그러나 이러한 생각은 하남에 대한 올바른 견해가 아니다. 하남시는 광주의 중심지역으로 서울의 확대로 말미암아 개발이 늦어진 지역으로 변하게 되었던 것이다.

하남시는 요즘의 평가기준인 면적으로 보면 작은 도시에 불과하다. 그러나 도시로서의 역할은 매우 중요했다. 하남시는 지금은 미사리 일대로만 한강에 접하지만, 그 이전에는 송파진과 광진진, 미음진 등의 중요한 수상 요충지로 인하여 한강 북안과 연결되며, 한강의 중요한 교통중심지를 배경으로 하여 문화·행정·교통의 중심지로 발달하였다. 조선시대에는 광주목의 목치였고, 여기서 '광주객사'라는 명문이 발견되기도 하였다. 그리고 이 일대에 국가교육의 중심이었던 광주향교가 있었다는 사실도 하남시 일대가 역사적으로 얼마나 중요한 의미가 있었는지를 잘 이해할 수 있게 한다.

하남시는 면적에 비하여 기능적인 면에서 큰 역할을 해왔던 것으로 추정해 볼 수 있다. 하남시는 광주군에 속해 있었으나, 실제로 광주의 중심지역이었다. 광주는 고려시대부터 불리던 명칭으로 조선시대에는 주치가 한때 남한산성에도 있었으나, 1910년 광주에 중부면을 설치하고, 군청을 이곳으로 옮기면서 하남시 지역은 광주군의 변두리지역으로 되고 말았던 것이다. 그 뒤로 하남시 일대는 서울의 변두리와 광주군의 변두리로 양 지역에서 모두 소외된 지역으로 변하고 말았다.

그러다가 현재의 신도시 개념에서 하남시의 존재가 다시 부각되게 되었다. 그러나 이웃한 분당 등과 같은 신도시의 개념과는 전혀 다른 도시

가 하남시이다. 그것은 하남시의 역사가 각 시대가 변하면서 도시의 부
침 속에서 일시적으로 쇠락하였던 것이지, 그 자체가 역사성이 없는 도
시가 아니라는 의미이다.

그리고 하남시의 역사와 문화가 다른 지역에 비하여 볼만한 것이 많
다는 것은 지금도 현존하는 유적과 유물들이 입증해 주고 있다. 특히 하
남시의 불교관계 유적들은 다른 분야보다도 수량이나 수준에서 비교할
수 없을 정도로 탁월한 면을 보여주고 있다.

이미 하남의 불교유적에 관해서는 여러 연구자들에 의하여 일정한 성
과가 수립되었다. 또한, 여러 차례의 발굴조사를 거쳐 뛰어난 불교문화
유산을 보유한 지역으로 인정되고 있다. 따라서 본고에서는 일반적인 사
항은 기존의 연구성과에 의존하기로 하고 불교유적과 관련된 출토명문
과 문헌기록을 통하여 고려 전기 하남의 호족들에 관해 알아보도록 하
자.1) 특히 근래에 발견된 명문들 가운데 불교유적과 관련하여 호족들의
정체를 밝힐 수 있는 것들이 출토되었으므로 이를 바탕으로 하여 하남
문화의 주인공들에 대한 검토를 해보고자 한다.

1) 최근 하남 지역 출토의 銘文瓦 분석

지금까지 고려 전기 하남 일대의 호족이 누구였는가에 대한 확실한 주
장은 없는 셈이다. 이 일대에 현재 남아 있는 거대한 불교사찰지나 수준
높은 예술품으로 일컬어지는 춘궁리에서 발굴된 철불과 같은 유물로 미
루어 보아 왕실과 밀접하면서도 굉장한 실력을 갖추었던 집단으로 추정

---

1) 하남시 일대에는 불교관련 유적이 여럿 있다. 그 가운데는 국보로 지정되어 국립
박물관에 소장된 춘궁리 철불이 있는가 하면, 동사지의 석탑 등 수준 높은 조각
품들이 남아 있다. 또한 그러한 출토품이 나왔던 유적지들도 현재 사적으로 지
정되어 있다. 그런데 이러한 유물과 유적을 만들었거나, 후원을 했던 사람들에
의한 내용은 명확히 밝혀진 바가 없다. 왕규로 추정하기도 하고, 애선·성달로 추
정하기도 한다.

하고 있다.

그리고 그 대상자는 왕규일 것으로 상정하는 연구자가 많은 편이다. 그러나 최근 발견된 교산동과 항동 일대의 건물지에서 발견된 명문와는 또다른 단서를 제공하고 있다. 교산동 건물지는 현재 향토유적 제 5호로 지정된 건물이며, 자연석의 대형 초석이 일정하게 지표면에 드러나 있었기 때문에 한때 한성백제의 왕궁지라는 주장이 제기된 적도 있다. 그리하여 하남시에서 1999년부터 2002년까지 기전문화재연구원에 의뢰해 4차에 걸쳐 발굴조사를 하였다. 그 결과 교산동 건물지는 통일신라시대 말부터 조선시대에 이르기까지 여러 차례 중창되었음을 확인할 수 있었다. 이 지역에서 출토된 유물은 귀면문·연화문 수막새·당초문 암막새 등의 막새류와 명문기와가 출토되었다. 이를 발굴 시기별로 정리해 보면 다음과 같다.[2]

> A-1. 제1차 서쪽건물지: 'O達伯士'·'大O'·'水上'
> -2. 제1차 남쪽건물지: 廣州·廣州客舍·廣·官·O達伯士·水上·官O·皮具
> -3. 제2차 서쪽건물지: ·成達伯O·成達·哀宣伯O·衆舍
> -4. 제2차 서쪽담장지: 謀·田·左
> -5. 제3차 남쪽담장지: 廣·戊戌年·哀宣·成達伯士

그리고 이 명문와를 근거로 성달과 애선을 인물로 보고 이들이 직·간접적으로 건물 조성에 관여했던 것으로 파악한 보고자가 있다.[3] 그러나 보다 구체적으로 성달과 애선과의 관련성을 천착한 경우는 없는 것 같다. 그런데 최근의 발굴에서 위의 인물로 추정했던 애선이라는 문자가 새겨진 명문와가 다시 발견되었다.[4]

---

2) 『河南 校山洞 建物址 – 發掘調査 綜合 報告書 –』(京畿文化財研究院·河南市, 2004)에서 발췌 정리한 내용이다.
3) 황보경은 이들의 신분을 통일신라말의 장군으로 보고 있다(황보경, 2004, 「하남 지역 나말여초 유적 연구」,『선사와 고대』21, 227쪽).
4) 춘궁동 393-5번지와 항동 121-3번지에서 애선백사 명 기와편과 관 명 기와편,

그리고 처음 교산동에서만 발견되었던 '애선백사' 명문와는 춘궁동과 항동에서도 출토되어 애선의 영향력이 상당히 넓다는 것을 확인하게 해 주었다. 위의 명문들은 당시 하남 일대의 호족과 그와 연관된 세력을 확인하는데 매우 중요한 단서를 제공한다. 위의 명문 가운데 일부는 전혀 의미를 알 수 없으므로, 본고에서는 관련 자료가 있는 성달백사·애선백사에 관하여 살펴보도록 하겠다.

먼저 백사라는 용어에 대하여 살펴보도록 하자. 『고려사』에서 애선은 대상과 장군으로, 성달은 명지성 장군으로 나타난다. 이 인물들이 동일하다면, 왜 그들의 칭호가 다르게 나타나는가를 살펴보아야 할 것이다. 『고려사』에 나오는 대상과 장군은 각각 관계와 무관직임은 잘 알려져 있다. 그러나 백사라는 용어는 봉업사의 기와편에서도 나타나고 있고,[5] 그 밖의 다른 데서도 발견되는 호칭이다.[6] 이런 것으로 보면 당시에 상당히 일반적으로 불렸던 호칭이라고 생각할 수 있다.

백사에 대해서는 몇가지 견해가 제시되었으나, 아직까지 확실하게 규명되지는 않고 있다. 백사의 출현시기는 통일신라시대에서 고려초에 이르기까지 금석문의 여러 곳에서 확인되고 있으며, 이들은 종이나 석탑 등을 만들었던 장인으로 파악되고 있다. 구체적으로는 '大士' 혹은 '伯士'라는 표현이 754년에 만든 '백지흑자대방광불화엄경' 발문에서 고려초인 963년에 조성된 古彌縣 西院鐘에 이르는 시기에까지 확인되고 있다.[7]

소성원보명 청동 주화 등이 발견되었다(김세민, 2010, 『하남시 문화유적 발굴조사보고서』, 하남역사박물관, 343쪽).

5) 『봉업사』(경기도박물관·안성시, 2002, 169·201쪽) 伯士 혹은 白士로도 나온다. 특히 봉업사에서는 能達이라는 고려 초의 청주 호족으로 나타나는 인물의 이름이 기록된 와편이 발견되었다. 그리고 이를 근거로 『고려사』에 나오는 청주인 능달과 같은 인물로 보고, 그 능달이 봉업사 창건에 깊이 관련하고 있는 것으로 파악하고 있다(경기도박물관·안성시, 위의 책, 474쪽).

6) 대표적으로 선림원종(禪林院鐘. 804)·보림사북탑지(寶林寺北塔誌. 870)·선방사탑지석(仙房寺塔誌石. 879) 등에서 발견되고 있다.

백사에 대한 해석으로는 '우두머리', '아버지의 형', '박사의 다른 표기로 장인' 등이 대표적이다. 그 가운데서도 박사의 이칭으로 장인, 즉 기술자를 의미한다는 견해가 가장 설득력을 얻고 있다.[8] 백사가 전문장인인 '博士'라는 견해에 따르면 박사가 통일신라시대가 되면서 '大伯士' 혹은 '伯士' 등으로 되어 지방으로 확대 분화되어 갔다고 한다.[9] 다시 말하면 '大伯士' 혹은 '伯士'는 문헌기록에 등장하는 '博士'(박사)와 성격을 같이 하는 것으로 '博士'라는 명칭이 점차 사회 일반에 확대됨으로써 그 음을 따서 중앙관사의 공장 뿐만 아니라 지방의 공장에게도 확대 적용된 결과가 '大伯士'나 '伯士'라고 추정하는 것이다. '大佰士' 외에 '次伯士'(차백사)라는 표현도 보이고 있는데, 大佰士는 공사를 총괄하는 최고 장인인데 비해 次伯士는 그 바로 아래에 위치한 2인자급 장인이며, 伯士는 장인에 대한 일반 명칭으로 장인의 계층 및 역할 분담과 관련하여 구분되었다는 것이다.[10]

지금까지의 해석 가운데 '우두머리'와 '아버지의 형'이라는 설은 신분이나 나이 등이 높거나 많다는 자연발생적인 면에서의 존칭이라고 할 수 있다. 한편 '백사=박사=장인'설은 종과 같은 유물에 기록된 것을 근거로 하여 기능적인 측면을 강조하고 있다. 그런데 박사를 단순히 장인이라고 하면, 조선시대와 같은 하층신분으로 오해할 소지가 크다. 박사는

---

7) 김창겸, 2004, 「彌勒寺址 石塔 발견 銘文의 大伯士奉聖」『白山學報』70, 白山學會.

8) 남동신, 1992, 『역주 한국고대금석문』제3권, 한국고대사회연구소편, 395쪽.

9) 백사라는 명문이 보이는 선림원종(禪林院鐘. 804)·보림사북탑지(寶林寺北塔誌. 870)·선방사탑지석(仙房寺塔誌石. 879) 등에는 대체로 '伯士'라는 두 글자를 '伯'자 밑에다가 '士'자를 붙여 한 글자처럼 표기하고 있다. 고려초에 조성된 고미현 서원종에는 '伯' 대신 일백 '百'자를 쓰기도 한다.

10) 박남수, 1996, 『신라수공업사』, 신서원. '大佰士'와 같은 용어는 미륵사지 석탑에서 출토된 명문이기도 하다. 대백사에 대해서는 '무엇을 가리키는지는 알 수 없다. 원래 대백은 장관 중의 우두머리를 가리키거나 아버지의 형을 가리킨다(최연식, 1992, 『역주 한국고대금석문』제3권, 한국고대사회연구소편, 335쪽).

고대사회에서 전문직으로 예우직이었다. 일본서기에 백제에서 건너온 문화를 이야기할 때 '와박사'가 왔다는 사실을 기록할 정도로 장인 성격의 '와박사'를 별도로 기록하고 있는 것을 볼 때 그러하다. 그리고 고려시대로 보면 박사는 장인이 아니라 '오경박사' 등 여러 문한 분야의 전문직으로 인정을 받고 있었다. 그러므로 박사를 장인으로만 보아서는 무리한 감이 있다고 할 수 있다. 실제로 신라의 종명에 나오는 장인으로 추정되는 박사의 신분이 4두품의 대나마, 나마 등으로 나타나는 것을 보면 왕경인으로 중간 이상의 신분이었던 것을 알 수 있다. 그러므로 종을 만드는 사람은 당시에는 고급 금속기술을 취득하고 있었던 계층으로 보아야 하며, 왕경인으로 일정한 신분적 안정을 취하고 있었던 계층으로 보아야 할 것이다.

그리고 '백사는 박사'라는 단정은 다소 불안한 감이 없지 않다. 보림사석탑지의 명문을 참고하면 달리 생각해 볼 수 있다.

    <북탑지>
   (四) 西原部 小尹 奈末
      金邃宗聞奏　奉
      勅伯士及干 珎鈕[11]

   (서원부 소윤 나마 김수종이 아뢰었고 칙명을 받들어 (탑을 조성한) 우두머리는 급간 진뉴이다.)[12]

위의 내용에서는 백사를 '박사=장인'으로 해석하지 않고 우두머리로 해석하고 있는데, 오히려 이 해석이 더 타당하게 느껴지는 것이다. 그 까닭은 서원부의 차관급인 소윤 김수종의 관등이 나마인데 비하여 종을 만드는 장인 진뉴의 관등은 9위인 급간이기 때문이다. 탑을 만드는

---

11) 김남윤, 1992,『역주 한국고대금석문』제3권, 한국고대사회연구소편, 332~334쪽.
12) 김남윤, 위의 책, 335쪽.

장인의 관등이 소경의 차관보다 상위에 있기 때문이다. 그러므로 백사를 '박사=장인'으로 읽을 수 있는 경우도 있지만, 그와는 다르게 우두머리라는 의미의 상징적인 호칭으로 보아도 무방하지는 않을까 한다.[13]

그렇다면 애선백사와 성달백사에 대해서도 일정한 해석이 가능하리라고 여겨진다. 백사는 '백사=박사=장인'설을 따르게 된다면 애선과 성달은 기와에서만 이름이 발견되므로 '瓦博士'라고 할 수 있을 것이다. 물론 '와박사'라고 하여도 그다지 낮은 신분의 인물들은 아니지만, 그보다는 이 지역의 '우두머리'라고 할 수 있는 명망가들 정도로 해석하는 것이 어떨까 생각한다. 그리고 백사는 봉업사의 예를 볼 때 '官'이라는 명문와와 함께 출토되는 것으로 보아 국가에서 제정한 호칭이라기 보다는 '士'로 인정되는 자연발생적인 지역의 명망가로 보아도 되지 않을까?[14]

백사의 어원에 대해서는 명확하지는 않지만, 그 칭호가 자연스러운 일반적인 것이라고 한다면 자전적 의미로 해석해도 무의미하지는 않다고 생각한다. 한자의 어의를 보면 '伯'은 장자를 뜻하는 것이고, 그 중에서도 가장 나이 많은 장자를 의미한다. 그리고 '士'는 선비, 혹은 능력있는 사람에 대한 칭호이다. 그렇다면 '伯士'는 아주 자연스럽게 '나이 많고 능력 있는 사람'으로 해석을 할 수 있을 것이다. 다시 말하면 '한 지역을 통솔하는 인물'이라는 의미로서 요즘의 학계에서 통용되는 호족적 존재이며 『고려사』에 '長者'로 표현되는 위치의 인물로 볼 수 있지 않을

---

13) 그 어원은 박사에서 유래했을 수도 있다.

14) 봉업사에서 함께 출토된 와편에 '士' 계통과는 다른 '皆次官'과 '西州官'이라는 명문도 나온 것(『봉업사』, 2002, 안성시)으로 보아 '官' 계통의 직과 달리 불렸던 듯 하다. '관'이라고 하는 일정한 국가기관에서 부여하는 것과는 다른 일반적인 호칭이었을 것으로 추정이 가능하다. 이렇게 본다면 애선과 성달은 기와를 전문으로 다루는 장인이라기 보다는 이 일대의 명망가로 보는 것이 좋을 것 같다. 봉업사에서 청주 호족으로 추정되는 能達의 이름이 있는 能達伯士 기와편이 발견되었다.

까 생각한다. 실제로 장자라는 용어의 사용 예를 보면 그러하다.

> B. 신혜왕후 유씨는 貞州人으로 三重大匡 天弓의 딸이다. 천궁은 집이 크게 부유하여 읍인이 長者라고 칭하였다. 왕건이 궁예를 섬겨 장군이 되어 군사를 거느리고 청주를 지나다가 버드나무 고목 아래서 말을 휴식시키는데 후가 길가 냇가에 서 있었다. (왕건이) 그 덕용 있음을 보고 '너는 누구의 딸이냐'고 물으니 대답하기를 '이 고을 장자의 딸입니다'라고 하였다. 그리하여 왕건이 잠을 자기에 이르렀는데, 그 집에서 군대를 심히 풍족하게 향응하고 후로써 시침하게 하였다.[15]

위의 내용에서 장자라는 존재가 나타나는데, 이들이 바로 백사와 같은 것이 아니었을까 추정된다. 장자인 유천궁은 집이 크게 부유하여 읍인이 '長者'라고 칭하였다는 것이다. 바로 이 장자에 대해서 연구자들은 이 시기의 호족적 존재로 보는 것에 크게 이견을 보이지 않고 있다. 이들은 군사력보다는 경제력으로 자신들의 지역에서 '長者'로 불렀다는 것이다. 실제로 유천궁은 경제력이 상당할 뿐만 아니라 그와 관련된 자료를 검토하면, 그가 상당한 선박 기술자라는 사실도 알게 된다. 다음의 기록을 참고로 해 보자.

> C-1. 수군을 거느리고 광주 염해현에 이르러 견훤이 오월에 보내는 배를 나포하여 돌아오니 궁예가 매우 기뻐하여 흐뭇하게 襃獎하고 다시 왕건으로 하여금 전함을 정주에서 정비하게 하고 알찬인 宗希와 金彦 등으로 부장을 삼으매 군사 2,500인을 거느리고 나아가 광주 진도군을 쳐서 이를 빼앗고 전진하여 고이도에 이르렀다.[16]

> -2. 궁예가 또 말하기를 "수군장수가 미천하여 능히 직을 위압할 수 없다"하고 왕건의 시중직을 해임하여 다시 수군을 거느리게 하니 정주포구에 나아가서 전함 70여 척을 정비하여 병사 2,000인을 싣고 나주에 이르니 백제와 해상의 좀도둑들이 왕건이 다시 온 것을 알고 모두가 두려워 하여

---

15) 『고려사』 권88, 후비1 신혜왕후 유씨조.
16) 『고려사』 권1, 태조세가 양 개평 3년 기사조.

감히 움직이지 못하였다.[17)]

위의 두 기사를 검토하면 정주 지역은 상당한 위치에 있는 수군 관련 기지임을 알 수 있다. 왕건이 해상으로 나아갈 즈음이면 정주에 들러서 배를 정비하고 나가는 것이다. 그렇다면 당시에 이곳 정주에서 해상과 관련된 정보와 선박에 대한 기술을 소지하고 있었던 집단은 누구일까? 국가에서 양성한 수군이 아니라면 자생적인 집단으로서는 정주의 장자인 유천궁 집단을 상정하지 않을 수 없다. 그러니까 유천궁은 선박과 관련된 기술을 통하여 성장하였고, 이를 바탕으로 호족의 반열에 들어설 수 있었던 것이다. 그는 왕건에게 선박의 수리나 그 밖의 경제적 지원을 아끼지 않았고 자신의 딸과 혼인까지 시켜 문벌귀족가문으로 성장할 수 있었다.

이러한 유천궁의 예로 미루어 보아 '백사'가 '장자'와 같은 존재로서 이름만 다르다면, 백사라는 칭호를 붙인 '애선'과 '성달'은 실존 인물임은 물론이거니와 이 지역의 호족으로 말할 수 있을 것이다.[18)] 성달과 애선이라는 글자가 백사라고 하는 호칭과 함께 명문화된 기와가 다량 출토된다는 사실은 교산동의 건물지와 그만큼 관련이 깊었기 때문으로 보아야 할 것이고, 앞에서도 확인한 바와 같이 애선과 성달의 경제력이 교산동의 건물지를 완성하는데 많은 도움을 주었을 것으로 보인다.

그렇다면 과연 애선과 성달은 어떤 정도의 실력을 가진 인물이었으며, 구체적으로 어느 지역과 관련이 있는 인물이었을까? 하남과의 연관성은 어느 정도였을까 하는 점을 살펴보고자 한다.

---

17) 『고려사』 권1, 태조세가 건화 4년 갑술조.
18) '백사=박사'설에 따르게 되면, 애선과 성달은 '와박사'가 된다. 이들이 와박사라고 하여도 그 기술로 인하여 충분히 호족으로 성장할 수 있었을 것이다. 건축기술자 출신의 무장들은 적지 않다. 임진왜란 때 조선을 침범하였던 가토오 기요마사(加藤淸正)나 토오토오 다카도라(藤堂高虎)와 같은 인물은 유명한 축성기술자이다.

먼저 성달보다 더 넓은 지역에서 이름이 보이는 애선에 대하여 살펴보도록 하자. 애선은 성달이 교산동 일대에서만 명문와가 출토되었던 데 비하여, 애선은 춘궁동과 항동일대까지 포괄적으로 명문와가 출토되고 있어 하남과 훨씬 밀접한 관련이 있는 것으로 여겨진다. 물론 앞으로 이 지역의 발굴 여하에 따라 상황이 어떻게 변할지는 모르지만 현재까지의 결과로만 본다면 성달보다 애선 쪽이 여러 지역에서 이름이 있는 기와편이 발견되는 것으로 보아 하남시와의 친연성은 성달보다 더 강한 것으로 여겨진다.

한편 애선의 세력은 어느 정도였을까? 이와 관련하여 다음의 사료가 참고 될 것이다.

> D. 갑신(태조) 7년(924) 추7월에 견훤이 아들 수미강과 양검 등을 보내어 曹物郡을 공격하거늘 장군 애선과 王忠에게 명하여 이를 구원하게 하였는데, 애선은 전사하였다. 郡人이 굳게 지키니 수미강 등은 이기지 못하고 돌아갔다.[19]

위의 내용은 애선이 조물성 전투에서 전사하였다는 소식을 알려주고 있다. 그런데 이 전투를 보면 애선이 전사하였지만, 그가 용전하였다는 내용은 없다. 그보다는 그 지역인이 굳게 지켜 후백제군을 막아내었음을 강조하고 있다. 바꾸어 말하면 애선의 전사에 대하여 그리 애석해하지 않는다는 의미이다. 그러나 위의 기록에서 주목해야 할 것이 애선이라는 인물의 위치이다. 애선은 장군으로서 왕충과 함께 출전하였는데, 왕충보다 상위에 있다. 다시 말하면 조물성의 방어에 있어서 최고 책임자였던 것이다. 조물성은 당시 후백제와의 최대 접전지로서 많은 책임 있는 인물들을 파견하였는데, 애선이 바로 그 인물이었던 것이다.

조물성의 전투와 위치의 중요성을 파악하기 위해서는 다음의 기록이

---

19) 『고려사』 권1, 태조세가.

참고된다.

E. (박수경) 왕건을 섬겨 원윤이 되었다. 백제가 자주 신라를 침범하매 왕건이
수경을 명하여 장군을 나아가서 진수토록 하였다. 마침 견훤이 다시 오거
늘 수경이 곧 奇計로 패주시켰다. 조물군싸움에서 왕건이 삼군을 나누어
대상 제궁으로 상군을 삼고, 원윤 왕충으로 중군을 삼고 수경과 은녕으로
하군을 삼아 싸우기 시작하매 상군과 중군은 失利하였으나 수경 등은 홀
로 싸워 이기니 왕건이 기뻐하여 원보로 승진시켰다.[20]

위의 기록은 애선이 전사한 다음의 전투에서 애선의 하위 장군이었던
왕충이 참전한 내용이다. 여기서 전투 대형을 보면 왕충은 원윤으로 중
군을 맡아 전투에 임하고 있다. 비록 전투에서 큰 전과를 올리지는 못했
지만, 애선이 전사한 전투 이후에도 지휘관의 위치를 잃지 않고 있다.
이를 미루어 보아 애선이 924년 전투에서 전사할 당시의 지위가 만만치
않았음을 알 수가 있다.

그렇다면 애선의 이러한 위치는 어디서 비롯된 것일까? 왕건으로부터
부여받은 것이었을까? 이와 관련해서 다음을 기록을 살펴보도록 하자.

F-1. (태조 원년) 홍유 … 일등으로 삼고 … 왕건이 청주의 반측을 걱정하여
홍유와 유검필로 더불어 군사 1천5백을 거느리고 진주를 전정하여 이에
대비하니 이로 말미암아 청주가 반란을 일으키지 못하였다. 대상으로 遷
拜하였다.

-2. (태조 2년, 919) 烏山城을 고쳐 禮山縣이라 하고 홍유와 大相 애선을 보
내어 유민 5백 호를 안집시켰다.[21]

위의 내용은 고려의 개국일등공신인 홍유의 무용담을 소개하기 위하
여 서술된 『고려사』 홍유 열전의 내용이다. 여기에서 애선은 홍유와 함

---

20) 『고려사』 권92, 열전 박수경전.
21) 『고려사』 권92, 열전 홍유전.

께 백성들을 안집시키기 위하여 예산현으로 가고 있다. 그리고 이때 그
의 관계는 대상이다. 여기서의 대상은 왕건이 설정한 관계가 아니라 궁
예 때의 관계를 왕건이 답습하던 시절의 것이다. 그러므로 애선은 9단계
궁예 관계에서 3위에 해당하는 높은 지위이다. 그리고 C-1을 보면 홍유
는 대상이라는 관계를 매우 어렵게 획득하고 있다. 홍유는 일등공신임에
도 불구하고 유검필과 함께 청주 지역의 반역을 예방하기 위하여 출정한
공으로 대상에 오르고 있는 것이다. 대상이란 관계가 쉽게 오를 수 있는
지위가 아닌 것이다. 이러한 사실로 미루어 볼 때 애선의 실력은 상당한
것이었음을 알 수 있다. 그리고 그 실력은 궁예 이전부터 획득하고 있었
던 것이었음도 알 수 있다.

다음은 성달에 관하여 살펴보도록 하자. 이에 관한 기록은 다음과
같다.

> G. 계미(태조)6년(923) 춘3월 신해, 命旨城將軍 城達이 그의 아우 伊達·端林
> 과 함께 내부하였다.[22]

위의 기록으로 보면 城達[23]은 명지성 장군으로 그 직위가 표현된다.
애선의 출신지역에 비하여『고려사』기록은 성달에 대해서는 확실하게
나타나고 있다. 성달은 포천 지역 출신이라는 점에서 교산동 건물지를
지을 때 기와를 헌정한 인물로 볼 수 있을 것 같다. 하남에서 포천은 그
리 먼 거리라고 할 수는 없을 것이기 때문에 주변의 지원을 받았을 것으
로 생각된다.

그런데 성달은 명지성의 장군으로 923년 3월에 왕건에 귀부하고 있
다. 장군이란 호칭은 독립적 상태의 세력들이 자칭, 타칭하던 칭호이다.

---

22)『고려사』권1, 태조세가.
23) 成達과 城達이 다른 인물일 것으로 추정할 수도 있으나, 이 시기에 申萱과 莘萱
   을 동일 인물(신호철, 1993,「후삼국 건국세력과 청주지방세력」『호서문화연구』
   11, 78쪽)로 보는 것은 일반적이라고 할 수 있다.

그러나 당시의 상황을 고려하면 성달은 독립적 상태로 있다가 바로 왕건에게 귀부한 것으로 볼 수는 없다. 이 시기는 왕건이 궁예를 전복시킨 뒤 많은 호족들이 자립을 선포하였던 시기였다. 궁예에 의하여 태봉으로 통일되었던 국가가 왕건의 반역으로 다시 호족의 분립상태로 돌아간 시기였다. 공주 세력과 명주의 김순식 등이 대표적 예이다. 철원과 지역적으로 연결되어 있던 포천 지역의 장군이었던 성달도 아마 왕건의 반역에 대하여 불만을 품었던 것 같고, 923년이 되어서야 왕건과 다시 손을 잡게 되었던 것으로 추정해 볼 수 있을 것 같다. 성달과 같은 경우, 포천을 중심으로 한 지역은 이미 궁예에게 복속된 지역이었기 때문이다. 따라서 성달은 918년 왕건이 궁예를 전복하자 반왕건의 기치를 내걸었다가 923년 3월에 귀부하는 것으로 보아야 하는 것이다.[24] 그렇다면 성달은 왕건이 반역을 선포하자 자신이 독립 선언을 해도 될만큼 왕건과의 상대적 실력에서 열세라고 생각하지 않았던 포천 지역의 호족으로 그 정치적 성격을 설정할 수 있을 것 같다.

한편 성달이 왕건에게 귀부한 이후의 행적은 어떠했을까? 이에 관해서는 전혀 기록이 없어서 확인을 할 수가 없다. 그러나 그가 있었던 명지성의 변화를 통해 어느 정도 살펴 볼 수는 있을 것이다. 다음의 기록을 보자.

H. (태조) 11년(928) 8월에 충주로 행차하였다. 견훤이 장군 관흔을 시켜 양산에 성을 쌓으므로 왕이 명지성 원보 왕충에게 명하여 군사를 거느리고 쳐 쫓게 하였더니 관흔이 물러가 대량성(합천)을 지키면서 군사를 풀어 대목군의 곡식을 베어 들이고 드디어 오어곡에 분둔하니 죽령 길이 막히므로 왕충 등에게 명하여 가서 조물성을 정탐하게 하였다.[25]

위의 내용은 애선의 휘하 장수였던 왕충과 관련된 내용이다. 왕충은

---

24) 당시의 상황은 이흔암, 배총규 등 반왕건 세력이 독립화하는 경향을 보였다. 명주의 김순식도 대표적인 경우였다.
25) 『고려사』 권1, 태조세가.

928년에도 조물성을 정탐하고 있는데, 이때 그의 직위가 명지성 원보이다. 왕충은 앞서의 전투에서 그다지 전공이 없었는데, 원윤에서 원보로 두 단계 관계가 상승한 채로 명지성의 책임자가 되었다. 그리고 성달은 사료에 나오지 않는다. 이러한 상황은 아마도 성달이 사망한 자리를 왕충으로 채웠거나, 아니면 어떤 구실로 성달을 제거하고 왕충을 세웠는지 잘 알 수가 없다. 단지 이유가 있다면, 왕충이 사성일 가능성을 배제할 수는 없지만, 그가 왕실이었기 때문이라고 추정할 수 있다. 그것이 어떻든 928년 이전에 성달은 명지성에서 실력을 상실한 것으로 추정된다.

이상으로 성달과 애선의 지역적 성향과 실력 정도를 살펴보았다. 애선에 대해서는 지금의 하남 지역 출신 호족으로 성달과 마찬가지로 궁예 때 대상이라는 관계를 획득하였고, 왕건의 쿠데타에 반왕건적 성향을 보이지는 않았던 인물로 파악하였다. 애선은 고려 초에도 자신의 실력을 어느 정도 유지할 수 있었으나, 924년의 조물성 전투에서 전사에 이르고 만다. 한편 성달은 기록과 같이 포천 지역을 기반으로 한 호족 출신으로 궁예 때도 일정한 세력을 유지하다가 왕건의 반역으로 반왕건적 성향을 보였던 인물로 파악하였다. 그러다가 성달은 923년에 왕건에게 귀부하였고, 928년 이전에는 그 세력을 상실한 것으로 추정하였다.

그리고 애선과 성달의 공통적인 정치적 성격은 자신들이 일정한 지역에서 경제적인 기반을 바탕으로 호족으로 성장한 뒤, 궁예 정권 때 그의 직제에 흡수되었던 인물들이라는 점으로 파악하였다. 물론 두 사람은 왕건의 반역으로 자신들의 입장이 달라지지만, 어느 시기엔가 교산동 건물지에 공동으로 지원을 하였던 그러한 처지에 있었던 인물들로 추정하였다.

2) 교산동 건물지의 창건 및 완공연대 추정

다음으로 교산동 건물지의 창건 및 완공연대를 살펴보도록 하자. 애선과 성달이라는 이름의 기와가 있는 것으로 보아 이들이 교산동 건물지와 밀접한 관련이 있는 것은 분명하다. 특히 주변의 춘궁리와 항동 일대까지를 포함하면 애선이라는 인물의 영향력은 절대적이라고 할 수 있다. 또한 건물의 창건 및 완공도 이들과 결코 무관할 수 없다.

『고려사』의 기록만으로 보면 애선과 성달은 결코 관계가 있어 보이지 않는다. 그러나 교산동 건물지의 기와조각에 의하면 이들은 매우 가까운 관계에 있다. 이들의 관계를 밝히는 것이 교산동 건물지의 역사를 알게 하는 계기가 된다.

먼저 애선과 성달이라는 인물이 동시에 기와를 제공할 수 있었던 시기를 살펴 보도록 하자. 『고려사』에 따르면 애선은 924년 추7월에 조물성 전투에서 전사를 한다. 그러므로 애선의 경우에 있어서 '애선백사'라는 명문이 있는 기와를 기증할 수 있는 시기는 924년 이전의 어떤 시기라고 해야 할 것이다. 한편 성달에 있어서는 '성달백사'라는 명문와를 기증할 수 있는 시기가 923년 3월 이후부터 928년 8월 이전의 시기로 추정이 가능하다. 그런데 기와를 기증하는 시기가 두 사람이 살아 있을 경우로 한정한다면, 『고려사』에서 알려준 시간대에서는 '성달백사'와 '애선백사'의 명문와가 동시에 나올 수 있는 시기는 923년 3월 이후부터 924년 7월 정도까지로 추정할 수 있다. 그러나 이 시기는 애선의 경우로만 보면, 조물성 등의 전투에 투입되어 불사에 전념하기는 어려웠을 것이다. 물론 왕건이 전투시에도 불사를 계속한 것으로 보면 애선의 경우에도 불가능하지는 않았을 것이다. 그러나 상당한 시간이 소요되었을 것이다. 그러므로 애선과 성달이 동시에 불사를 할 수 있는 시기로 923년 3월 이후부터 924년 7월 정도까지의 시기는 너무 촉박한 감이 없지 않다.

그렇다면 애선과 성달이 교산동 건물지를 후원할 때는 923년 3월 이후부터 924년 7월까지라기 보다는 그 이전의 어느 시기로 보는 것이 마땅할 것 같다. 좀더 구체적으로 살펴 본다면 왕건이 궁예를 전복하기 이전으로 소급해 볼 수 있을 것이다. 기와를 올리는 것은 건축상에 있어서 가장 마지막 단계이다. 그러므로 교산동 건물지가 창건 결정을 923년 3월에 했다고 하더라도 그 짧은 시간에 어떻게 기와를 올리는데까지 진행되는 것이 가능했을까? 물론 그게 아니더라도 그 시기에 기와만을 중창 내지 보수를 했을 수도 있다. 그렇다면 교산동 건물지의 완공연대는 더 소급이 될 것이다.[26]

실제로 발굴 결과에서도 통일신라 말기의 유물이 많이 출토되고 있다고 한다. 그런데 여기서 재고해야 할 것이 바로 태봉이라는 국가의 설정이다. 통일신라 말기를 후삼국이라고 하면서 실제 시기구분은 통일신라 말기와 고려 초로 흡수해 버리고 있다. 분명한 것은 태봉이나 후백제의 역사를 찾으려고 하지 않는다는 점이다. 미술사에서는 태봉 일대의 석불 조각에 대한 일정한 형식을 찾으려는 노력이 진행되고 있다. 그러나 정치사나 기타 분야에서는 아직도 그러한 노력이 없다고 보인다.

교산동 건물지를 통하여 하남 일대의 호족을 밝히려고 하는 노력은 이 일대의 호족이 후삼국시대의 시대적 성격을 알려 주는 의미를 가진다고 여기기 때문이다.

한편 애선의 戰死와 성달의 세력이 소멸된 뒤에 이 일대의 호족 세력으로는 어떤 인물들이 있었을까? 기록상으로는 애선이나 성달의 세력이 뒤를 이은 것 같지는 않다. 그런데 명지성의 호족으로 원보로 나타난 왕충이 대치된 것으로 보면, 이 지역의 호족세력은 왕씨를 중심으로 한 세력으로 대치되었을 것이다. 이러한 추정을 근거로 왕규와 같은 세력이 대치됨으로써 신라 말의 호족출신으로 궁예 정권에서 활약을 하였던 세력들이 서서히 사라져 갔을 것으로 추정해 본다.

---

26) 이를 통일신라말기가 아니라 태봉시대라고 하는 것은 실제로 당시의 국가 명분이 태봉이었기 때문이다. 당시 후삼국의 성격을 분명히 하고자 함이다.

3. 천왕사와 호족

하남의 불교유적 가운데 천왕사는 그곳에서 출토된 철불의 미학적 수준이나, 사찰의 경내 규모를 볼 때 무언가 대단한 실력자들의 뒷받침이 없고서는 어려울 것이라고 많은 연구자들이 주장하고 있다. 이 사찰의 단월에 해당할 만한 실력가는 누구였을까?[27]

이에 대하여 많은 연구자들이 왕규를 꼽고 있다.[28] 그런데 왕규의 실질적인 등장은 937년부터이다. 물론 현재 전하는 사료의 내용만을 절대적으로 믿을 수는 없지만, 어차피 사료의 한계를 인정한다면 왕규는 937년에 처음 후진에 보내진 것으로 나타난다. 937년은 왕건이 후백제를 물리치고 호족통합을 완성한 다음 해의 일이다. 이 해에 왕규가 후진에 사신으로 갔다면, 굉장한 중책일 수 있다. 그러므로 그 이전부터 왕규와의 관련은 깊었을 것이다. 그런데 왕규와 천왕사와의 관계는 전혀 나타나지 않고 있다. 왕실과의 혼인관계 등 정황상으로 본다면, 광주 출신이 분명한 왕규가 천왕사를 비롯한 하남 일대의 호족일 가능성이 크다. 특히 사나사와 관련 있는 양평의 호족 함규가 사성을 받아 왕규가 된 것이라면 더 구체성을 띠게 된다.[29]

왕규와 함규가 동일인일 가능성은 충분하지만, 그렇다고 하여 하남 일대가 왕규의 세력권이었다고 하기에는 다소 이견이 있을 수 있다. 자연지리적 조건이 우선했던 당시를 고려하면 평야나 강의 수운이 훨씬 활

---

27) 김두진 교수는 천왕사가 왕건의 세력권에 있었다고 하였다(김두진, 1981, 「왕건의 승려결합과 그 의도」 『한국학논총』 4, 147쪽).

28) 최성은, 1995, 「고려초기 광주철불좌상 연구」 『불교미술연구』 2, 동국대학교 불교미술문화재연구소, 28~32쪽.

29) 최성은, 1995, 위의 책 ; 강희웅, 1977, 「고려 혜종조 왕위계승란의 신해석」 『한국학보』 7의 주장이다.

발했던 하남 일대에 독자적인 호족세력이 없었을 리가 없다. 그러므로 천왕사의 창건 및 완공연대와 왕규와의 관련성을 다시 한번 확인해 보아야 할 것 같다.

현재 광주 천왕사로 추정되는 지역은 일단 '天王'이라는 명문와가 출토되어 현재 위치가 분명하다고 하겠다. 그리고 천왕사가 나말려초에 있었다고 하는 기록도 '고달원원종대사혜진탑비'의 내용에서 확인할 수가 있다. 당에서 유학을 하고 돌아온 원종대사 찬유가 왕건에게 귀부하자, 왕건은 원종대사를 지금의 하남에 있는 천왕사에 머물도록 권하고 있다. 그 사정은 다음과 같은 내용으로 미루어 짐작해 볼 수 있다.

> I.-1. (태조)대왕은 (원종)대사가 현도를 원만히 행하고 법신을 충분히 갖추었다고 하여, 광주 천왕사에 머물기를 청하므로 그곳에 머물렀다. 그 곳(천왕사)에 있더라도 세상을 교화시킬 수 있었지만, 혜목산은 노을진 뫼가 강연하는 자리에 너무도 적절하고 구름 낀 계곡이 선승의 거처로서는 매우 흡족하기 때문에, 그곳(혜목산 고달원)으로 옮겨 머물렀다.[30]

위의 내용으로 보면 천왕사는 이미 태조 대에 건립이 되어 있었던 것으로 여겨진다. 그리고 다음 기록을 통하여 천왕사의 건립 연대를 보다 구체적으로 살펴볼 수 있다.

> J-1. 이에 붕새(원종대사)는 반드시 천지에서 변하고 학은 요해에 돌아가기 마련이라고 생각하여, 애초부터 끝까지 돌아갈 것을 잊지 않다가, 때마침 귀국하는 본국의 배를 만나 동쪽으로 노질하여, 정명 7년(921, 경명왕 5) 가을 7월 강주 덕안포에 닿았다. 곧장 봉림으로 가서 진경대사를 찾아 뵈었다.
> -2. 스승이 … 조용히 이르기를 "사람은 노소가 있으나 법에는 선후가 없다. 너는 여래의 밀인을 차고 가섭의 비종을 깨쳤으니, 마땅히 삼랑사에 머물러 선백이 되어야 한다"라고 하였다. 대사는 그 뜻을 받들어 그 곳에 머물렀다.
> -3. 겨울을 세 번 보낸 뒤에 생각하기를, '이 절은 진실로 도를 즐길만한 청

---

30) 1996, 『역주 나말려초금석문』(하), 한국역사연구회편, 혜안, 382쪽.

아한 집이며 선에 안주할 만한 좋은 장소이나, 새도 나무를 가려서 깃드
는데 나라고 어찌 무익하게 한 곳에 얽매어 있겠는가'하였다. … 곧장
개성으로 가서 마침내 태조대왕을 배알하였다.[31]

위의 내용은 원종대사가 중국 유학을 마치고 온 뒤 몇 년간의 사정을
전해주고 있다. 위의 내용에 따르면, 원종대사는 921년에 귀국을 한다.
그리고 바로 봉림의 진경대사를 찾아가 삼랑사에 머물 것을 권유받고 그
곳에서 3년(세 번 겨울, J-3)을 머물게 된다. 그리고 그가 왕건을 만나게
된 시기는 924년에 해당되는 것이다.[32] 그러므로 원종대사가 광주 천왕
사에 住錫을 하게 된 시기는 924년이다. 그 뒤 원종대사가 천왕사에 얼
마나 오랫동안 머물렀는지는 잘 알 수가 없다. 단지 여기서는 천왕사의
실체가 924년 이전에 이미 건립되어 있었던 것만은 확인이 된다. 그러나
앞에서도 본 바와 같이 사찰의 건립이라는 것이 상당한 시간을 요하는
작업이므로 천왕사도 924년에 완공된 건물이 있었다는 것을 보면, 이미
그 이전 궁예 정권 때에 창건을 시작하였거나, 그 이전으로 보아야 할
것이다.[33]

그렇게 본다면 천왕사의 단월로 왕규를 상정하는 것은 무리로 보인다.
왕규와 함규가 동일인이라고 한다면, 이 시기에 양평을 근거로 했던 함씨
세력이 이 일대까지를 점거하기는 어렵다고 보이기 때문이다. 한편 왕건이
여엄으로 하여금 913년에 보리사의 산 반대편에 용문사를 창건하게 하였
으며, 923년에 다시 미지산 서쪽 산 너머에 사나사를 창건하게 하였다[34]

---

31) 1996, 『역주 나말려초금석문(하)』, 한국역사연구회편, 혜안, 380~381쪽.
32) 황보경은 921년으로 보고 있다(황보경, 2004, 「하남지역 나말여초 유적 연구」
　　『선사와 고대』 21, 230쪽).
33) 고려를 재건하고자 했던 왕건은 개태사 등의 사찰을 창건하였다. 그런데 여기에
　　천왕사는 보이지 않는다.
34) 왕건이 여엄을 913년에 보리사의 산 반대편에 용문사를 창건하게 하였으며, 923
　　년에 다시 미지산 서쪽 산 너머에 사나사를 창건하게 하였다(권상로, 「봉은사말
　　지」『한국사찰사전』상, 897쪽. 최성은의 1995, 「고려초기 광주철불좌상 연구」『불

는 내용으로 보면, 하남 일대에도 용문사의 창건과 같은 불사가 당연히 있을 수 있는 사실로 보인다. 그러므로 천왕사는 하남 일대를 근거로 한 독자적인 세력권을 형성하고 있었던 호족에 의하여 이루어진 것으로 보아야 마땅할 것이다. 그렇다면 자연스럽게 궁예 정권 아래서 성장했다고 여겨지는 애선이나 성달과 같은 인물들을 상정해 볼 수가 있다. 다시 말하자면 천왕사와 그 일대의 거대한 불교유적들은 애선이 사망하기 전인 924년 이전에 완공이 되었던 것으로 보아야 하며, 창건연대는 훨씬 더 앞선 시기였을 것으로 추정되는 것이다.

그런데 천왕사와 원종대사, 그리고 왕건과의 관계를 생각하면 천왕사의 格에 대하여 살펴볼 수가 있게 된다. 먼저 원종대사는 958년(현덕 5년, 광종 9) 가을 8월 20일에 입적을 한다. 이때 나이가 90이고, 승랍은 69년이었다. 그러므로 천왕사에 처음 주석을 할 때의 나이가 56세, 승랍은 35년 무렵이 된다. 비는 그 뒤 975년에 건립된다.[35] 유학승으로 귀국할 때의 나이가 53세인 원종대사를 이곳에 56세에 왕건이 주석을 하라고 했다는 것은 천왕사와 왕실과의 관계가 밀접했었다는 것을 의미한다고 할 수 있다.[36]

교미술연구』 2, 동국대학교 불교미술문화재연구소에서 재인용). 신빙성이 떨어지는 사료이지만, 913년에 왕건의 지시로 지었다고 하였는데, 당시는 태봉의 통치 아래 있었다.

35) 승려. 성은 金, 자는 道光. 881년(헌강왕 7) 慧目山의 審希에게서 불법을 배웠다. 890년(진성여왕 4) 삼각산 莊義寺에서 具足戒를 받고 2년 뒤 唐나라에 갔다. 921년(경명왕 5) 귀국, 尙州 三郞寺, 광주 天王寺를 거쳐 혜목산에 들어가 제자를 양성하였다. 광종 때 王師가 되어 證眞大師의 호를 받았다. 그 뒤 國師가 되어 혜목산에서 입적하였다. 혜목산 高達寺에 있던 그의 비만 경복궁에 보존되어 있다. 시호는 元宗大師, 탑호는 慧眞이다(남동신, 1996, 「고달원 원종대사 혜진탑비」 『역주 나말려초금석문』(하), 한국역사연구회편, 혜안, 374~394쪽).

36) '태조 19년 동12월 정유조, 이해에 광흥·현성·미륵·내천왕 등의 사찰을 창건하고 또 개태사를 연산에 창건하였다.'(『고려사』 권2, 태조세가)에서 내천왕을 천왕사가 너무 넓어서 내외로 구분한 것으로 추정할 수도 있으나, 개태사는 연산이라는 지역명을 붙인 것을 보면, 나머지 사찰들은 개경에 창건한 것이라고 여겨진다.

924년에 원종대사가 주석을 하였다면 건물은 완성된 형태였을 것이다. 천왕사와 같은 대사찰이 완성되었다면 오랜 기간이 걸렸을 것이므로 그 시기를 좀 더 앞선 시대로 소급할 수 있을 것이다. 앞에서도 말한 바와 같이 개태사의 완공연대를 비교하여 본다면 사찰의 규모가 적다고 할 수 없는 천왕사의 창건연대도 소급해 볼 수가 있는 것이다. 그렇다면 천왕사를 창건한 연대는 개태사의 경우로 한다면 924년에서 4년 정도를 뺀다면 920년 전후가 되는 셈이다. 이 시기는 이미 왕건이 고려를 개국한 다음이지만, 그 이전부터 천왕사가 존재하였을 가능성은 충분한 것이다. 그렇다면 천왕사의 단월은 당시 이 지역의 실질적인 왕이었던 궁예와 관련있는 호족이었을 것이다. 그리고 바로 그 인물을 애선이라는 인물로 추정할 수 있다.

고려에게 924년은 시기적으로 매우 불안정한 상태였다. 918년에 태봉을 전복한 왕건은 궁예를 지지하던 많은 세력들이 이탈해 나가버려 후백제에 비하여 상대적으로 열세에 처하고 있을 때였다. 그리고 명주의 김순식 등과 같은 대호족들이 아직 자신의 독자성을 부르짖고 있을 때였다. 이러한 상황에서 왕건이 자신을 선택한 중국 유학승인 원종대사를 믿고 의탁할 수 있는 위치에 있는 인물이라면 누구였을까? 자신과 혈족 이상을 이야기할 수는 없을 것이다.

그런데 왜 하필 천왕사에 원종대사를 보냈던 것일까? 천왕사는 교산동 건물지의 주인과 아주 가까운 인물로 보아야 할 것이다. 그런데 이 924년은 천왕사와 하남 일대에 있어서 매우 중요한 정치적 변화가 있었던 해였던 것으로 여겨진다. 이해에 있었던 조물성 전투[37]에서 교산동 건물지와 관련있다고 여겨지는 애선이 전사하고 만 것이다. 애선의 전사로 그의 근거지인 하남 일대는 상당히 혼란스러웠을 것으로 여겨진다. 바로 이러한 시기에 원종대사 찬유가 천왕사의 주석[38]으로 있게 되었으

---

37) 『삼국사기』에도 기록이 있으나, 『고려사』 기록보다 소략하다.

므로 원종대사는 매우 불안하였던 것으로 여겨진다. 앞서 살펴본 바와 같이 이 시기에 이 일대에서 새로운 세력으로 들어오는 왕충이 아마도 이 일대에 세력을 뿌리 내렸던 것은 아닐까? 원종대사의 비문에 그가 천 왕사에서 혜목산으로 옮긴 이유가 분명치 않은 것은 당시 하남의 심상치 않은 분위기를 피하여 혜목산으로 들어 간 것으로 볼 수 있을 것이다.

왕규는 주지하다시피 고려 초의 유명한 호족이었다. 왕규는 자신의 두 딸을 태조에게 납비하였는데, 왕건의 제15·16비가 바로 그의 딸들이 다. 그리고 혜종의 부인으로도 자신의 딸을 납비하였다.[39] 그리고 왕규의 딸에게서 아들이 태어나 왕규는 자신의 외손자를 왕위에 앉히기 위하여 반란을 꾀한 인물이기도 하다. 그는 왕건의 임종을 지켜 볼[40] 정도로 왕 건의 신임이 컸지만, 그만큼 막강한 권력을 휘두르기도 했던 인물이다.

왕규는 혜종이 자신의 큰 딸을 보내어 왕실과 직접 관련을 맺기도 한 인물이었지만 정종 즉위년(945)에 모역하다가 복주되었다. 당시 그의 실 력은 막강하여 왕실로서도 함부로 다루기 어려운 존재였던 듯 하다. 왕 실에 세딸을 납비하였을 정도라면, 무언가 국가와 왕실에 기여한 바가 없지는 않았을 것이다. 그러나 그러한 내용들이 왕규의 모역으로 삭제되 거나 바뀌었을 것이다. 분명한 것은 왕규가 동사나 혹은 천왕사와 관련 된 인물이라면 그와 관련된 내용도 마찬가지의 경우를 당했을 것이다.

그러나 그 시기에 천왕사나 동사가 파괴되었을 같지는 않다. 천왕사 와 관련된 기록은 『고려사』 신돈 열전과 『조선왕조실록』에도 나와 있 다. 천왕사의 철불은 남아서 지금 국립중앙박물관에 보관되어 있다. 그 이유는 왕규의 반란과는 상관없이 그 후로도 상당히 오랫동안 존재했었

---

38) '住'에 대한 해석은 '居住'라고 한 것이 대부분이지만, 필자는 '住錫'으로 해석하 여 주지로 있었던 것으로 이해하고자 한다. 다른 금석문에서도 그러한 예가 많다.

39) '惠宗 … 後廣州院夫人 王氏 廣州人 大匡 規之女'(『고려사』 권88, 후비1 후광 주원부인조)

40) 『고려사』 권2, 태조 26년 하4월 정유조.

다는 이유일 것이며, 누군가에 의하여 강제로 파괴된 흔적은 아니라는 의미이기도 하다. 그 뒤로도 『고려사』나 『조선왕조실록』에 기록이 있는 것을 보면 그러하다. 그 까닭은 왕규가 아닌 다른 왕실 출신이거나 밀접한 관련을 가진 세력이었기 때문은 아닐까 추정해본다. 그리고 조심스럽게 왕충과 같은 인물들이었을 가능성을 배제하지는 못할 것 같다.

4. 결론

하남시에서 최근 출토된 명문와를 통하여 하남시 일대 고려 전기의 호족이 어떤 인물이었으며, 하남시의 천왕사와 어떤 관련이 있는가를 살펴보았다.

그 결과 하남시에서 최근 출토되는 '애선백사'와 '성달백사'의 명문와는 애선과 성달이라는 인물이 기증한 것으로 추정할 수 있었다. 애선과 성달의 호칭인 백사는 '長者'와 같은 의미를 지닌 지방의 유력한 경제력을 지닌 호족으로 파악하였다. 그리고 이들은 궁예 정권을 통하여 제도적으로 흡수되었다가, 왕건의 반역으로 애선은 친왕건을 했지만, 성달은 반왕건으로 있다가 귀부한 인물로 보았다. 그러나 애선은 924년에 전사하고, 성달은 928년 이전에 소멸된 세력으로 추정하였다. 그리고 그에 대치하여 고려 왕실의 인물들이 들어온다고 판단하였다. 928년에 명지성 장군으로 나오는 왕충이 그런 존재일 가능성이 높다. 따라서 왕규와 같은 인물도 토착적 기반에서라기 보다는 왕실의 세력이 들어올 때 배치된 세력이거나 왕씨 사성 이후에 그의 세력이 확대되는 것으로 파악하였다.

결과적으로 이 일대의 천왕사나 교산동 건물지는 궁예 정권기 혹은 그 이전부터 있었던 것이며, 고려 초에서 조선 초기까지 존속된 것으로 이해하였다. 그리고 이러한 유적들이 당시에 존속할 수 있었던 배경은 왕실과의 밀접한 관련을 맺는 세력가이면서 그에 순응했던 집단과 관련 있는 것으로 보았다.

참고문헌

1. 원전류

『삼국사기』, 『삼국유사』, 『고려사』, 『고려사절요』, 『제왕운기』, 『역옹패설』, 『신증동국여지승람』, 『증보문헌비고』, 『성호사설』, 『택리지』, 『필원잡기』, 『조선금석총람』, 『요사』, 『자치통감』, 『발해국지장편』

한국고대사회연구소, 1992, 『역주 한국 고대금석문』 Ⅲ, 가락국사적개발원.
한국역사연구회 중세1분과 나말여초연구반, 1996, 『역주 나말여초금석문(상) - 원문교감 편』, 혜안.
한국역사연구회 중세1분과 나말여초연구반, 1996, 『역주 나말여초금석문(하) - 역주 편』, 혜안.

2. 단행본 및 전집류

구산우, 1995, 『고려전기 향촌지배체제연구』, 부산대학교 박사학위 논문.
국립문화재연구소, 2000, 『군사보호구역 문화유적 지표조사 보고서 - 강원도 편』.
김갑동, 1990, 「나말여초 지방사민의 동향」 『나말여초의 호족과 사회변동연구』, 고려대학교 민족문화연구소.
김상돈, 2006, 「신라말·고려초 정치질서의 재편연구」, 서강대학교 박사학위 논문.
김용선, 2006, 개정판 『역주 고려묘지명집성』 (상)·(하), 한림대학교 출판부.
김용선 엮음, 2008, 『궁예의 나라 태봉』, 일조각.
김철준, 1975, 『한국고대사회연구』, 지식산업사.
김흥삼, 2002, 『나말려초 굴산문 연구』, 강원대학교 박사학위 논문.
류영철, 2005, 『고려의 후삼국통일과정 연구』, 경인문화사.
문경현, 1987, 『고려태조의 후삼국통일연구』 형설출판사.

문막읍사편찬위원회, 2003,『문막읍사』

문수진, 1992,『고려의 건국과 후삼국통일과정 연구』, 성균관대학교 박사학위 논문.

박은경, 1996,『고려시대향촌사연구』, 일조각.

송기호, 1995,『발해정치사연구』, 일조각.

신성재, 2006,『궁예정권의 군사정책과 후삼국전쟁의 전개』, 연세대학교 박사학위 논문.

신호철, 2002,『후삼국시대 호족연구』, 도서출판 개신.

옥한석, 2003,『강원의 풍수와 인물』, 집문당.

육군사관학교 육군박물관, 1996,『강원도 철원군 군사유적 지표조사보고서』 육군박물관 유적조사보고서 3.

윤용혁, 2000,『삼별초의 대몽항쟁』, 일지사.

음선혁, 1995,『고려태조왕건연구』전남대학교 박사학위 논문.

이기동, 1984,『신라골품제사회와 화랑도』, 한국연구원.

이기백 외, 1993,『최승로 상서문연구』, 일조각.

이도학, 2000,『궁예 진훤 왕건과 열정의 시대』, 김영사.

이수건, 1984,『한국중세사회사연구』, 일조각.

이순근, 1992,『신라말 지방세력의 구성에 관한 연구』, 서울대학교 박사학위 논문.

이재범, 1992,『후삼국시대 궁예정권의 연구』, 성균관대학교 박사학위 논문.

이재범, 2000,『슬픈 궁예』, 푸른역사.

이재범, 2007,『후삼국시대 궁예정권 연구』, 혜안.

전기웅, 1993,『나말려초의 문인지식층 연구』, 부산대학교 박사학위 논문.

전기웅, 1996,『나말려초의 정치사회와 문인지식층』, 혜안.

정청주, 1996,『신라말 고려초 호족연구』, 일조각.

조범환, 2008,『나말려초 선종산문 개창 연구』, 일조각.

조인성, 1991,『태봉의 궁예정권 연구』, 서강대학교 박사학위 논문.

조인성, 2007,『태봉의 궁예정권』, 푸른역사.

채웅석, 1995,『고려시기 본관제의 시행과 지방지배질서』, 서울대학교 박사학위 논문.

최규성, 2005,『고려태조왕건연구』, 주류성.

최근영, 1990, 『통일신라시대의 지방세력연구-신라의 분열과 고려의 민족통일』, 신서원.

최웅·김용구, 1998, 『강원전통문화총서-설화』, 국학자료원.

포천문화원, 2006, 『포천의 지명유래집』.

한림대학교 산학협력단, 2006, 『태봉국역사문화유적보고』.

홍승기 외, 1996, 『고려태조의 국가경영』, 서울대학교 출판부.

홍승기, 2001, 『고려정치사연구』, 일조각.

황선영, 1988, 『고려초기 왕권연구』, 동아대학교 출판부.

3. 논문류

강문석, 2005, 「철원환도 이전의 궁예정권 연구」, 『역사와 현실』 57.

강봉룡, 2003, 「나말여초 왕건의 서남해지방 장악과 그 배경」, 『도서문화』 21.

강세구, 1985, 「나말여초 촌주지위의 변천」, 『홍익사학』 2.

강옥영, 1993, 「신라말초 패서지역에 대한 일고찰」, 『이화사학연구』 20·21합집.

강진옥, 1997, 「전설의 역사적 전개」, 『구비문학연구』 5.

구산우, 1999, 「고려전기 향촌지배체제 연구의 현황과 방향」, 『부대사학』 23.

권진철, 1996, 「고려태조의 중폐비사책에 관한 연구」, 『강원사학』 12.

권진철, 1996, 「고려태조의 후비책에 관한 재고」, 『백산학보』 47.

김갑동, 1985, 「고려건국기의 청주세력과 왕건」, 『한국사연구』 48.

김갑동, 1999, 「백제유민의 동향과 나말여초의 공주」, 『역사와 역사교육』 3·4합집.

김갑동, 2002, 「왕건의 '훈요 10조' 재해석-위작설과 호남지역 차별-」, 『역사비평』 60.

김갑동, 2008, 「고려의 건국 및 후삼국통일의 민족사적 의미」, 『한국사연구』 143.

김광석, 1983, 「고려태조의 역사인식 I-그의 발해관을 중심으로-」, 『백산학보』 27.

김광수, 1977, 「고려 건국기의 패서호족과 대여진관계」, 『사총』 21·22합집.

김광수, 1979, 「나말여초의 호족과 관반」, 『한국사연구』 23.

김두진, 1981, 「고려초의 법상종과 그 사상」, 『한우근박사 정년기념 사학논총』, 지식산업사.

김두진, 2001, 「삼국유사 소재 설화의 사료적 가치」, 『구비문학연구』 13.

김명진, 2008,「태조왕건의 일리천전투와 제번경기」『한국중세사연구』25.

김복순, 2009,「나말여초 전환기와 경순왕」『석문 이기동교수 정년기념논총 : 한국고대사연구의 현단계』주류성.

김성준, 1979,「십훈요와 고려태조의 정치사상」『한국사상대계 Ⅲ － 정치·법제편－』, 성균관대학교 대동문화연구원.

김성환, 1999,「죽주의 호족과 봉업사」『문화사학』11·12·13합집.

김소영, 2001,「고려 태조대 대거란 정책의 전개와 그 성격」『백산학보』58.

김수태, 1989,「고려초 충주지방의 호족」『충청문화연구』1.

김수태, 1997,「신라말, 고려초기 청주김씨와 법상종」『중원문화논총』1.

김영미, 1995,「나말여초 최언위의 현실인식」『사학연구』50.

김일우, 1996,「고려태조대 지방지배질서의 형성과 국가지배」『사학연구』.

김재만, 1983,「오대와 후삼국·고려초기의 관계사」『대동문화연구』17.

김정숙, 1984,「김주원 세계의 성립과 그 변천」『백산학보』28.

김주성, 1988,「고려초 청주지방의 호족」『한국사연구』61·62합집.

김주성, 1990,「신라말·고려초의 지방지식인」『호남문화연구』19.

김창겸, 1987,「태조왕건의 패서호족과 발해유민에 대한 정책연구」『성대사림』4.

김철준, 1964,「후삼국시대의 지배세력의 성격」『이상백박사 회갑기념논총』.

김철준, 1970,「한국고대사회의 성격과 나말여초의 전환기에 대하여」『한국사시대구분론』.

김흥삼, 1997,「나말여초 사굴산문과 정치세력의 동향」『고문화』50.

남동신, 2005,「나말려초 국왕과 불교의 관계」『역사와 현실』56.

노명호, 1992,「나말려초 호족세력의 경제적 기반과 전시과체제의 성립」『진단학보』74.

류영철, 2000,「고창전투와 후삼국의 정세변화」『한국중세사연구』92.

문경현, 1979,「왕건태조의 민족재통일의 연구」『경북사학』1.

문수진, 1987,「고려건국기의 나주세력」『성대사림』4.

민현구, 1989,「고려중기 삼국부흥운동의 역사적 의미」『한국사시민강좌』5, 일조각.

민현구, 1992,「한국사에 있어서 고려의 후삼국통일」『역사상의 분열과 통일』, 일조각.

박경자, 1986, 「청주호족의 이족화」 『원우논총』 4.

박예재, 1977, 「고려태조 왕건의 고구려 복고의식」 『공군사관학교 논문집』 7.

박용운, 2004, 「국호 고구려·고려에 대한 일고찰」 『북방사논총』 창간호, 고구려연구재단.

박종기, 1987, 「고려사 지리지의 '고려초'년기실증」 『이병도박사 구순기념 논총』.

박종기, 1998, 「고려 태조 23년 군현개편에 관한 연구」 『한국사론』 19.

박창희, 1988, 「고려초기 왕권의 실현과 관료제」 『한국사론』 18, 국사편찬위원회.

박한설, 1980, 「고려태조의 후삼국통일정책」 『사학지』 14, 단국대사학회.

박한설, 2002, 「궁예의 발해 수복의식」 『고구려연구』 13.

백남혁, 2000, 「궁예의 전제왕권 확립과 왕건의 후삼국통일」 『동서사학』 6·7합집.

신성재, 2006, 「궁예정권의 군사정책과 후삼국전쟁의 전개」, 연세대학교 박사학위 논문.

신호철, 1982, 「궁예의 정치적 성격－특히 불교와의 관계－」 『한국학보』 29.

신호철, 1993, 「후삼국 건국세력과 청주지방세력」 『호서문화연구』 11.

신호철, 1995, 「신라말 고려초 귀부호족의 정치적 성격」 『충북사학』 8.

신호철, 1997, 「후삼국기 충북지방의 호족세력」 『김현길교수 정년기념 향토사학논총』.

신호철, 1999, 「궁예와 왕건과 청주호족－고려 건국기 청주호족의 정치적 성격－」 『중원문화논총』 2·3합집.

신호철, 2000, 「후삼국시대 호족과 국왕」 『진단학보』 89.

신호철, 2003, 「고려 태조의 후백제 유민정책과 '훈요 제8조'」 『이화사학연구』 30.

신호철, 2008, 「태봉의 대외관계」 『궁예의 나라 태봉』, 일조각.

신호철, 2008, 「후삼국기 명주장군 왕순식의 정치적 위상과 궁예·왕건과의 관계」 『강릉학보』 2.

안영근, 1992, 「나말여초 청주세력의 동향」 『수촌 박영석교수 화갑기념 한국사학논총』(상).

양보경, 1994, 「조선시대의 자연인식체계」 『한국사시민강좌』 14, 일조각.

유경아, 1991, 「왕건의 세력성장과 대궁예관계」 『고고역사학지』 7.

유인순, 1988, 「철원지방 인물전설연구－궁예 김시습 林巨正 金應河 洪·柳氏

高진해를 중심으로-」『강원문화연구』8, 강원대학교 강원문화연구소.

유인순, 2002,「궁예왕 전설과 역사소설」『강원문화연구』21.

유인순, 2008,「전설에 나타난 궁예왕」『궁예의 나라 태봉』, 일조각.

음선혁, 1997,「신라경순왕의 즉위와 고려귀부의 정치적 성격」『전남사학』11.

이기동, 1976,「신라 하대의 패강진-고려왕조의 성립과 관련하여-」『한국학보』4.

이기백, 1968,「고려경구고」『고려병제사연구』, 일조각.

이병휴, 1991,「지역갈등의 역사」『지역감정연구』, 학민사.

이수자, 2002,「안성의 설화」『구비문학연구』14.

이순근, 1987,「나말여초'호족'용어에 대한 연구사적 검토」『성심여자대학 논문집』19.

이순근, 1989,「나말여초 지방세력의 구성형태에 관한 일연구」『한국사연구』67.

이용범, 1977,「호승 멸라의 고려왕복」『역사학보』75·76합집.

이인재, 2001,「나말여초 원주 불교계의 동향과 특징」『원주학연구』2, 연세대학교 매지학술연구소.

이인재, 2003,「나말여초 북원경의 정치세력재편과 불교계의 동향」『한국고대사연구』31.

이재범, 1988,「궁예정권의 정치적 성격에 관한 고찰」『민병하교수 정년기념논총』.

이재범, 1995,「태조즉위시의 사회동향에 관한 일고찰」『부촌 신연철교수 정년기념 논총』, 일월서각, 1995.

이재범, 1997,「고려 태조의 훈요십조에 대한 재검토-제8조를 중심으로-」『성대사림』12·13합집

이재범, 2002,「궁예정권의 성격」『홍경만교수 정년기념논총』, 2002.

이재범, 2003,「고려 태조대의 대외정책-발해유민 포섭과 관련하여-」『백산학보』67.

이재범, 2005,「궁예·왕건정권의 역사적 연속성에 관한 고찰」『성대사림』24, 수선사학회.

이재범, 2005,「궁예정권의 철원정도시기와 전제적 국가경영」『사학연구』80.

이재범, 2006,「역사와 설화사이」『강원민속학』20.

이재범, 2007,「나말여초 '압록'의 위치비정」『성대사림』27.

이재범, 2007, 「후삼국시대 궁예정권의 연구」 『군사』 제62호.

이정신, 1984, 「궁예정권의 성립과 변천」 『감사 정재각박사 고희기념 동양학 논총』.

이혜선, 1996, 「'용두사철당기'에 보이는 고려초 청주호족」 『호서문화연구』 14.

임상선, 1993, 「고려와 발해의 관계 : 고려 태조의 발해인식을 중심으로」 『소헌 남도영박사 고희기념 논총』.

장준식, 1999, 「세달사의 위치에 대한 고찰」 『문화사학』 11·12·13합호.

전기웅, 1990, 「나말여초 지방출신 문사층과 그 역할」 『부산사학』 18.

전기웅, 1991, 「나말여초 정치사회사의 이해」 『고고역사학지』 7.

정경현, 1987, 「고려태조대의 순군부에 대하여」 『한국학보』 48.

정경현, 1990, 「고려태조의 일리천 전투」 『한국사연구』 68.

정선용, 1997, 「궁예의 세력형성과정과 도읍선정」 『한국사연구』 97.

정선용, 2009, 「고려태조의 대신라동맹 체결과 그 운영」 『한국고대사탐구』 3.

정선용, 2009, 「고려태조의 대신라정책 수립과 그 성격」 『한국중세사연구』 27.

정성권, 2002, 「안성대산리 석불입상연구」 『문화사학』 17.

정영호, 1969, 「신라사자산 홍녕사지 연구」 『백산학보』 7.

정중환, 1966, 「고려건국고」 『동아논총』 3.

정청주, 1986, 「궁예와 호족세력」 『전북사학』 10.

정청주, 1988, 「신라말·고려초 호족의 형성과 변화에 대한 일고찰－평산박씨의 일가문의 실례 검토－」 『역사학보』 118.

정청주, 1991, 「신라말·고려초의 나주호족」 『전북사학』 14.

정청주, 1993, 「왕건의 성장과 세력형성」 『전남사학』 7.

정청주, 1995, 「신라말, 고려초 지배세력의 사회적 성격－후삼국 건국자와 호족－」 『전남사학』 9.

정청주, 2002, 「신라말 고려초 순천지역의 호족」 『전남사학』 18.

조범환, 2001, 「고려 태조 왕건의 대신라정책」 『고문화』 55.

조익래, 1993, 「고려초 청주호족세력의 존재형태－고려사회로의 전환과정을 중심으로－」 『북악사론』 3.

조인성, 1986, 「궁예정권의 중앙정치조직－이른바 광평성체제에 대하여－」 『백산학보』 33.

조인성, 2003, 「궁예정권의 대외관계」 『강좌 한국고대사』 4, 가락국사적개발연구원.

조현설, 1995, 「궁예이야기의 전승양상과 의미」 『구비문학연구』 2.

주보돈, 2008, 「신라 하대 김헌창의 난과 그 성격」 『한국고대사연구』 51.

채수환, 1998, 「나말려초 선종과 호족세력의 결합」 『동서사학』 4.

채수환, 1999, 「고려태조 왕건의 세력실태에 관한 고찰」 『동서사학』 5, 한국동
　　　서사학회.

최규성, 1986, 「궁예정권의 지지세력」 『동국사학』 19·20합집.

최규성, 1987, 「궁예정권의 성격과 국호의 변경」 『상명여자대학 논문집』 19.

최규성, 1992, 「궁예정권하의 지식인의 동향」 『국사관논총』 31.

최규성, 1997, 「호족연합정권에 대한 연구사적 검토」 『국사관논총』 78.

최근영, 1986, 「고려 건국이념의 국계적 성격－왕건의 성장과정을 중심으로－」
　　　『한국사론』 18, 국사편찬위원회.

최근영, 1991, 「후삼국 성립배경에 관한 연구」 『국사관논총』 29.

최병헌, 1975, 「나말여초 선종의 사회적 성격」 『사학연구』 25.

최병헌, 1978, 「고려시대의 오행적 역사관」 『한국학보』 13.

최성은, 1980, 「명주지방의 고려석조보살상에 대한 연구」 『불교미술』 5.

최성은, 1992, 「통일신라 불교조각: 나말여초 불교조각의 대중관계에 대한 고
　　　찰」 『불교미술』 11.

최성은, 1996, 「나말여초 중부지역 철불의 양식 계보」 『강좌미술사』 8.

최성은, 1998, 「나말여초 포천출토 철불좌상연구」 『미술자료』 61.

최성은, 2002, 「나말여초 중부지역 석불조각에 대한 고찰－궁예 태봉(901～
　　　918)지역 미술에 대한 시고－」 『역사와 현실』 44.

최종석, 2004, 「나말여초 성주·장군의 정치적 위상과 성」 『한국사론』 50, 서
　　　울대국사학과.

하현강, 1987, 「고려태조의 내외정책의 수립배경과 그 성격」 『동방학지』 54·
　　　55·56합집.

한국역사연구회 나말여초연구반, 1991, 「나말여초 호족의 연구동향－1920년
　　　대 연구를 중심으로－」 『역사와 현실』 5.

한기문, 1983, 「고려태조의 불교정책－창건사원을 중심으로－」 『대구사학』 22.

함한희, 1997, 「구비문학을 통한 문화연구 방법」 『구비문학연구』 5.

홍순창, 1982, 「변동기의 정치와 종교－후삼국시대를 중심으로－」 『인문연구』 2.

홍승기, 1989, 「후삼국의 분열과 왕건에 의한 통일」『한국사시민강좌』5, 일조각.
홍승기, 1991, 「고려 태조 왕건의 집권」『진단학보』71·72합집.
홍승기, 1992, 「궁예왕의 전제적 왕권의 추구」『허선도선생 정년기념논총』.
홍승기, 1994, 「고려초기 정치와 풍수지리」『한국사시민강좌』14, 일조각.
홍윤식, 1993, 「안성 쌍미륵사불적의 성격」『소남 남도영박사 고희기념 역사
　　　학논총』.
황선영, 2001, 「후삼국의 외교관계」『김윤곤교수 정년기념논총 한국중세사회
　　　의 제문제』, 한국중세사학회.
황운룡, 1977, 「고려초기왕권고」『부산여자대학 논문집』5.

今西龍, 1912, 「新羅僧道詵について」『東洋學報』2-2 ; 1918, 「高麗太祖訓要
　　　十條につりいて」『東洋學報』8-3 ; 1945, 『高麗史硏究』, 所收.

찾아보기

ㄴ

ㅂ

경인한국학연구총서

*대한민국학술원 우수학술 도서　　**문화체육관광부 우수학술 도서